税务干部素质能力提升系列辅导丛书

社会保险费通关宝典及全真模拟测试

税务干部素质能力提升研究编写组　编

中国财经出版传媒集团
中国财政经济出版社

图书在版编目（CIP）数据

社会保险费通关宝典及全真模拟测试／税务干部素质能力提升研究编写组编．--北京：中国财政经济出版社，2023.5

（税务干部素质能力提升系列辅导丛书）

ISBN 978－7－5223－2210－0

Ⅰ.①社… Ⅱ.①税… Ⅲ.①社会保险－保险费－征收－财政管理－中国－岗位培训－习题集 Ⅳ.①F842.61－44

中国国家版本馆 CIP 数据核字（2023）第 082456 号

责任编辑：陈志伟　　责任印制：史大鹏
封面设计：卜建辰　　责任校对：胡永立

中国财政经济出版社 出版

URL：http：//www.cfeph.cn

E－mail：cfeph@cfeph.cn

社址：北京市海淀区阜成路甲 28 号　邮政编码：100142

营销中心电话：010－88191522

天猫网店：中国财政经济出版社旗舰店

网址：https：//zgczjjcbs.tmall.com

北京时捷印刷有限公司印刷　各地新华书店经销

成品尺寸：170mm×240mm　16 开　18.25 印张　295 000 字

2023 年 5 月第 1 版　2023 年 5 月北京第 1 次印刷

定价：89.00 元

ISBN 978－7－5223－2210－0

（图书出现印装问题，本社负责调换，电话：010－88190548）

本社质量投诉电话：010－88190744

打击盗版举报热线：010－88191661　QQ：2242791300

前言

党的二十大报告指出，社会保障体系是人民生活的安全网和社会运行的稳定器。要健全覆盖全民、统筹城乡、公平统一、安全规范、可持续的多层次社会保障体系。社会保险制度是社会保障体系制度的核心。2018年3月，中共中央印发的《深化党和国家机构改革方案》明确提出，为提高社会保险资金征管效率，将基本养老保险费、基本医疗保险费、失业保险费等各项社保费交由税务部门统一征收。2020年10月30日，北京等15个省（直辖市、自治区）相继发布公告，将企业社会保险费征收具体职责划转至税务部门。至此，全国各地税务机关统一征收社会保险费的改革任务扎实落地。

税务部门在税收收入征收管理方面，征管制度健全，实务经验丰富，学习资料充足，有较为全面系统的知识体系、学习资源作支撑。但我国社会保险各险种统筹层次较低，各地政策口径、征收制度、征管流程等均不统一，社会保险费业务对于广大税务干部来说，既是一门“新业务”，又是一门“复杂业务”，知识体系还不够系统、学习资源不够丰富，特别是测试习题较少，质量层次不齐，一定程度上制约了广大税务干部和相关人员全面系统掌握社会保险费知识。本书旨在以社会保险费征收管理为主线，以社会保险费各险种政策为骨干，以专题测试和习题详解为重点，帮助广大税务干部和相关读者全面、准确掌握社会保险费相关知识点，开展针对性测试和强化提升，持续提高业务能力。

本书共九章，分别为社会保险费基础理论专题、养老保险专题、医疗保险专题、失业保险专题、工伤保险专题、社会保险费降费政策专题、社会保险费征收管理专题、社会保险基金专题、社会保险费涉税专题。后附有一套全真模拟测试。

本书的主要特点如下：

1. 全面系统的社会保险费知识体系。社会保险费政策内容与税收政策内容的显著不同是各地方政策规定和具体执行内容有较大差异。因此，通过系统架构全国范围适用的社会保险费知识结构，使读者更为系统地掌握基础政策体系，深入学习社会保险费的核心内容。

2. 翔实准确的习题解析。精选社会保险费知识点，准确考查重点内容，提供翔实习题解析，通过高质量的习题有针对性地进行训练，使读者从繁重的学习和工作中解脱出来，高效掌握知识，顺利通过各类测试和练兵比武。在习题解析中，全面、翔实、准确地介绍对应的考核知识点和政策依据。

3. 及时有效的政策内容。我国社会保障制度改革已进入系统集成、协同高效的阶段。社会保险制度不断改革完善，新政策新制度层出不穷。本书根据最新的社会保险费政策内容和征收管理规定进行编写（如长期护理保险、职业伤害保障等），紧跟时代步伐，政策内容时效性强。

社会保险是朝阳事业，在服务高质量发展中发挥越来越重要的作用。因此，本书的使用和学习，既是社会保险费知识体系搭建的开始，也是过程，但一定不是终点。期望广大税务干部和相关读者通过对本书的使用，有所受益，并以此为基础展开进一步研究和实践，共同推动社会保险费知识的更新发展，并掀起社会保险费知识的学习热潮。

由于时间和水平的限制，书中难免存在问题和不足，请读者批评指正。

本书编写组

2023 年 4 月

目　录

第一章　社会保险费基础理论专题

第一部分　知识架构

一、社会保障

（一）社会保障制度的概念

现代意义上的社会保障制度的诞生是工业革命和社会化大生产的产物，是政府缓解缓和各种社会矛盾、促进社会和谐的结果，是社会进步和文明的重要标志。

国际劳工组织（ILO）关于社会保障的定义是：社会通过采取一系列公共措施，以保护其成员免受因疾病、生育、工伤、失业、伤残、年老和死亡造成的停薪或收入大幅度减少，而出现的经济损失及社会贫困，并对其社会成员提供医疗照顾和对有子女的家庭提供津贴。

现代社会保障制度发展史中的标志性事件为：

（1）1601 年英国《济贫法》，以立法形式承认政府对社会成员的贫困负有责任。

（2）1883 年德国《疾病社会保险法》，与 1884 年《工伤事故保险法》和 1889 年《老年和残疾人社会保险法》一起，创造了强制性的社会保险模式，开启了社会保险制度之先河，标志着世界上第一个完整的社会保险体系的出现。德国是社会保险制度的发源地，是最早建立现代社会保障制度的国家。

（3）1935 年美国《社会保障法案》，作为历史上第一部社会保障法案，在体现政府责任的同时，注意到个人、家庭的义务和责任，创立了不同于“福利国家”的社会保障制度模式。美国是最早采用“社会保障”一词的国家。

（4）1942 年英国《贝弗里奇报告》，原题为《社会保险及有关的服务》，以消除贫困、疾病、肮脏、愚昧和怠惰懒散五大社会病害为目标，制订了以社会保险为核心的全面的社会保障计划，形成了一套完整的从摇篮到坟墓的社会福利制度。1948 年英国正式宣布建成“福利国家”，宣告了一个新的社会保障时代的到来。

（二）社会保障的主要内容

社会保障包括社会保险、社会救济、社会福利、社会优抚、社会互助等内容。

社会保障主要内容之间的关系是：社会保险、社会救济、社会福利、社会优抚和社会互助既相互联系又相互区别，它们的有机结合形成了一个完整的社会保障体系。

（三）社会保障的基本功能

社会保障的功能是指社会保障在实施过程中实际发挥出来的效能和作用。

社会保障是稳定社会的“安全网”，有利于稳定社会秩序，避免社会动荡。

社会保障是收入分配的“调节器”，有利于缩小贫富差距，推动实现社会公平的目标。

社会保障是经济周期波动的“减震器”，有利于减少经济波动增幅，促进供需平衡。

社会保障是经济发展的“助推器”，有利于促进经济发展和保证劳动力再生产。

（四）健全多层次社会保障体系

1. 党的二十大报告原文（节选）

党的二十大报告指出，我们深入贯彻以人民为中心的发展思想，在幼有所育、学有所教、劳有所得、病有所医、老有所养、住有所居、弱有所扶上持续用力，人民生活全方位改善。人均预期寿命增长到七十八点二岁。居民人均可支配收入从一万六千五百元增加到三万五千一百元。城镇新增就业年均一千三百万人以上。建成世界上规模最大的教育体系、社会保障体系、医疗卫生体系，教育普及水平实现历史性跨越，基本养老保险覆盖十亿四千万人，基本医疗保险参保率稳定在百分之九十五。及时调整生育政策。改造棚户区住房四千二百多万套，改造农村危房二千四百多万户，城乡居民住房条件明显改善。互联网上网人数达十亿三千万人。人民群众获得感、幸福感、安全感更加充实、更有保障、更可持续，共同富裕取得新成效。

党的二十大报告指出，分配制度是促进共同富裕的基础性制度。坚持按劳分配为主体、多种分配方式并存，构建初次分配、再分配、第三次分配协调配套的制度体系。努力提高居民收入在国民收入分配中的比重，提高劳动报酬在初次分配中的比重。坚持多劳多得，鼓励勤劳致富，促进机会公平，增加低收入者收入，扩大中等收入群体。完善按要素分配政策制度，探索多种渠道增加中低收入群众要素收入，多渠道增加城乡居民财产性收入。加大税收、社会保障、转移支付等的调节力度。完善个人所得税制度，规范收入分配秩序，规范财富积累机制，保护合法收入，调节过高收入，取缔非法收入。引导、支持有意愿有能力的企业、社会组织和个人积极参与公益慈善事业。

党的二十大报告指出，就业是最基本的民生。强化就业优先政策，健全就业促进机制，促进高质量充分就业。健全就业公共服务体系，完善重点群体就业支持体系，加强困难群体就业兜底帮扶。统筹城乡就业政策体系，破除妨碍劳动力、人才流动的体制和政策弊端，消除影响平等就业的不合理限制和就业歧视，使人人都有通过勤奋劳动实现自身发展的机会。健全终身职业技能培训制度，推动解决结构性就业矛盾。完善促进创业带动就业的保障制度，支持和规范发展新就业形态。健全劳动法律法规，完善劳动关系协商协调机制，完善劳动者权益保障制度，加强灵活就业和新就业形态劳动者权益保障。

党的二十大报告指出，社会保障体系是人民生活的安全网和社会运行的稳定器。健全覆盖全民、统筹城乡、公平统一、安全规范、可持续的多层次社会保障体系。完善基本养老保险全国统筹制度，发展多层次、多支柱养老保险体系。实施渐进式延迟法定退休年龄。扩大社会保险覆盖面，健全基本养老、基本医疗保险筹资和待遇调整机制，推动基本医疗保险、失业保险、工伤保险省级统筹。促进多层次医疗保障有序衔接，完善大病保险和医疗救助制度，落实异地就医结算，建立长期护理保险制度，积极发展商业医疗保险。加快完善全国统一的社会保险公共服务平台。健全社保基金保值增值和安全监管体系。健全分层分类的社会救助体系。坚持男女平等基本国策，保障妇女儿童合法权益。完善残疾人社会保障制度和关爱服务体系，促进残疾人事业全面发展。坚持“房子是用来住的、不是用来炒的”定位，加快建立多主体供给、多渠道保障、租购并举的住房制度。

党的二十大报告指出，人民健康是民族昌盛和国家强盛的重要标志。把保障人民健康放在优先发展的战略位置，完善人民健康促进政策。优化人口发展战略，建立生育支持政策体系，降低生育、养育、教育成本。实施积极应对人口老龄化国家战略，发展养老事业和养老产业，优化孤寡老人服务，推动实现全体老年人享有基本养老服务。深化医药卫生体制改革，促进医保、医疗、医药协同发展和治理。促进优质医疗资源扩容和区域均衡布局，坚持预防为主，加强重大慢性病健康管理，提高基层防病治病和健康管理能力。深化以公益性为导向的公立医院改革，规范民营医院发展。发展壮大医疗卫生队伍，把工作重点放在农村和社区。重视心理健康和精神卫生。促进中医药传承创新发展。创新医防协同、医防融合机制，健全公共卫生体系，提高重大疫情早发现能力，加强重大疫情防控救治体系和应急能力建设，有效遏制重大传染性疾病传播。深入开展健康中国行动和爱国卫生运动，倡导文明健康生活方式。

2.《中华人民共和国国民经济和社会发展第十四个五年（2021—2025年）规划和2035年远景目标纲要》

《纲要》提出，要健全覆盖全民、统筹城乡、公平统一、可持续的多层次社会保障体系。推进社保转移接续，健全基本养老、基本医疗保险筹资和待遇调整机制。实现基本养老保险全国统筹，实施渐进式延迟法定退休年龄。发展多层次、多支柱养老保险体系。推动基本医疗保险、失业保险、工伤保险省级统筹，健全重大疾病医疗保险和救助制度，落实异地就医结算，稳步建立长期护理保险制度，积极发展商业医疗保险。健全灵活就业人员社保制度。健全退役军人工作体系和保障制度。健全分层分类的社会救助体系。坚持男女平等基本国策，保障妇女儿童合法权益。健全老年人、残疾人关爱服务体系和设施，完善帮扶残疾人、孤儿等社会福利制度。完善全国统一的社会保险公共服务平台。

3.（新闻通稿）中共中央政治局2021年2月26日下午就完善覆盖全民的社会保障体系进行第二十八次集体学习

中共中央总书记习近平在主持学习时强调，社会保障是保障和改善民生、维护社会公平、增进人民福祉的基本制度保障，是促进经济社会发展、实现广大人民群众共享改革发展成果的重要制度安排，是治国安邦的大问题。要加大再分配力度，强化互助共济功能，把更多人纳入社会保障体系，为广大人民群众提供更可靠、更充分的保障，不断满足人民群众多层次多样化需求，健全覆盖全民、统筹城乡、公平统一、可持续的多层次社会保障体系，进一步织密社会保障安全网，促进我国社会保障事业高质量发展、可持续发展。

中国社会保险学会会长胡晓义就这个问题进行讲解，提出了工作建议。中央政治局的同志认真听取了他的讲解，并进行了讨论。

习近平在主持学习时发表了讲话。他指出，我们党历来高度重视民生改善和社会保障。党的十八大以来，党中央把社会保障体系建设摆上更加突出的位置，对我国社会保障体系建设作出顶层设计，推动我国社会保障体系建设进入快车道。统一城乡居民基本养老保险制度，实现机关事业单位和企业养老保险制度并轨，建立企业职工基本养老保险基金中央调剂制度。整合城乡居民基本医疗保险制度，全面实施城乡居民大病保险，组建国家医疗保障局。推进全民参保计划，降低社会保险费率，划转部分国有资本充实社保基金。积极发展养老、托幼、助残等福利事业，人民群众不分城乡、地域、性别、职业，在面对年老、疾病、失业、工伤、残疾、贫困等风险时都有了相应制度保障。目前，我国以社会保险为主体，包括社会救助、社会福利、社会优抚等制度在内，功能完备的社会保障体系基本建成，基本医疗保险覆盖13.6亿人，基本养老保险覆盖近10亿人，是世界上规模最大的社会保障体系。这为人民创造美好生活奠定了坚实基础，为打赢脱贫攻坚战提供了坚强支撑，为如期全面建成小康社会、实现第一个百年奋斗目标提供了有利条件。同时，随着我国社会主要矛盾发生变化和城镇化、人口老龄化、就业方式多样化加快发展，我国社会保障体系仍存在不足，必须高度重视并切实加以解决。

习近平强调，我们立足国情、积极探索、大胆创新，注重学习借鉴国外社会保障有益经验，成功建设了具有鲜明中国特色的社会保障体系。我们坚持发挥中国共产党领导和我国社会主义制度的政治优势，集中力量办大事，推动社会保障事业行稳致远；坚持人民至上，坚持共同富裕，把增进民生福祉、促进社会公平作为发展社会保障事业的根本出发点和落脚点，使改革发展成果更多更公平惠及全体人民；坚持制度引领，围绕全覆盖、保基本、多层次、可持续等目标加强社会保障体系建设；坚持与时俱进，用改革的办法和创新的思维解决发展中的问题，坚决破除体制机制障碍，推动社会保障事业不断前进；坚持实事求是，既尽力而为、又量力而行，把提高社会保障水平建立在经济和财力可持续增长的基础之上，不脱离实际、超越阶段。要坚持和发展这些成功经验，不断总结，不断前进。

习近平指出，社会保障关乎人民最关心最直接最现实的利益问题。党的十九届五中全会明确了“十四五”时期我国社会保障事业发展的蓝图。要坚持系统观念，把握好新发展阶段、新发展理念、新发展格局提出的新要求，在统筹推进“五位一体”总体布局、协调推进“四个全面”战略布局中思考和谋划社会保障事业发展。要树立战略眼光，顺应人民对高品质生活的期待，适应人的全面发展和全体人民共同富裕的进程，不断推动幼有所育、学有所教、劳有所得、病有所医、老有所养、住有所居、弱有所扶取得新进展。要增强风险意识，研判未来我国人口老龄化、人均预期寿命提升、受教育年限增加、劳动力结构变化等发展趋势，提高工作预见性和主动性。

习近平强调，我国社会保障制度改革已进入系统集成、协同高效的阶段。要准确把握社会保障各个方面之间、社会保障领域和其他相关领域之间改革的联系，提高统筹谋划和协调推进能力，确保各项改革形成整体合力。要强化问题导向，紧盯老百姓在社会保障方面反映强烈的烦心事、操心事、揪心事，不断推进改革。要加快发展多层次、多支柱养老保险体系，更好满足人民群众多样化需求。要推动基本医疗保险、失业保险、工伤保险省级统筹，进一步明确中央和地方事权和支出责任。要把农村社会救助纳入乡村振兴战略统筹谋划，健全农村社会救助制度，完善日常性帮扶措施。要健全农民工、灵活就业人员、新业态就业人员参加社会保险制度，健全退役军人保障制度，健全老年人关爱服务体系，完善帮扶残疾人、孤儿等社会福利制度。要坚持不懈、协同推进“三医联动”，推进国家组织药品和耗材集中带量采购改革，深化医保支付方式改革，提高医保基金使用效能。

习近平指出，要从立法、执法、司法、守法各环节加强社会保障工作，在法治轨道上推动社会保障事业健康发展。要加强社会保障立法工作，依法落实各级政府和用人单位、个人、社会的社会保障权利、义务、责任。要依法健全社会保障基金监管体系。要以零容忍态度严厉打击欺诈骗保、套保或挪用贪占各类社会保障资金的违法行为，守护好人民群众的每一分“养老钱”“保命钱”和每一笔“救助款”“慈善款”。

习近平强调，要完善社会保障管理体系和服务网络，在提高管理精细化程度和服务水平上下更大功夫，提升社会保障治理效能。要完善社会保险关系登记和转移接续的措施，健全社会救助、社会福利对象精准认定机制，实现应保尽保、应助尽助、应享尽享。要完善全国统一的社会保险公共服务平台，深入推进社保经办数字化转型。要坚持传统服务方式和智能化服务创新并行，针对老年人、残疾人等群体的特点，提供更加贴心暖心的社会保障服务。要总结这次疫情防控的成功做法，完善我国社会保障针对突发重大风险的应急响应机制。

习近平指出，要坚持制度的统一性和规范性，坚持国家顶层设计，增强制度的刚性约束，加强对制度运行的管理监督。各地区务必树立大局意识，严肃落实制度改革要求。各级党委和政府要深化对社会保障工作重要性的认识，把握规律，统筹协调，抓好党中央决策部署和各项改革方案的贯彻落实，在健全覆盖全民的社会保障体系上不断取得新成效。

（五）社会保障相关数据

《中华人民共和国2022年国民经济和社会发展统计公报》指出，社会保障方面，年末全国参加城镇职工基本养老保险人数50 349万人，比上年末增加2 275万人。参加城乡居民基本养老保险人数54 952万人，增加155万人。参加基本医疗保险人数134 570万人，其中参加职工基本医疗保险人数36 242万人，参加城乡居民基本医疗保险人数98 328万人。参加失业保险人数23 807万人，增加849万人。年末全国领取失业保险金人数297万人。参加工伤保险人数29 111万人，增加825万人，其中参加工伤保险的农民工9 127万人，增加41万人。参加生育保险人数24 608万人，增加856万人。年末全国共有683万人享受城市最低生活保障，3 349万人享受农村最低生活保障，

435 万人享受农村特困人员救助供养，全年临时救助 1 083 万人次。全年领取国家定期抚恤金、定期生活补助金的退役军人和其他优抚对象 827 万人。

二、社会保险制度的基本规定

1. 社会保险的概念

社会保险是社会保障的核心部分。

社会保险，是指国家通过立法，多渠道筹集资金，对劳动者在因年老、失业、患病、工伤、生育等减少劳动收入时给予经济补偿，使他们能够享有基本生活保障的一项社会保障制度。

社会保险主要包括养老保险、失业保险、医疗保险、工伤保险和生育保险等项目。因经济发展水平不同，社会制度及政策目标不同，不同国家社会保险的项目存在差异。

我国已经建立了基本养老保险、基本医疗保险（生育保险）、工伤保险、失业保险等社会保险制度，部分城市正在进行长期护理保险、职业伤害保障试点。

2. 社会保险的特点

（1）强制性。

社会保险由国家法律保证其强制实施。有些社会保险项目在起步的特定阶段也可能实行非强制的弹性政策。

（2）互济性。

社会保险最重要的特征，贯穿社会保险基金的筹集、管理、支付全过程，体现参加社会保险成员之间，通过国家、雇主、雇员共同筹资，发挥社会伙伴间的互助合作作用。

（3）福利性。

社会保险是政府和社会为公众服务的一项重大社会公益事业，社会保险专门机构依法对服务对象进行物质帮助和提供服务是非营利性的。

（4）权利义务相对应。

享受社会保险待遇的权利与履行参保和缴费的义务是相联系、相对应的，是社会保险区别于社会救助、社会福利的重要特征，是社会保险制度赖以存在的前提与基础。依法参加社会保险和履行缴费义务是享有社会保险待遇的前提条件。

3. 社会保险与社会保障的关系

社会保险与社会保障两者密切联系，两者均由国家立法确定，社会保险包含于社会保障之中，是社会保障的核心内容。

两者也有重要区别：社会保障包括社会保险、社会救助、社会福利和优抚、助残等多种保障政策。社会保险一般实行权利义务相对应的原则，享受社会保险待遇需要履行相应的义务；社会保障中的社会救济、社会优抚、社会福利等属于政府的单方面赠与，不需要履行缴费义务。

4. 社会保险与商业保险的关系

社会保险与商业保险相辅相成、相互补充但又不能互相替代。

相同点：两者都是运用保险的基本原理，筹措资金，防范和化解风险，在互济互助、分担风险、保障生活稳定、促进社会经济繁荣等方面有共同之处。

异同点：两者在性质与实现方式、立法与管理等方面存在明显差别。

（1）社会保险是政府行为，依法强制实施；商业保险是市场行为，以市场方式组织运作。

（2）社会保险属于社会立法和劳动立法范畴；商业保险属于经济立法或民法范畴。

（3）公民或居民都可以参加社会保险，不得有歧视性条件；商业保险允许运用体检等手段排除高风险人群。

（4）社会保险待遇不得重复享受；商业保险允许购买多份保单。

（5）社会保险待遇水平随着经济发展逐步调整；商业保险赔付标准则严格依照保险合同执行。

（6）社会保险由非营利性的各级社会保险专业机构负责具体组织管理；商业保险机构属于自负盈亏的经济实体，属于金融体制管理范畴。

5. 社会保险基金筹资模式

社会保险基金筹资模式主要有现收现付、完全积累和部分积累三种。

现收现付制是按照一个较短的时期（通常为一年）内收支平衡的原则确定费率，筹集社会保险基金。国家按“社会统筹”的方式筹集社会保险基金，基金来源为税收或雇主雇员缴费及国家财政补贴。

完全积累制（基金积累制）是指在任何时点上累积的社会保险费总和连同其投资收益，能够以现值清偿未来的社会保险金给付需要。

部分积累制（部分基金制）是现收现付制与完全积累制的结合，兼具前两种模式的特点。

我国企业职工基本养老保险实行的就是部分积累制。

6. 社会保险费

参保单位、参保人员按规定缴纳的社会保险资金。

三、社会保险费主要法律法规

1.《社会保险法》

2010 年 10 月 28 日《中华人民共和国社会保险法》（以下简称《社会保险法》）经第十一届全国人民代表大会常务委员会第十七次会议通过，由中华人民共和国主席令第三十五号公布，并于 2011 年 7 月 1 日起施行。

该法根据 2018 年 12 月 29 日第十三届全国人民代表大会常务委员会第七次会议《关于修改〈中华人民共和国社会保险法〉的决定》修正，修订第 57 条、64 条、66 条。

2.《社会保险费征缴暂行条例》

1999 年 1 月 22 日，《社会保险费征缴暂行条例》（中华人民共和国国务院令第 259 号）发布，规定自发布之日起施行。该条例根据 2019 年 3 月 24 日《国务院关于修改部分行政法规的决定》修订。

四、社会保险相关部门职责

社会保险是政府主导和社会参与相结合的制度。政府必须在社会保险制度建设中发挥主导作用，积极推动社会保险事业的发展。社会保险行政管理的职责在政府。社会保险行政管理环节多，涉及政府的许多部门。《社会保险法》第七条规定，国务院社会保险行政部门负责全国的社会保险管理工作，国务院其他有关部门在各自的职责范围内负责有关的社会保险工作。县级以上地方人民政府社会保险行政部门负责本行政区域的社会保险管理工作，县级以上地方人民政府其他有关部门在各自的职责范围内负责有关的社会保险工作。

1. 社会保险行政部门

一般是指各级人力资源社会保障部门、医疗保障部门，主要负责全国和本行政区域的社会保险管理工作。

2. 社会保险经办机构

为满足社会成员的社会保险管理服务需求而设立的机构，一般是指各级社会保险行政部门所属的社会保险事业管理（服务）中心、就业管理（服务）中心、医疗保险管理（服务）中心等。《社会保险法》第八条规定，社会保险经办机构提供社会保险服务，负责社会保险登记、个人权益记录、社会保险待遇支付等工作。

3. 社会保险费征收机构

一般是指各级税务部门，主要负责各项社会保险费统一征收工作。

《社会保险法》第五十九条规定，县级以上人民政府加强社会保险费的征收工作。社会保险费实行统一征收，实施步骤和具体办法由国务院规定。

《社会保险费征缴暂行条例》（中华人民共和国国务院令第259号）第六条规定，社会保险费实行三项费集中、统一征收。社会保险费的征收机构由省、自治区、直辖市人民政府规定，可以由税务机关征收，也可以由劳动保障行政部门按照国务院规定设立的社会保险经办机构（以下简称“社会保险经办机构”）征收。

2018年3月，中共中央印发的《深化党和国家机构改革方案》明确提出，为提高社会保险资金征管效率，将基本养老保险费、基本医疗保险费、失业保险费等各项社保费交由税务部门统一征收。

4. 工会

《社会保险法》第九条规定，工会依法维护职工的合法权益，有权参与社会保险重大事项的研究，参加社会保险监督委员会，对与职工社会保险权益有关的事项进行监督。

5. 其他相关部门

财政部门、审计机关等部门按照各自职责分工做好社会保险相关管理、监督工作。

第二部分　自测练习题

一、单选题

1. 社会保障的主要内容中，属于基础的、最低层次的社会保障是（　　）。

A. 社会福利　　B. 社会保险

C. 社会救济　　D. 社会优抚

【参考答案】C

【解析】社会救济是基础的、最低层次的社会保障。

2. 社会保障的主要内容中，居于核心地位的是（　　）。

A. 社会福利　　B. 社会保险

C. 社会救济　　D. 社会优抚

【参考答案】B

【解析】社会保险是社会保障的核心内容。

3. 世界上第一个最完整的社会保险体系出现的标志是（　　）。

A. 英国 1601 年颁布实施《济贫法》

B. 德国 1883 年以来颁布《疾病社会保险法》等三部法律

C. 美国 1935 年颁布实施《社会保障法案》

D. 英国 1946 年起按照《贝弗里奇报告》通过实施一整套社会保障法规

【参考答案】B

【解析】德国 1883 年颁布《疾病社会保险法》，1884 年颁布《工伤事故保险法》，1889 年颁布《老年和残疾人社会保险法》，标志着世界上第一个最完整的社会保险体系的出现。

4. “社会保障”一词最早出自（　　）。

A. 英国 1601 年《济贫法》

B. 德国 1883 年《疾病社会保险法》

C. 美国 1935 年《社会保障法案》

D. 英国 1942 年《社会保险及有关服务》

【参考答案】C

【解析】“社会保障”一词最早出自 1935 年美国通过的《社会保障法案》。

5. 按照《中华人民共和国宪法》第十四条规定，国家建立健全同经济发展水平相适应的制度是（　　）。

A. 养老保险制度　　B. 医疗保险制度

C. 劳动保障制度　　D. 社会保障制度

【参考答案】D

【解析】《中华人民共和国宪法》第十四条规定，国家建立健全同经济发展水平相适应的社会保障制度。

6. 社会保险最重要的特征是（　　）。

A. 强制性　　B. 互济性

C. 福利性　　D. 权利义务相对应

【参考答案】B

【解析】社会保险最重要的特征是互济性，贯穿于社会保险各个环节和全过程，体现在参加社会保险的成员之间的互助合作作用。

7. 党的二十大报告指出，（　　）是人民生活的安全网和社会运行的稳定器。

A. 教育体系　　B. 住房体系

C. 社会保障体系　　D. 医疗卫生体系

【参考答案】C

【解析】党的二十大报告指出，社会保障体系是人民生活的安全网和社会运行的稳定器。

8. 党的二十大报告指出，要完善（　　）全国统筹制度，发展多层次、多支柱养老保险体系。

A. 基本医疗保险　　B. 基本养老保险

C. 失业保险　　D. 工伤保险

【参考答案】B

【解析】党的二十大报告指出，要完善基本养老保险全国统筹制度，发展多层次、多支柱养老保险体系。

9. 党的二十大报告指出，要实施（　　）延迟法定退休年龄。

A. 渐进式　　B. 分类推进

C. 弹性的　　D. 统一的

【参考答案】A

【解析】党的二十大报告指出，要实施渐进式延迟法定退休年龄。

10.《中华人民共和国社会保险法》由中华人民共和国第十一届全国人民代表大会常务委员会第十七次会议于2010年10月28日通过，自（　　）起施行。

A. 2010年12月1日　　B. 2011年1月1日

C. 2011年7月1日　　D. 2011年12月1日

【参考答案】C

【解析】《中华人民共和国社会保险法》由中华人民共和国第十一届全国人民代表大会常务委员会第十七次会议于2010年10月28日通过，自2011年7月1日起施行。该法根据2018年12月29日第十三届全国人民代表大会常务委员会第七次会议《关于修改〈中华人民共和国社会保险法〉的决定》修正。

11.《社会保险费征缴暂行条例》（中华人民共和国国务院令第259号）自（　　）起施行。

A. 1999年1月1日　　B. 发布之日

C. 1999年7月1日　　D. 2019年7月1日

【参考答案】B

【解析】1999年1月22日，《社会保险费征缴暂行条例》（中华人民共和国国务院令第259号）发布，规定自发布之日起施行。该条例根据2019年3月24日《国务院关于修改部分行政法规的决定》修订。

12. 1951年，我国颁布的第一个有关社会保险法规是（　　）。

A.《中华人民共和国劳动保险条例》

B.《中华人民共和国婚姻法》

C.《救济失业工人暂行办法》

D.《中华人民共和国劳动保障监察条例》

【参考答案】A

【解析】1951 年 2 月 26 日，新中国成立后第一个社会保险法规《中华人民共和国劳动保险条例》颁布。

13. 新中国首个覆盖全国的社会保障政策是（　　）。

A.《中华人民共和国劳动保险条例》

B.《中华人民共和国婚姻法》

C.《救济失业工人暂行办法》

D.《国营企业职工待业保险暂行规定》

【参考答案】C

【解析】为了解决旧中国遗留的失业问题，1950 年 6 月 17 日政务院批准了《救济失业工人暂行办法》，同年 7 月 1 日颁布实施，这是新中国首个覆盖全国的社会保障政策。

14.（　　）中旗帜鲜明地提出设立工厂保险、保护失业工人等改善工人待遇的主张，这是党首次作出有关社会保障的论述。

A. 党的一大纲领　　B.《中华苏维埃共和国劳动法》

C. 党的二大宣言　　D.《劳动法案大纲》

【参考答案】C

【解析】1922 年 7 月，党的二大宣言在党的一大纲领基础上，制定了中国共产党在民主革命阶段的主要纲领，其中在保障工人和贫农的利益方面，提出了“改良工人待遇的主张，包括废除包工制，实行八小时工作制，工厂设立工人医院及其他卫生设备，建立工厂保险，保护女工和童工，保护失业工人”等内容。

15. 1925 年 5 月，党的第二次全国劳动大会通过的（　　）首次使用“社会保险”这一概念，提出“应实行社会保险制度，使工人于工作死亡时能得到赔偿；于疾病失业老年时能得到救济”。

A.《经济斗争决议案》　　B.《劳动法大纲决议案》

C.《政治形势与党的任务议决案》　　D.《劳动法案大纲》

【参考答案】A

【解析】1925 年 5 月，党的第二次全国劳动大会通过的《经济斗争决议案》首次使用“社会保险”这一概念，提出“应实行社会保险制度，使工人于工作死亡时能得到赔偿；于疾病失业老年时能得到救济”。

16. 2016 年，国际社会保障协会授予中国政府（　　）。

A. “社会健康治理杰出典范奖”　　B. “社会保障杰出典范奖”

C. “社会保险杰出贡献奖”　　D. “社会保障杰出成就奖”

【参考答案】D

【解析】国际社会保障协会（ISSA）在其第 32 届全球大会期间，将“社会保障杰出成就奖”（2014—2016）授予中华人民共和国政府，以表彰中国近年来在扩大社会保障覆盖面工作中取得的卓越成就。

17. 抚养比是指（　　）。

A. 就业参保者与退休者之间的比值

B. 就业劳动者与退休者之间的比值

C. 退休者与就业参保者之间的比值

D. 退休者与就业劳动者之间的比值

【参考答案】A

【解析】抚养比是指就业参保者与退休者之间的比值，抚养比越低，表明劳动力人均承担的抚养人数越多，抚养负担越重。

18. 养老金替代率是指（　　）。

A. 劳动者退休时养老金领取水平与退休前工资收入水平之间的比率

B. 劳动者退休时养老金领取水平与退休前缴费水平之间的比率

C. 劳动者退休时消费水平与养老金领取水平之间的比率

D. 劳动者退休时缴费水平与养老金领取水平之间的比率

【参考答案】A

【解析】养老金替代率是指劳动者退休时养老金领取水平与退休前工资收入水平之间的比率，是衡量劳动者退休前后生活保障水平差异的指标。

19. 党的二十大报告指出，我国人均预期寿命增长到（　　）。

A. 七十七点八岁　　B. 七十八点五岁

C. 七十八点二岁　　D. 八十二点七岁

【参考答案】C

【解析】党的二十大报告指出，我国人均预期寿命增长到七十八点二岁。

20. 国家通过（　　）支持社会保险事业。

A. 财政拨款　　B. 税收优惠政策

C. 建立制度　　D. 发展经济

【参考答案】B

【解析】《社会保险法》第五条规定，国家通过税收优惠政策支持社会保险事业。

21. 公务员依法参加（　　），按照国家规定享受保险待遇。

A. 社会保险　　B. 商业保险

C. 年金保险　　D. 失业保险

【参考答案】A

【解析】《中华人民共和国公务员法》第八十三条规定，公务员依法参加社会保险，按照国家规定享受保险待遇。

22. 要增强（　　），研判未来我国人口老龄化、人均预期寿命提升、受教育年限增加、劳动力结构变化等发展趋势，提高工作预见性和主动性。

A. 系统观念　　B. 风险意识

C. 战略眼光　　D. 底线思维

【参考答案】B

【解析】要增强风险意识，研判未来我国人口老龄化、人均预期寿命提升、受教育年限增加、劳动力结构变化等发展趋势，提高工作预见性和主动性。

23. 要加强社会保障（　　）工作，依法落实各级政府和用人单位、个人、社会的社会保障权利、义务、责任。

A. 立法　　B. 制度建设

C. 法治建设　　D. 执法

【参考答案】A

【解析】要加强社会保障立法工作，依法落实各级政府和用人单位、个人、社会的社会保障权利、义务、责任。

24. 要强化（　　），紧盯老百姓在社会保障方面反映强烈的烦心事、操心事、揪心事，不断推进改革。

A. 结果导向　　B. 目标导向

C. 问题导向　　D. 过程导向

【参考答案】C

【解析】要强化问题导向，紧盯老百姓在社会保障方面反映强烈的烦心事、操心事、揪心事，不断推进改革。

25. 坚持（　　），用改革的办法和创新的思维解决发展中的问题，坚决破除体制机制障碍，推动社会保障事业不断前进。

A. 制度引领　　B. 与时俱进

C. 实事求是　　D. 人民至上

【参考答案】B

【解析】坚持与时俱进，用改革的办法和创新的思维解决发展中的问题，坚决破除体制机制障碍，推动社会保障事业不断前进。

二、多选题

1. 社会保障的主要内容包括（　　）。

A. 社会福利　　B. 社会保险

C. 社会救济　　D. 社会优抚

E. 社会互助

【参考答案】ABCDE

【解析】社会保障包括社会保险、社会救济、社会福利、社会优抚、社会互助等内容。

2. 社会保障的基本功能包括（　　）。

A. 稳定社会的“安全网”　　B. 收入分配的“调节器”

C. 经济周期波动的“减震器”　　D. 经济发展的“助推器”

【参考答案】ABCD

【解析】社会保障是稳定社会的“安全网”，有利于稳定社会秩序避免社会动荡；是收入分配的“调节器”，有利于缩小贫富差距，推动实现社会公平的目标；是经济周期波动的“减震器”，有利于减少经济波动增幅，促进供需平衡；是经济发展的“助推器”，有利于促进经济发展和保证劳动力再生产。

3. 社会保险的基本特征包括（　　）。

A. 强制性　　B. 互济性

C. 福利性　　D. 确定性

E. 权利义务相对应

【参考答案】ABCE

【解析】社会保险的基本特征：（1）强制性；（2）互济性；（3）福利性；（4）权利义务相对应。

4. 我国社会保险的主要项目包括（　　）。

A. 基本养老保险　　B. 基本医疗保险

C. 生育保险　　D. 失业保险

E. 工伤保险

【参考答案】ABCDE

【解析】《社会保险法》第二条规定，国家建立基本养老保险、基本医疗保险、工伤保险、失业保险、生育保险等社会保险制度，保障公民在年老、疾病、工伤、失业、生育等情况下依法从国家和社会获得物质帮助的权利。

5. 党的二十大报告指出，我们建成世界上规模最大的（　　）体系，教育普及水平实现历史性跨越，基本养老保险覆盖十亿四千万人，基本医疗保险参保率稳定在百分之九十五。

A. 教育体系　　B. 住房体系

C. 社会保障体系　　D. 医疗卫生体系

E. 社会信用体系

【参考答案】ACD

【解析】党的二十大报告指出，我们建成世界上规模最大的教育体系、社会保障体系、医疗卫生体系，教育普及水平实现历史性跨越，基本养老保险覆盖十亿四千万人，基本医疗保险参保率稳定在百分之九十五。

6. 党的二十大报告指出，要健全（　　）的多层次社会保障体系。

A. 覆盖全民　　B. 统筹城乡

C. 公平统一　　D. 安全规范

E. 可持续

【参考答案】ABCDE

【解析】党的二十大报告指出，要健全覆盖全民、统筹城乡、公平统一、安全规范、可持续的多层次社会保障体系。

7. 党的二十大报告指出，要推动（　　）省级统筹。

A. 基本医疗保险　　B. 基本养老保险

C. 失业保险　　D. 工伤保险

E. 长期护理保险

【参考答案】ACD

【解析】党的二十大报告指出，要推动基本医疗保险、失业保险、工伤保险省级统筹。

8. 社会保险制度的方针包括（　　）。

A. 广覆盖　　B. 均贫富

C. 多层次　　D. 保基本

E. 可持续

【参考答案】ACDE

【解析】《社会保险法》第三条规定，社会保险制度坚持广覆盖、保基本、多层次、可持续的方针，社会保险水平应当与经济社会发展水平相适应。

9. 1994 年，全国医疗保险制度改革率先在（　　）两市进行试点。

A. 镇江　　B. 三明　　C. 九江　　D. 重庆

【参考答案】AC

【解析】1994 年，全国医疗保险制度改革率先在江苏省镇江市、江西省九江市进行试点，即著名的“两江试点”。

10. 党的二十大报告指出，要完善分配制度，加大税收和（　　）等的调节力度。

A. 社会保障　　B. 国有资本划转

C. 转移支付　　D. 财政拨款

【参考答案】AC

【解析】党的二十大报告指出，要完善分配制度，加大税收、社会保障、转移支付等的调节力度。

11.《社会保险法》立法目的包括（　　）。

A. 规范社会保险关系

B. 维护公民参加社会保险和享受社会保险待遇的合法权益

C. 使公民共享发展成果

D. 促进社会和谐稳定

【参考答案】ABCD

【解析】《社会保险法》第一条规定，为了规范社会保险关系，维护公民参加社会保险和享受社会保险待遇的合法权益，使公民共享发展成果，促进社会和谐稳定，根据宪法，制定本法。

12. 2021 年 3 月，《关于进一步深化税收征管改革的意见》提出，探索区块链技术在（　　）等方面的应用，并持续拓展在促进涉税涉费信息共享等领域的应用。

A. 税收电子发票　　B. 社会保险费征收

C. 房地产交易　　D. 不动产登记

【参考答案】BCD

【解析】2021年3月，《关于进一步深化税收征管改革的意见》提出，探索区块链技术在社会保险费征收、房地产交易和不动产登记等方面的应用，并持续拓展在促进涉税涉费信息共享等领域的应用。

13. 根据《社会保险法》有关规定，用人单位和个人在社会保险方面的权利包括（　　）。

A. 依法缴纳社会保险费

B. 查询缴费记录

C. 查询个人权益记录

D. 要求社会保险经办机构提供社会保险咨询

【参考答案】ABCD

【解析】《社会保险法》第四条规定，中华人民共和国境内的用人单位和个人依法缴纳社会保险费，有权查询缴费记录、个人权益记录，要求社会保险经办机构提供社会保险咨询等相关服务。

个人依法享受社会保险待遇，有权监督本单位为其缴费情况。

14. 社会保险基金筹资模式主要包括（　　）。

A. 现收现付　　B. 完全积累

C. 部分积累　　D. 统账结合

【参考答案】ABC

【解析】社会保险基金筹资模式主要包括现收现付、完全积累和部分积累三种。

15. 社会保险行政部门包括（　　）。

A. 财政部门　　B. 人力资源和社会保障部门

C. 医疗保障部门　　D. 税务部门

【参考答案】BC

【解析】社会保险行政部门一般指各级人力资源社会保障部门、医疗保障部门。

16. 随着我国社会主要矛盾发生变化和（　　）加快发展，我国社会保障体系仍存在不足，必须高度重视并切实加以解决。

A. 城镇化　　B. 人口老龄化

C. 就业方式多样化　　D. 社会保障全民化

【参考答案】ABC

【解析】随着我国社会主要矛盾发生变化和城镇化、人口老龄化、就业方式多样化加快发展，我国社会保障体系仍存在不足，必须高度重视并切实加以解决。

17. 我国社会保障制度改革已进入（　　）的阶段。

A. 系统集成　　B. 分类施治

C. 协同高效　　D. 小步快走

【参考答案】AC

【解析】我国社会保障制度改革已进入系统集成、协同高效的阶段。

18. 要从（　　）各环节加强社会保障工作，在法治轨道上推动社会保障事业健康发展。

A. 立法　　B. 执法　　C. 司法　　D. 守法

【参考答案】ABCD

【解析】要从立法、执法、司法、守法各环节加强社会保障工作，在法治轨道上推动社会保障事业健康发展。

19. 党的十八大以来，党中央把社会保障体系建设摆上更加突出的位置，对我国社会保障体系建设作出顶层设计，推动我国社会保障体系建设进入快车道。其中包括（　　）。

A. 统一城乡居民基本养老保险制度

B. 降低社会保险费率

C. 整合城乡居民基本医疗保险制度

D. 实现机关事业单位和企业养老保险制度并轨

【参考答案】ABCD

【解析】党的十八大以来，党中央把社会保障体系建设摆上更加突出的位置，对我国社会保障体系建设作出顶层设计，推动我国社会保障体系建设进入快车道。统一城乡居民基本养老保险制度，实现机关事业单位和企业养老保险制度并轨，建立企业职工基本养老保险基金中央调剂制度。整合城乡居民基本医疗保险制度，全面实施城乡居民大病保险，组建国家医疗保障局。推进全民参保计划，降低社会保险费率，划转部分国有资本充实社保基金。积极发展养老、托幼、助残等福利事业，人民群众不分城乡、地域、性别、职业，在面对年老、疾病、失业、工伤、残疾、贫困等风险时都有了相应制度保障。

20. 社会保障（　　）。

A. 是保障和改善民生、维护社会公平、增进人民福祉的基本制度保障

B. 是促进经济社会发展、实现广大人民群众共享改革发展成果的重要制度安排

C. 是治国安邦的大问题

D. 关乎人民最关心最直接最现实的利益问题

【参考答案】ABCD

【解析】社会保障是保障和改善民生、维护社会公平、增进人民福祉的基本制度保障，是促进经济社会发展、实现广大人民群众共享改革发展成果的重要制度安排，是治国安邦的大问题。社会保障关乎人民最关心最直接最现实的利益问题。

三、判断题

1. 根据《社会保险法》，国家通过免税政策支持社会保险事业。（　　）

【参考答案】×

【解析】《社会保险法》第五条规定，国家通过税收优惠政策支持社会保险事业。所以“免税政策”应改为“税收优惠政策”。

2. 参保率是指参加社会保险缴费人数与参加社会保险人数的比率。（　　）

【参考答案】×

【解析】参保率是指已参加社会保险的人数与应参加社会保险人数的比率。

3. 社会保险包含社会保障。（　　）

【参考答案】×

【解析】社会保险包含于社会保障之中。

4. 英国是最早建立现代社会保障制度的国家。（　　）

【参考答案】×

【解析】德国是最早建立现代社会保障制度的国家。

5. 税务部门属于社会保险经办机构。 （ ）

【参考答案】×

【解析】税务部门属于社会保险费征收机构。

6. 党的二十大报告指出，人民群众获得感、幸福感、安全感更加充实、更有保障、更可持续，共同富裕取得新成效。 （ ）

【参考答案】√

【解析】略。

7. 党的二十大报告指出，基本医疗保险参保率稳定在百分之九十五。（ ）

【参考答案】√

【解析】略。

8. 我国企业职工基本养老保险实行的是现收现付制。 （ ）

【参考答案】×

【解析】我国企业职工基本养老保险实行的是部分积累制。

9. 2022 年末我国人口 141 175 万人，比上年末减少 85 万人。 （ ）

【参考答案】√

【解析】参见《2022 年国民经济和社会发展统计公报》。

10. 社会保险行政部门负责社会保险征收管理工作。 （ ）

【参考答案】×

【解析】社会保险行政部门负责社会保险管理工作。

11. 要坚持系统观念，把握好新发展阶段、新发展理念、新发展格局提出的新要求，在统筹推进“五位一体”总体布局、协调推进“四个全面”战略布局中思考和谋划社会保障事业发展。 （ ）

【参考答案】√

【解析】要坚持系统观念，把握好新发展阶段、新发展理念、新发展格局提出的新要求，在统筹推进“五位一体”总体布局、协调推进“四个全面”战略布局中思考和谋划社会保障事业发展。

12. 要坚持传统服务方式和智能化服务创新并行，针对老年人、残疾人等群体的特点，提供更加贴心暖心的社会保障服务。 （ ）

【参考答案】√

【解析】要坚持传统服务方式和智能化服务创新并行，针对老年人、残疾人等群体的特点，提供更加贴心暖心的社会保障服务。

13. 目前，我国以社会保险为主体，包括社会救助、社会福利、社会优抚等制度在内，功能完备的社会保障体系基本建成，是世界上规模最大的社会保障体系。（　　）

【参考答案】√

【解析】目前，我国以社会保险为主体，包括社会救助、社会福利、社会优抚等制度在内，功能完备的社会保障体系基本建成，基本医疗保险覆盖13.6亿人，基本养老保险覆盖近10亿人，是世界上规模最大的社会保障体系。

14. 着力建设以服务纳税人为中心、以发票电子化改革为突破口、以税收大数据为驱动力的具有高集成功能、高安全性能、高应用效能的智慧税务。（　　）

【参考答案】×

【解析】《关于进一步深化税收征管改革的意见》规定，着力建设以服务纳税人缴费人为中心、以发票电子化改革为突破口、以税收大数据为驱动力的具有高集成功能、高安全性能、高应用效能的智慧税务。

15. 坚决防止落实税费优惠政策不到位、征收“过头税费”及对税收工作进行不当行政干预等行为。（　　）

【参考答案】√

【解析】《关于进一步深化税收征管改革的意见》规定，坚决防止落实税费优惠政策不到位、征收“过头税费”及对税收工作进行不当行政干预等行为。

四、简答题

1. 请简述党的二十大报告中健全多层次社会保障体系方面的内容。

【参考答案与解析】

党的二十大报告指出，社会保障体系是人民生活的安全网和社会运行的稳定器。要健全覆盖全民、统筹城乡、公平统一、安全规范、可持续的多层次社会保障体系。完善基本养老保险全国统筹制度，发展多层次、多支柱养老保险体系。实施渐进式延迟法定退休年龄。扩大社会保险覆盖面，健全基本养老、基本医疗保险筹资和待遇调整机制，推动基本医疗保险、失业保险、工伤保险省级统筹。促进多层次医疗保障有序衔接，完善大病保险和医疗救助制度，落实异地就医结算，建立长期护理保险制度，积极发展商业医疗保险。加快完善全国统一的社会保险公共服务平台。健全社保基金保值增值和安全监管体系。健全分层分类的社会救助体系。坚持男女平等基本国策，保障妇女儿童合法权益。完善残疾人社会保障制度和关爱服务体系，促进残疾人事业全面发展。坚持房子是用来住的、不是用来炒的定位，加快建立多主体供给、多渠道保障、租购并举的住房制度。

2. 请简答社会保险和商业保险的异同点。

【参考答案与解析】

社会保险与商业保险相辅相成、相互补充但又不能互相替代。

相同点：两者都是运用保险的基本原理，筹措资金，防范和化解风险，在互济互助、分担风险、保障生活稳定、促进社会经济繁荣等方面有共同之处。

不同点：两者在性质与实现方式、立法与管理等方面存在明显差别。

（1）社会保险是政府行为，依法强制实施；商业保险是市场行为，以市场方式组织运作。

（2）社会保险属于社会立法和劳动立法范畴；商业保险属于经济立法或民法范畴。

（3）公民或居民都可以参加社会保险，不得有歧视性条件；商业保险允许运用体检等手段排除高风险人群。

（4）社会保险待遇不得重复享受；商业保险允许购买多份保单。

（5）社会保险待遇水平随着经济发展逐步调整；商业保险赔付标准则严格依照保险合同执行。

（6）社会保险由非营利性的各级社会保险专业机构负责具体组织管理；商业保险机构属于自负盈亏的经济实体，属于金融体制管理范畴。

3. 请简答社会保险的主要内容。

【参考答案与解析】

社会保险主要包括养老保险、失业保险、医疗保险、工伤保险和生育保险等项目。

第二章　养老保险专题

第一部分　知识架构

一、养老保险的基本理论

1. 定义

养老保险是指劳动者在达到国家规定的解除劳动义务的劳动年龄界限，或因年老丧失劳动能力的情况下，能够依法获得经济收入、物质帮助和相关服务的社会保险制度。

2. 分类

（1）按照保障的层次划分：基本养老保险（第一支柱）、补充养老保险（第二支柱）和个人储蓄性养老保险（第三支柱）。

（2）按照待遇给付方式划分：待遇确定型养老保险、缴费确定型养老保险和混合型养老保险。

3. 特点

（1）参加保险与享受待遇的一致性；（2）保障水平的适度性；（3）享受待遇的长期性；（4）保障方式的多层次性；（5）与家庭养老的相关性。

二、基本养老保险

基本养老保险也称法定养老保险，是由国家立法强制实行的政府行为，通过参保人、用人单位和政府多渠道筹集资金形成基金，对参保并缴纳费用、达到待遇领取条件者依法提供物质帮助，使其因年老而退出劳动后，享有基本生活保障的一项社会保险制度，一般情况下全体劳动者必须参加。我国的基本养老保险根据保障人群的不同，划分为企业职工基本养老保险、机关事业单位工作人员基本养老保险和城乡居民基本养老保险三个险种。

（一）企业职工基本养老保险

1. 覆盖范围

简言之，除机关事业单位编制内人员外，城镇各类从业人员都应当或可以参加企业职工基本养老保险。

（1）应参加人员。

国有企业、城镇集体企业、外商投资企业、城镇私营企业和其他城镇企业职工，实行企业化管理的事业单位职工；依法在各级民政部门登记的社会团体（包括社会团体分支机构和代表机构）、基金会（包括基金会分支机构和代表机构）、民办非企业单位、境外非政府组织驻华代表机构及其签订聘用合同或劳动合同的专职工作人员（不包括兼职人员、劳务派遣人员、返聘的离退休人员和纳入行政事业编制的人员）；目前划分为生产经营类，但尚未转企改制到位的事业单位，已参加企业职工基本养老保险的事业单位职工；机关事业单位编制外人员；在中国境内依法注册或者登记的企业、事业单位、社会团体、民办非企业单位、基金会、律师事务所、会计师事务所等组织（以下称“用人单位”）依法招用的外国人以及与境外雇主订立雇佣合同后，被派遣到在中国境内注册或者登记的分支机构、代表机构（以下称“境内工作单位”）工作的外国人；在内地（大陆）依法注册或者登记的企业、事业单位、社会组织、有雇工的个体经济组织等用人单位依法聘用、招用的港澳台居民。

（2）可以参加人员。

无雇工的个体工商户、未在用人单位参加基本养老保险的非全日制从业人员以及其他灵活就业人员；在内地（大陆）依法从事个体工商经营的港澳台居民，可以按照注册地有关规定参加职工基本养老保险和职工基本医疗保险；在内地（大陆）灵活就业且办理港澳台居民居住证的港澳台居民。

2. 缴费义务人

以职工身份参保的，用人单位和职工个人都是基本养老保险缴费义务人；以个人身份参保的，个人是企业职工基本养老保险缴费义务人。

政策依据：《社会保险法》第十条规定：“职工应当参加基本养老保险，由用人单位和职工共同缴纳基本养老保险费。无雇工的个体工商户、未在用人单位参加基本养老保险的非全日制从业人员以及其他灵活就业人员可以参加基本养老保险，由个人缴纳基本养老保险费。”

3. 缴费基数

是指社保缴纳人员在一个社会保障年度内的社会保险缴费基数，是计算参保单位和参保人员缴纳社保费和享受社保待遇的重要依据。

（1）单位缴费基数。

《社会保险法》第十二条规定：“用人单位应当按照国家规定的本单位职工工资总额的比例缴纳基本养老保险费。”目前一般口径是指职工个人缴费基数之和。

1995 年，《国务院关于深化企业职工养老保险制度改革的通知》（国发〔1995〕6 号）对单位缴费基数提出两种方案：一是职工工资总额（俗称“双基数”），二是职工缴费工资基数之和（俗称“单基数”）。“单”“双”基数一般区别在于，单位缴费基数是否和个人缴费基数挂钩。为统一缴费基数政策，为养老保险省级统筹、全国统筹奠定基础，2019 年有关部门发文，明确按职工缴费工资基数之和确定单位缴费基数（在实践中，个别省份逐步过渡）。

（2）职工缴费基数。

职工个人基本养老保险费的缴费基数为本人工资。本人工资高于本省上年全口径社平工资 300% 的，以本省上年全口径社平工资 300% 为本人缴费基数；低于本省上年全口径社平工资 60% 的，以本省上年全口径社平工资 60% 为本人缴费基数。

特殊情况下职工缴费基数的确定方法：新招职工（包括研究生、大学生、大中专毕业生等）以起薪当月工资收入作为缴费工资基数；从第二年起，按上一年实发工资的月平均工资作为缴费工资基数。单位派出的长期脱产学习人员、经批准请长假的职工，保留工资关系的，以脱产或请假的上年月平均工资作为缴费工资基数。单位派到境外、国外工作的职工，按本人出境（国）上年在本单位领取的月平均工资作为缴费工资基数；次年的缴费工资基数按上年本单位平均工资增长率进行调整。失业后再就业的职工，以再就业起薪当月的工资收入作为缴费工资基数；从第二年起，按上一年实发工资的月平均工资作为缴费工资基数。

主要政策依据为劳动部办公厅印发的《职工基本养老保险个人账户管理暂行办法》的通知（劳办发〔1997〕116号）。

（3）以个人身份参保人员缴费基数。

个体工商户和灵活就业人员参加企业职工基本养老保险，可以在本省全口径城镇单位就业人员平均工资60%至300%之间选择适当的缴费基数。

（4）工资总额。

工资总额是指各单位在一定时期内直接支付给本单位全部职工的劳动报酬总额。工资总额由计时工资、计件工资、奖金、津贴和补贴、加班加点工资、特殊情况下支付的工资等六个部分组成。主要政策依据为《关于工资总额组成的规定》（国家统计局令1989年第1号），通过列举法和排除法相结合的方式，规定计入和不列入工资总额的项目。

（5）社会平均工资。

通常是指某一地区或国家一定时期内（通常为一年）全部就业人员工资总额除以这一时期内就业人数后所得的平均工资，一般由统计部门根据上年度的情况公布。从各地发布的社会平均工资数据来看，一般有两个口径，一是城镇非私营单位就业人员年平均工资，二是城镇私营单位就业人员年平均工资。2021年5月前，一般以城镇非私营单位就业人员年平均工资核定社保个人缴费基数上下限。2021年5月后，《国务院办公厅关于印发降低社会保险费率综合方案的通知》（国办发〔2019〕13号）规定，调整就业人员平均工资计算口径，各省应以本省城镇非私营单位就业人员平均工资和城镇私营单位就业人员平均工资加权计算的全口径城镇单位就业人员平均工资，核定社保个人缴费基数上下限。各地全口径城镇单位就业人员平均工资一般由统计部门或社保（医保）部门公布。

4. 缴费比例（也称费率）

（1）单位缴费费率。

2021 年 5 月前，企业职工基本养老保险单位缴费费率一般为 20%（个别省份低于 20%）；2021 年 5 月后，企业职工基本养老保险单位缴费费率一般为 16%（个别低于 16%，逐步过渡到 16%）。

（2）职工个人费率均为 8%。

（3）以个人身份参保人员费率一般为 20%。

5. 应缴费额计算

企业职工基本养老保险费应缴费额 = 企业职工基本养老保险费缴费基数 × 费率。

6. 个人账户

企业职工基本养老保险实行社会统筹与个人账户相结合，个人账户用于记录职工个人缴纳的基本养老保险费和从企业缴费中划转记入的基本养老保险费，以及上述两部分的利息金额。个人账户主要内容包括：姓名、性别、社会保障号码、参加工作时间、视同缴费年限、个人首次缴费时间、当地上年职工平均工资、个人当年缴费工资基数、当年缴费月数、当年记账利息及个人账户储存额情况等。2005 年《国务院关于完善企业职工基本养老保险制度的决定》（国发〔2005〕38 号）实施后参加养老保险的职工，其个人账户规模为本人工资的 8%。以个人身份参加基本养老保险的，按个人所选缴费基数的 20% 缴费，其中缴费基数的 8% 记入个人账户。

7. 基本养老金

企业职工退休后，基本养老金由基础养老金和个人账户养老金两部分构成。对在国家实施统一的职工养老保险制度之前参加工作，在统一制度实施后退休的人员，加发过渡性养老金。基本养老金根据个人累计缴费年限、缴费工资、当地职工平均工资、个人账户金额、城镇人口平均预期寿命等因素确定。

（1）基础养老金。

按照参保者退休时上年度当地在岗职工月平均工资与本人指数化月平均

缴费工资的平均值为基数，乘以本人累计缴费年限，缴费每满1年发放1%。

月基础养老金=(上年度当地在岗职工月平均工资+本人指数化月平均缴费工资)÷2×本人累计缴费年限×1%

本人指数化月平均缴费工资：先计算参保者缴费期内每年本人的缴费工资与当地职工平均工资相比后得出的各年度系数，再把各年度系数相加求出平均值，最后乘以本人退休时上年度职工平均工资。

(2) 个人账户养老金。

根据参保人员退休时个人账户全部储存额（包括本金和利息）除以国家规定的计发月数计算出来的养老金。

个人账户养老金=个人账户全部储存额÷计发月数

(3) 过渡性养老金。

执行范围是在国家实施统一的职工养老保险制度之前参加工作，而在统一制度实施后退休的人员（中人）。“中人”从参加工作到统一制度期间没有个人账户，无法计算这一期间（视同缴费年限）个人账户养老金，需通过“过渡性养老金”予以弥补。

过渡性养老金=本人指数化月平均工资×视同缴费年限×计发系数(1.0%—1.4%)

计发系数由各省根据实际情况测算提出、经中央部门综合平衡后确定。

(4) 养老金调整。

《社会保险法》第十八条规定，国家建立基本养老金正常调整机制。养老金调整的主要目的是防范通货膨胀风险，保证养老金购买力不降低，让老年人口适当分享经济社会发展成果。我国基本养老金调整主要参考两个因素：职工平均工资增长和物价上涨水平。2022年5月，人社部、财政部发文明确，从2022年1月1日起调整企业和机关事业单位退休人员基本养老金水平，全国总体调整比例按照2021年退休人员月人均基本养老金的4%确定。这是2005年以来十八连涨。

8. 基本养老金领取条件

领取基本养老金必须符合三个条件：一是参保人员达到法定退休年龄；二是个人累计缴费年限满15年；三是办理了退休手续。

（1）法定退休年龄。

男职工年满60周岁，女干部年满55周岁，女职工年满50周岁；从事井下、高空、高温、繁重体力劳动和其他有害健康工种（即“特殊工种”）的职工，男年满55周岁，女年满45周岁；经医院证明，并经劳动鉴定委员会确认，完全丧失劳动能力的职工，男年满50周岁，女年满45周岁。法律依据为1978年国务院《关于工人退休、退职的暂行办法》和《关于安置老弱病残干部的暂行办法》（国发〔1978〕104号）。

（2）缴费年限。

《社会保险法》第十六条规定，参加基本养老保险的个人，达到法定退休年龄时累计缴费满十五年的，按月领取基本养老金。

（3）退休手续。

达到法定退休年龄后需办理退休手续。

（4）不符合领取条件处理原则。

一是延长缴费至满15年。参加企业职工基本养老保险的个人达到法定退休年龄时，累计缴费不足15年的，可以延长缴费至满15年；社会保险法实施前参保、延长缴费五年后仍不足15年的，可以一次性缴费至满十五年。二是申请转入城乡居民基本养老保险。参加企业职工基本养老保险的个人达到法定退休年龄后，累计缴费不足15年（含依照规定延长缴费）的，可以申请转入户籍所在地城乡居民基本养老保险，享受相应的养老保险待遇。三是终止养老保险关系，一次性支付个人账户储存额。参加企业职工基本养老保险的个人达到法定退休年龄后，累计缴费不足15年（含依照规定延长缴费），且未转入城乡居民基本养老保险的，个人可以书面申请终止职工基本养老保险关系。社会保险机构收到申请后，应当书面告知其转入城乡居民基本养老保险的权利以及终止企业职工基本养老保险关系的后果，经本人书面确认后，终止其职工基本养老保险关系，并将个人账户储存额一次性支付给本人。

9. 基本养老金待遇停止或暂停发放

基本养老金领取者死亡或者因失踪被人民法院宣告死亡的，从死亡或宣告死亡的次月起停止发放基本养老金。

基本养老金领取者服刑期间，从服刑当月到释放期间停止发放基本养老金，刑满释放后经申请恢复发放。

未按规定参加养老金生存认证的，暂停发放基本养老金，认证后补发。

《社会保险法》第十七条规定，参加基本养老保险的个人，因病或者非因工死亡的，其遗属可以领取丧葬补助金和抚恤金；在未达到法定退休年龄时因病或者非因工致残完全丧失劳动能力的，可以领取病残津贴。所需资金从基本养老保险基金中支付。

10. 统筹层次

2022年起，为解决各省之间养老保险基金结构性矛盾日益突出的问题，实施企业职工基本养老保险全国统筹。

（二）机关事业单位工作人员基本养老保险

1. 覆盖范围

简言之，覆盖范围为机关事业单位编制内的工作人员。主要包括下列人员：

（1）按照公务员法管理的单位的工作人员；

（2）参照公务员法管理的机关（单位）的工作人员；

（3）事业单位编制内的工作人员；

（4）机关事业单位编制内劳动合同制工人；

（5）军队文职人员；

（6）计划分配到机关事业单位工作的军队转业干部和退役士兵。

2. 缴费义务人

单位和个人共同负担。个人缴纳的基本养老保险费，由所在单位代扣代缴。

3. 缴费基数

（1）单位缴费基数。

参加机关事业单位养老保险工作人员的个人缴费工资基数之和。

（2）个人缴费基数。

工作人员个人月缴费基数根据本人上年度月平均工资确定，即工作人员本人上一自然年度内应该发放的、按国家和省规定纳入缴费工资基数项目的全年工资收入的月平均值。工作人员个人月平均工资高于当地上年全口径社平工资 300% 的，以当地上年全口径社平工资 300% 为本人缴费基数；低于当地上年全口径社平工资 60% 的，以当地上年全口径社平工资 60% 为本人缴费基数。

新设立单位和参保单位新增的工作人员按照本人起薪当月的月工资确定缴费基数。

（3）个人缴费基数的构成。

列举项目进行明确，未列举的暂不纳入个人缴费工资基数。

机关单位（含参公管理的单位）工作人员纳入个人缴费工资基数的工资项目，包括：本人上年度工资收入中的基本工资、国家统一的津贴补贴（艰苦边远地区津贴、西藏特贴、特区津贴、警衔津贴、海关津贴等国家统一规定纳入原退休费计发基数的项目）、规范后的津贴补贴（地区附加津贴）、年终一次性奖金。

事业单位工作人员纳入个人缴费工资基数的工资项目，包括：本人上年度工资收入中的基本工资、国家统一的津贴补贴（艰苦边远地区津贴、西藏特贴、特区津贴等国家统一规定纳入原退休费计发基数的项目）、绩效工资。

4. 缴费比例（也称费率）

（1）单位缴费费率。

2021 年 5 月前，单位缴费费率一般为 20%。自 2019 年 5 月 1 日起，全国机关事业单位基本养老保险单位缴费比例统一为 16%。

（2）个人缴费费率。

机关事业单位工作人员基本养老保险费率为 8%。

5. 应缴费额计算

机关事业单位基本养老保险费应缴费额 = 机关事业单位基本养老保险费缴费基数 × 费率。

6. 个人账户

机关事业单位工作人员基本养老保险实行社会统筹与个人账户相结合的

基本养老保险制度。个人账户按本人缴费工资 8% 的数额建立基本养老保险个人账，全部由个人缴费形成，统一计息，按月记账，不实行实账积累。

（1）账户设置时间。

2014 年 10 月 1 日在机关事业单位工作的人员，个人账户建立时间从 2014 年 10 月开始；2014 年 10 月 1 日之后参加工作的人员，从其参加工作之月起建立个人账户。

（2）账户记录内容。

个人账户包括个人基本信息、缴费信息和支付信息、转移接续信息、终止注销信息等内容，用于记录个人缴费及利息等社会保险权益。

7. 基本养老金

基本养老金由基础养老金和个人账户养老金两部分构成。

（1）基础养老金。

机关事业单位工作人员退休时的基础养老金月标准，以当地上年度在岗职工月平均工资和本人指数化月平均缴费工资的平均值为基数，缴费每满 1 年发放 1%。

月基础养老金 = 上年度当地在岗职工月平均工资 ×（1 + 本人平均缴费工资指数）÷ 2 × 本人累计缴费年限（含视同缴费年限）× 1%

本人平均缴费工资指数 =（视同缴费指数 × 视同缴费年限 + 实际平均缴费指数 × 实际缴费年限）÷ 缴费年限。

（2）个人账户养老金。

机关工作人员退休时的个人账户养老金月标准，为个人账户储存额除以计发月数，计发月数根据本人退休时城镇人口平均预期寿命、本人退休年龄、利息等因素确定，计发月数与企业职工基本养老保险一致。

个人账户养老金 = 个人账户全部储存额 ÷ 计发月数

（3）过渡性养老金。

对于改革前参加工作、改革后退休的“中人”，在发给基础养老金和个人账户养老金的基础上，再依据视同缴费年限长短发放过渡性养老金。

过渡性养老金 = 当地上年度在岗职工月平均工资 × 视同缴费指数 × 视同缴费年限 × 过渡系数

过渡系数与当地企业职工基本养老保险过渡（计发）系数一致，视同缴费指数由各省级人民政府统一确定。

（4）基本养老金计发。

基本养老金计发采取“老人老办法、新人新办法、中人实行过渡”的办法。

一是2014年10月1日以后参加工作的、个人缴费年限累计满15年的人员（简称“新人”），退休后按月发放基本养老金。基本养老金由基础养老金和个人账户养老金组成。

二是2014年10月1日前参加工作，2014年10月1日以后退休且缴费年限（含视同缴费年限）累计满15年的人员（简称“中人”），在发放基础养老金和个人账户养老金的基础上，再依据视同缴费年限长短发放过渡性养老金。关于“中人”，全国实行统一的过渡办法，设立10年过渡期（2014年10月1日至2024年9月30日），过渡期内实行新老待遇计发办法对比，保低限高待遇计发办法。即新办法（含职业年金待遇）计发待遇低于老办法待遇标准的，按老办法待遇标准发放，保持待遇不降低；高于老办法待遇标准的，超出的部分，第一年退休的人员（2014年10月1日至2015年12月31日）发放超出部分的10%，第二年退休的人员（2016年1月1日至2016年12月31日）发放20%，以此类推，到过渡期末年退休的人员（2024年1月1日至2024年9月30日）发放超出部分的100%。过渡期结束后退休人员执行新办法。

新办法待遇计发标准=基本养老金（基础养老金+过渡性养老金+个人账户养老金）+职业年金。

三是2014年10月1日前已经退休的人员（简称“老人”），继续按照国家规定的原待遇标准发放基本养老金，同时执行基本养老金调整办法。

8. 基本养老金领取条件

一是参加了机关事业单位养老保险；二是2014年10月1日及以后退休且个人缴费年限（含视同缴费年限）累计满15年；三是办理了退休手续。

（1）退休年龄。

法定退休年龄为男职工退休年龄为年满60周岁，女干部年满55周岁，女职工年满50周岁。

党政机关、人民团体中的正、副县处级及相应职务层次的女干部，事业单位中担任党务、行政管理工作的相当于正、副处级的女干部和具有高级职称的女性专业技术人员，年满六十周岁退休，也可以本人申请在年满五十五周岁时自愿退休。

（2）不符合领取条件处理原则。

参加机关事业单位养老保险制度的工作人员达到退休年龄但个人缴费年限（含视同缴费年限）累计不足 15 年的，可由单位和个人按其退休时的缴费基数一次性缴费（含职业年金）至满 15 年后，按规定计发养老保险待遇。

9. 养老保险待遇终止

一是参保人员死亡、达到法定退休年龄前丧失中华人民共和国国籍等原因的，终止养老保险关系；二是参保人员因病或非因工死亡后，经参保单位申请、社保经办机构审核，符合条件的，发放丧葬补助金、抚恤金，终止待遇领取；三是退休人员失踪、被判刑、死亡等不符合领取资格的，社保经办机构应暂停或终止发放基本养老金，对多发的养老金应予以追回。

政策依据为人力资源社会保障部关于印发《机关事业单位工作人员基本养老保险经办规程》的通知（人社部发〔2015〕32 号）。

（三）城乡居民基本养老保险

1. 历史沿革

2009 年启动新型农村社会养老保险制度（简称“新农保”）的试点，2011 年启动城镇居民社会养老保险制度（简称“城居保”）的试点，2014 年《国务院关于建立统一的城乡居民基本养老保险制度的意见》（国发〔2014〕8 号），将“新农保”和“城居保”两项制度合并实施，在全国范围内建立起统一的城乡居民基本养老保险制度。

2. 参保范围

年满 16 周岁（不含在校学生），非国家机关和事业单位工作人员及不属于职工基本养老保险制度覆盖范围的城乡居民，可以在户籍地参加城乡居民养老保险。

3. 资金筹集

城乡居民养老保险基金由个人缴费、集体补助、政府补贴构成。

（1）个人缴费。

60 周岁以下参加城乡居民养老保险的人员应当按规定缴纳养老保险费。缴费标准目前设为每年 100 元、200 元、300 元、400 元、500 元、600 元、700 元、800 元、900 元、1 000 元、1 500 元、2 000 元 12 个档次，省（区、市）人民政府可以根据实际情况增设缴费档次，最高缴费档次标准原则上不超过当地灵活就业人员参加职工基本养老保险的年缴费额，并报人力资源社会保障部备案。人力资源社会保障部会同财政部依据城乡居民收入增长等情况适时调整缴费档次标准。参保人自主选择档次缴费，多缴多得。

（2）集体补助。

有条件的村集体经济组织应当对参保人缴费给予补助，补助标准由村民委员会召开村民会议民主确定，鼓励有条件的社区将集体补助纳入社区公益事业资金筹集范围。鼓励其他社会经济组织、公益慈善组织、个人为参保人缴费提供资助。补助、资助金额不超过当地设定的最高缴费档次标准。

（3）政府补贴。

政府对符合领取城乡居民养老保险待遇条件的参保人全额支付基础养老金。地方人民政府应当对参保人缴费给予补贴，对选择最低档次标准缴费的，补贴标准不低于每人每年 30 元；对选择较高档次标准缴费的，适当增加补贴金额；对选择 500 元及以上档次标准缴费的，补贴标准不低于每人每年 60 元，具体标准和办法由省（区、市）人民政府确定。对重度残疾人等缴费困难群体，地方人民政府为其代缴部分或全部最低标准的养老保险费。政府对城乡居民养老保险制度给予财政补贴。

2021 年 8 月 13 日，《人力资源社会保障部 民政部 财政部 国家税务总局 国家乡村振兴局 中国残疾人联合会关于巩固拓展社会保险扶贫成果助力全面实施乡村振兴战略的通知》（人社部发〔2021〕64 号）规定，对参加城乡居民养老保险的低保对象、特困人员、返贫致贫人口、重度残疾人等缴费困难群体，地方人民政府为其代缴部分或全部最低缴费档次养老保险费。在提高最低缴费档次时，对上述困难群体和其他已脱贫人口可保留现行最低缴费档次。支持和鼓励有条件的集体经济组织和其他社会经济组织、公益慈善组织、个人为参加城乡居民养老保险的困难人员参保缴费提供资助。

4. 个人账户

国家为每个参保人员建立终身记录的养老保险个人账户，个人缴费、地方人民政府对参保人的缴费补贴、集体补助及其他社会经济组织、公益慈善组织、个人对参保人的缴费资助，全部记入个人账户。个人缴费、补助、资助按缴入国库时间记账，从次月开始计息。城乡居民养老保险个人账户的结息年度为每年的1月1日至12月31日。

5. 基本养老金

城乡居民养老保险待遇由基础养老金和个人账户养老金两部分构成，按月支付，支付终身。基本养老金待遇=基础养老金+个人账户养老金。

（1）领取条件。

参加城乡居民养老保险的个人，年满60周岁、累计缴费满15年，且未领取国家规定的基本养老保障待遇的，可以按月领取城乡居民养老保险待遇。

（2）基础养老金。

中央确定基础养老金最低标准，建立基础养老金最低标准正常调整机制，根据经济发展和物价变动等情况，适时调整全国基础养老金最低标准。地方人民政府可以根据实际情况适当提高基础养老金标准；对长期缴费的，可适当加发基础养老金，提高和加发部分的资金由地方人民政府支出，具体办法由省（区、市）人民政府规定，并报人力资源社会保障部备案。

（3）个人账户养老金。

个人账户养老金的月计发标准，目前为个人账户全部储存额除以139（与现行职工基本养老保险个人账户养老金计发系数相同）。参保人死亡，个人账户资金余额可以依法继承。

三、补充养老保险

补充养老保险是指由雇主单独缴费或雇主与雇员双方缴费的，与职业相关的养老金（退休金）制度。我国补充养老保险根据举办主体不同分为企业补充养老保险（企业年金），机关事业单位工作人员补充养老保险（职业年金）。

（一）企业年金

企业年金（企业补充养老保险），是指企业及其职工在依法参加基本养老保险的基础上，依据国家政策和本企业经济状况自愿建立的、旨在提高职工退休后生活水平、对国家基本养老保险进行重要补充的一种养老保险形式。

1. 建立原则

一个企业只能建立一个企业年金计划，（1）从属原则，企业及其职工必须在依法参加职工基本养老保险并履行缴费义务的基础上，才能建立企业年金。（2）自主原则，企业及职工自主建立，并依据自身经济负担能力确定供款规模。（3）民主原则，企业年金方案必须由企业与职工通过集体协商制定，并经职工代表大会讨论通过方能实施。（4）基金完全积累原则，我国确定企业年金基金实行完全积累制，并采用个人账户的方式管理，也就是缴费确定型模式。

2. 缴费标准

企业年金由企业和职工共同缴费。企业缴费规模每年不超过本企业工资总额的 8%，加上职工个人缴费，合计缴费不超过工资总额的 12%。

3. 年金管理

企业年金基金实行完全积累，主要采用个人账户的方式管理。

4. 待遇给付

参加企业年金计划的职工在达到国家规定退休年龄、完全丧失劳动能力、出国（境）定居时，可从本人企业年金个人账户中领取企业年金待遇，作为基本养老保险的补充；可以按月、分次或一次性领取，也可以全部或者部分购买商业养老保险产品。职工或者退休人员死亡后，其企业年金个人账户余额可以继承。

在税收政策上，按月或分次（按年、按季分摊到各月）领取的企业年金，每月全额按照“工资、薪金所得”项目的税率计征个人所得税；而一次性领取企业年金个人账户资金，除出境定居、死亡继承者可以按 12 个月分摊计税外，其他都要作为一个月的工资薪金所得计征个人所得税。

5. 管理运营

企业年金基金实行市场化运营。

（二）职业年金

职业年金是指机关事业单位及其工作人员在依法参加机关事业单位基本养老保险的基础上，建立的旨在保障机关事业单位工作人员退休后的生活水平，促进人力资源合理流动的补充养老保险制度。

1. 建立原则

凡纳入机关事业单位基本养老保险制度的单位和人员均须建立职业年金。参加职业年金的机关事业单位和工作人员范围与参加机关事业单位基本养老保险的范围一致。

2. 缴费标准

职业年金所需费用由单位和工作人员个人共同承担。单位和个人缴费基数与机关事业单位工作人员基本养老保险缴费基数一致。单位缴纳本单位职工缴费基数之和的8%，个人缴纳本人缴费工资的4%，由单位代扣代缴。

3. 年金管理

职业年金基金由单位缴费、个人缴费、职业年金基金投资运营收益、国家规定的其他收入组成。职业年金基金个人账户，在管理上分为实账积累和虚账积累两种方式。

4. 待遇给付

工作人员在达到国家规定的退休条件并依法办理退休手续后，由本人选择按月领取职业年金待遇的方式。可一次性用于购买商业养老保险产品，依据保险契约领取待遇并享受相应的继承权；可选择按照本人退休时对应的计发月数计发职业年金月待遇标准，发完为止，同时职业年金个人账户余额享有继承权。本人选择任一领取方式后不再更改。出国（境）定居人员的职业年金个人账户资金，可根据本人要求一次性支付给本人。工作人员在职期间死亡的，其职业年金个人账户余额可以继承。

5. 管理运营

职业年金投资运营的基金只对实账积累形成的职业年金基金实行市场化投资运营，按实际收益计息。

（三）相关税收政策

政策依据为《财政部 人力资源社会保障部 国家税务总局关于企业年金职业年金个人所得税有关问题的通知》（财税〔2013〕103号）。

1. 缴费环节

（1）单位缴费部分，单位按规定的办法和标准为职工缴付的年金，个人暂不缴纳个人所得税。（2）个人缴费部分，个人按规定缴付的年金在不超过本人缴费工资计税基数的4%标准内的部分，可以税前扣除。

2. 取得年金基金投资运营收益环节

年金基金投资运营收益分配计入个人账户时，个人暂不缴纳个人所得税。

3. 领取年金时的个人所得税政策规定

个人达到国家规定的退休年龄，领取的企业年金、职业年金，按财税〔2013〕103号规定征收个人所得税。

四、个人储蓄性养老保险

个人储蓄性养老保险是一种个人自愿建立和管理的养老储蓄计划。1991年，《国务院关于企业职工养老保险制度改革的决定》（国发〔1991〕33号）提出“个人储蓄性养老保险”的概念，作为基本养老保险和企业补充养老保险之后的第三层次。

（一）个人税收递延型商业养老保险试点

2018年4月，财政部、税务总局、人力资源社会保障部、银保监会、证监会五部门发布《关于开展个人税收递延型商业养老保险试点的通知》（财税〔2018〕22号），选择上海市、福建省（含厦门市）和苏州工业园区实施个人税收递延型商业养老保险为期一年试点，养老保险第三支柱建设开始了“破冰之旅”。

（二）个人养老金

2022年4月8日，《国务院办公厅关于推动个人养老金发展的意见》（国办发〔2022〕7号）就推动个人养老金发展提出意见。

1. 原则和要求

推动个人养老金发展坚持政府引导、市场运作、有序发展的原则。推动发展适合中国国情、政府政策支持、个人自愿参加、市场化运营的个人养老金，与基本养老保险、企业（职业）年金相衔接，实现养老保险补充功能，协调发展其他个人商业养老金融业务，健全多层次、多支柱养老保险体系。

2. 参加范围

在中国境内参加城镇职工基本养老保险或者城乡居民基本养老保险的劳动者，可以参加个人养老金制度。

3. 制度模式

个人养老金实行个人账户制度，缴费完全由参加人个人承担，实行完全积累。

4. 缴费水平

参加人每年缴纳个人养老金的上限为12 000元。缴费上限由人力资源社会保障部、财政部根据经济社会发展水平和多层次、多支柱养老保险体系发展情况等因素适时调整。

5. 税收政策

国家制定税收优惠政策，鼓励符合条件的人员参加个人养老金制度并依规领取个人养老金。2022年11月3日，《财政部 税务总局关于个人养老金有关个人所得税政策的公告》（财政部 税务总局公告2022年第34号）规定自2022年1月1日起，对个人养老金实施递延纳税优惠政策。在缴费环节，个人向个人养老金资金账户的缴费，按照12 000元/年的限额标准，在综合所得或经营所得中据实扣除；在投资环节，计入个人养老金资金账户的投资收益暂不征收个人所得税；在领取环节，个人领取的个人养老金，不并入综合所得，单独按照3%的税率计算缴纳个人所得税，其缴纳的税款计入“工资、薪金所得”项目。

6. 个人养老金领取

参加人达到领取基本养老金年龄、完全丧失劳动能力、出国（境）定居，或者具有其他符合国家规定的情形，经信息平台核验领取条件后，可以按月、分次或者一次性领取个人养老金，领取方式一经确定不得更改。领取时，应将个人养老金由个人养老金资金账户转入本人社会保障卡银行账户。参加人死亡后，其个人养老金资金账户中的资产可以继承。

第二部分　自测练习题

一、单选题

1. 党的二十大报告指出，完善基本养老保险（　　）制度，发展多层次、多支柱养老保险体系。

A. 全国统筹　　B. 省级统筹

C. 省级统收统支统筹　　D. 地市级统筹

【参考答案】A

【解析】党的二十大报告指出，完善基本养老保险全国统筹制度，发展多层次、多支柱养老保险体系。

2. 职工个人缴纳基本养老保险费的缴费基数为（　　）。

A. 本单位平均工资

B. 非私营就业单位社会平均工资

C. 本人工资

D. 全口径社会平均工资

【参考答案】C

【解析】职工个人缴纳基本养老保险费的缴费基数为本人工资。

3. 新招职工（包括研究生、大学生、大中专毕业生等）以（　　）工资收入作为缴费工资基数。

A. 上年度本人月平均工资　　B. 本地区社会平均工资

C. 本单位平均工资　　D. 起薪当月

【参考答案】D

【解析】新招职工（包括研究生、大学生、大中专毕业生等）以起薪当月工资收入作为缴费工资基数。

4. 企业职工基本养老保险职工个人的缴费比例为（　　）。

A. 8%　　B. 16%　　C. 4%　　D. 20%

【参考答案】A

【解析】企业职工基本养老保险职工个人的缴费比例为 8%。

5. 我国规定企业职工个人累积缴费年限满（　　）年，可以享受基本养老金。

A. 10　　B. 15　　C. 20　　D. 25

【参考答案】B

【解析】我国规定企业职工个人累积缴费年限满 15 年，可以享受基本养老金。

6. 机关事业单位在参加基本养老保险的基础上，应当为其工作人员建立职业年金。单位按本单位工资总额的（　　）缴费，个人按本人缴费工资的（　　）缴费。

A. 8%；4%　　B. 4%；4%

C. 16%；8%　　D. 12%；8%

【参考答案】A

【解析】机关事业单位在参加基本养老保险的基础上，应当为其工作人员建立职业年金。单位按本单位工资总额的 8% 缴费，个人按本人缴费工资的 4% 缴费。

7.（　　）前参加职工基本养老保险的个人，达到法定退休年龄时，累计缴费不足 15 年的，延长缴费五年后仍不足 15 年的，可以一次性缴费至满 15 年。

A. 2011 年 1 月 1 日　　B. 2011 年 7 月 1 日

C. 2010 年 1 月 1 日　　D. 2010 年 7 月 1 日

【参考答案】B

【解析】《实施〈中华人民共和国社会保险法〉若干规定》（中华人民共和国人力资源和社会保障部令第 13 号）第二条规定，参加职工基本养老保险的个人达到法定退休年龄时，累计缴费不足 15 年的，可以延长缴费至满 15 年。社会保险法实施前参保、延长缴费 5 年后仍不足 15 年的，可以一次性缴费至满 15 年。

8. 无雇工的个体工商户、未在用人单位参加基本养老保险的非全日制从业人员以及其他灵活就业人员可以参加基本养老保险，由（　　）缴纳基本养老保险费。

A. 原单位　　B. 国家　　C. 个人　　D. 工会

【参考答案】C

【解析】无雇工的个体工商户、未在用人单位参加基本养老保险的非全日制从业人员以及其他灵活就业人员可以参加基本养老保险，由个人缴纳基本养老保险费。

9. 2015 年 1 月，国务院颁布《关于机关事业单位工作人员养老保险制度改革的决定》，决定从（　　）起，将全国机关事业单位工作人员的退休保障制度改革为社会化的养老保险制度。

A. 2014 年 1 月　　B. 2014 年 10 月

C. 2015 年 1 月　　D. 2015 年 7 月

【参考答案】B

【解析】2015 年 1 月，国务院颁布《关于机关事业单位工作人员养老保险制度改革的决定》，决定从 2014 年 10 月 1 日起，将全国机关事业单位工作人员的退休保障制度改革为社会化的养老保险制度。

10. 2005 年以来国家连续调整企业退休人员基本养老金，到 2022 年已连续（　　）年上调。

A. 十六　　B. 十七　　C. 十八　　D. 十九

【参考答案】C

【解析】2022 年 5 月，人社部、财政部发文明确，从 2022 年 1 月 1 日起调整企业和机关事业单位退休人员基本养老金水平，全国总体调整比例按照 2021 年退休人员月人均基本养老金的 4% 确定。这是 2005 年以来十八年连涨。

11. 以个人身份参加企业职工基本养老保险的费率一般为（　　）。

A. 8%　　B. 12%　　C. 20%　　D. 24%

【参考答案】C

【解析】以个人身份参加企业职工基本养老保险的费率一般为20%。

12. 职业年金的性质是（　　）。

A. 基本养老保险　　B. 补充养老保险

C. 个人养老保险　　D. 商业养老保险

【参考答案】B

【解析】职业年金的性质是补充养老保险。

13.（　　）年国务院发布《关于建立统一的城乡居民基本养老保险制度的意见》，将“新农保”和“城居保”两项制度合并实施，在全国范围内建立起统一的城乡居民基本养老保险制度。

A. 2012 年　　B. 2014 年　　C. 2016 年　　D. 2018 年

【参考答案】B

【解析】2009 年启动新型农村社会养老保险制度（简称“新农保”）的试点，2011 年启动城镇居民社会养老保险制度（简称“城居保”）试点，2014 年《国务院关于建立统一的城乡居民基本养老保险制度的意见》（国发〔2014〕8 号），将“新农保”和“城居保”两项制度合并实施，在全国范围内建立起统一的城乡居民基本养老保险制度。

14. 年满 16 周岁（不含在校学生），非国家机关和事业单位工作人员及不属于职工基本养老保险制度覆盖范围的城乡居民，可以在（　　）参加城乡居民养老保险。

A. 籍贯地　　B. 户籍地

C. 经常居住地　　D. 就业地

【参考答案】B

【解析】《国务院关于建立统一的城乡居民基本养老保险制度的意见》规定，年满 16 周岁（不含在校学生），非国家机关和事业单位工作人员及不属于职工基本养老保险制度覆盖范围的城乡居民，可以在户籍地参加城乡居民养老保险。

15. 2022 年 4 月 8 日，《国务院办公厅关于推动个人养老金发展的意见》（国办发〔2022〕7 号）就推动个人养老金发展提出意见，规定参加人每年缴纳个人养老金的上限为（　　）。

A. 当地全口径社会平均工资的 60%

B. 当地全口径社会平均工资的 300%

C. 10 000 元

D. 12 000 元

【参考答案】D

【解析】2022 年 4 月 8 日，《国务院办公厅关于推动个人养老金发展的意见》（国办发〔2022〕7 号）就推动个人养老金发展提出意见，规定参加人每年缴纳个人养老金的上限为 12 000 元。

16. 个人账户养老金的计算公式是（　　）。

A. 个人账户全部储存额除以国家规定的计发月数

B. 个人账户全部储存额除以个人累计缴费（含视同缴费）年限

C. 个人账户和统筹账户全部储存额除以国家规定的计发月数

D. 个人账户和统筹账户全部储存额除以个人累计缴费（含视同缴费）年限

【参考答案】A

【解析】个人账户养老金是根据参保人员退休时个人账户全部储存额（包括本金和利息）除以国家规定的计发月数计算出来的养老金。

17.《国务院办公厅关于印发机关事业单位职业年金办法的通知》规定，职业年金基金采用（　　）方式管理。

A. 单位统筹　　B. 社会统筹

C. 社会统筹与个人账户相结合　　D. 个人账户

【参考答案】D

【解析】《国务院办公厅关于印发机关事业单位职业年金办法的通知》中第六条规定，职业年金基金采用个人账户方式管理。

18. 某省 2022 年月在岗职工平均工资 7 000 元，月全口径社会平均工资 6 000 元，月最低工资标准 2 000 元，则 2023 年该省以个人身份参加企业职工基本养老保险人员的年最高缴费额是（　　）。

A. 50 400 元　　B. 43 200 元

C. 14 400 元　　D. 16 800 元

【参考答案】B

【解析】以个人身份参加企业职工基本养老保险人员年最高缴费额 = 月全口径社会平均工资 ×3 ×20% ×12 = 43 200（元）

19. 老王是某学校（全额拨款事业单位）教师，2022 年全年基本工资 100 000 元，出差补贴 5 000 元，独生子女补贴 60 元，艰苦边远地区津贴 12 000 元，绩效工资 50 000 元，职务科技成果转化现金奖励 10 000 元。则 2023 年该教师缴纳养老保险的月缴费基数为（　　）元（不考虑小数点舍位）。

A. 12 500　　B. 13 500　　C. 14 333　　D. 14 750

【参考答案】B

【解析】全额拨款事业单位缴纳养老保险的月缴费基数包括基本工资、艰苦边远地区津贴、绩效工资。(100 000 + 12 000 + 50 000)/12 = 13 500 元。请注意机关事业单位养老保险和企业职工基本养老保险缴费基数组成的区别。

20. 薛某是某企业职工，2022 年在该企业工作取得计时工资 80 000 元，班（组）长津贴 6 000 元，夜班津贴 8 000 元，工龄工资 7 000 元，冬季取暖补贴 1 500 元，出差误餐补助 2 000 元。薛某 2023 年基本养老保险的月缴费基数为（　　）元。

A. 8 416. 67　　B. 8 541. 67　　C. 8 708. 33　　D. 7 875

【参考答案】A

【解析】本题考查工资总额和缴费基数的组成，参见《关于工资总额组成的规定》和《关于工资总额组成的规定》若干具体范围的解释，《劳动和社会保障部 社会保险事业管理中心关于规范社会保险缴费基数有关问题的通知》（劳社险中心函（2006）60 号）具体规定。冬季取暖补贴 1 500 元、出差误餐补助 2 000 元不计入工资总额，在计算缴费基数时应予剔除。其他项目相加后除以 12 个月即可得出月缴费基数。

21. 企业职工基本养老保险中央调剂基金是基本养老保险基金组成部分，纳入财政部开设的（　　）财政专户。

A. 基本养老保险　　B. 企业职工基本养老保险基金

C. 中央社会保险基金　　D. 中央社会保障基金

【参考答案】D

【解析】《关于印发企业职工基本养老保险基金中央调剂制度实施办法的通知》（人社部发〔2018〕59 号）规定，中央调剂基金是基本养老保险基金组成部分，纳入财政部开设的中央社会保障基金财政专户。

22. 退役士兵参加基本养老保险出现欠缴、断缴的，允许按不超过（　　）的年限补缴，补缴免收滞纳金。

A. 本人工龄　　B. 本人军龄

C. 参保年限　　D. 缴费年限

【参考答案】B

【解析】《关于解决部分退役士兵社会保险问题的意见》规定，退役士兵参加基本养老保险出现欠缴、断缴的，允许按不超过本人军龄的年限补缴，补缴免收滞纳金。

23. 城乡居民基本养老保险最高缴费档次标准原则上不超过当地（　　）参加职工基本养老保险的年缴费额。

A. 公务员　　B. 事业单位人员

C. 企业职工　　D. 灵活就业人员

【参考答案】D

【解析】《国务院关于建立统一的城乡居民基本养老保险制度的意见》规定，城乡居民基本养老保险最高缴费档次标准原则上不超过当地灵活就业人员参加职工基本养老保险的年缴费额。

24. 逐月领取退役金的退役军人基本养老保险和职业年金补助，按照安置到（　　）的退役军人办法计算。

A. 机关单位　　B. 事业单位

C. 企业　　D. 灵活就业人员

【参考答案】C

【解析】2021 年 12 月，《退役军人逐月领取退役金安置办法》第二十条规定，逐月领取退役金的退役军人基本养老保险和职业年金补助，按照安置到企业的退役军人办法计算。

25. 某企业 2022 年 12 月参加职工基本养老保险职工 100 人，职工工资总额 52 000元，职工个人缴费基数之和为 50 000 元，该企业 12 月应申报企业职工基本养老保险费单位部分金额为（　　）。

A. 8 320 元　　B. 12 480　　C. 8 000 元　　D. 12 000

【参考答案】C

【解析】企业职工基本养老保险费单位部分应缴费额 = 缴费基数 × 费率 = 职工个人缴费基数之和 50 000 元 ×16% =8 000 元。

二、多选题

1. 按照保障的层次划分，养老保险可以划分为三个层次，包含（　　）。

A. 基本养老保险　　B. 个人储蓄性养老保险

C. 补充养老保险　　D. 混合型养老保险

【参考答案】ABC

【解析】养老保险按照保障的层次划分为基本养老保险、补充养老保险和个人储蓄性养老保险。

2. 我国的基本养老保险根据保障人群的不同，划分（　　）。

A. 企业职工基本养老保险

B. 个人储蓄性养老保险

C. 城乡居民基本养老保险

D. 机关事业单位工作人员基本养老保险

【参考答案】ACD

【解析】我国的基本养老保险根据保障人群的不同，划分为企业职工基本养老保险、机关事业单位工作人员基本养老保险和城乡居民基本养老保险三个险种。

3. 基本养老保险是由国家立法强制实行的政府行为，通过（　　）渠道筹集资金形成基金。

A. 用人单位　　B. 政府

C. 参保人　　D. 慈善机构

【参考答案】ABC

【解析】基本养老保险是由国家立法强制实行的政府行为，通过政府、用人单位、参保人筹集资金形成基金。

4. 养老保险的主要特点有（　　）。

A. 参加保险与享受待遇的一致性　　B. 保障水平的适度性

C. 享受待遇的长期性　　D. 保障方式的多层次性

E. 与家庭养老的相关性

【参考答案】ABCDE

【解析】养老保险具有的主要特点有：（1）参加保险与享受待遇的一致性；（2）保障水平的适度性；（3）享受待遇的长期性；（4）保障方式的多层次性；（5）与家庭养老的相关性。

5. 养老保险基金筹集模式包括（　　）。

A. 投保资助　　B. 现收现付

C. 完全积累　　D. 自我储蓄

E. 部分积累

【参考答案】BCE

【解析】养老保险基金筹集模式包括现收现付、完全积累、部分积累。

6. 影响基本养老金高低的主要因素包括（　　）。

A. 个人累计缴费年限　　B. 缴费工资

C. 当地职工平均工资　　D. 个人账户金额

E. 城镇人口平均预期寿命

【参考答案】ABCDE

【解析】基本养老金根据个人累计缴费年限、缴费工资、当地职工平均工资、个人账户金额、城镇人口平均预期寿命等因素确定。

7. 企业职工基本养老保险的覆盖范围有（　　）。

A. 实行企业化管理的事业单位职工

B. 社会团体、基金会、民办非企业单位

C. 机关事业单位编制外人员

D. 外商投资企业

E. 在中国境内依法注册或者登记的企业依法招用的外国人

【参考答案】ABCDE

【解析】参见《社会保险费征缴暂行条例》第三条，《劳动和社会保障部 民政部关于社会组织专职工作人员参加养老保险有关问题的通知》（劳社部发〔2008〕11号），人力资源社会保障部 财政部关于贯彻落实《国务院关于机关事业单位工作人员养老保险制度改革的决定》的通知（人社部发〔2015〕28号），《在中国境内就业的外国人参加社会保险暂行办法》（中华人民共和国人力资源和社会保障部令第16号）等文件。

8. 目前职工个人基本养老保险费的缴费基数上下限规定正确的是（　　）。

A. 本人工资高于当地上年全口径社会平均工资300%的，以当地上年全口径社会平均工资300%为本人缴费基数

B. 本人工资高于当地上年城镇非私营单位就业人员年平均工资300%的，以当地上年城镇非私营单位就业人员年平均工资300%为本人缴费基数

C. 本人工资高于当地上年全口径社会平均工资 60% 的，以当地上年全口径社会平均工资 60% 为本人缴费基数

D. 本人工资低于当地上年全口径社会平均工资 60% 的，以当地上年全口径社会平均工资 60% 为本人缴费基数

【参考答案】AD

【解析】职工个人基本养老保险费的缴费基数为本人工资。本人工资高于本省上年全口径社平工资 300% 的，以本省上年全口径社平工资 300% 为本人缴费基数；低于本省上年全口径社平工资 60% 的，以本省上年全口径社平工资 60% 为本人缴费基数。

9. 机关单位养老保险个人缴费工资基数组成包括（　　）。

A. 艰苦边远地区津贴　　B. 年终一次性奖金

C. 交通补贴　　D. 绩效工资

【参考答案】AB

【解析】机关单位（含参公管理的单位）工作人员纳入个人缴费工资基数的工资项目，包括：本人上年度工资收入中的基本工资、国家统一的津贴补贴（艰苦边远地区津贴、西藏特贴、特区津贴、警衔津贴、海关津贴等国家统一规定纳入原退休费计发基数的项目）、规范后的津贴补贴（地区附加津贴）、年终一次性奖金。

10. 国家鼓励（　　）为城乡居民基本养老参保人缴费提供资助。

A. 其他经济组织　　B. 地方政府

C. 公益慈善组织　　D. 个人

【参考答案】ACD

【解析】《国务院关于建立统一的城乡居民基本养老保险制度的意见》（国发〔2014〕8 号）规定，鼓励其他社会经济组织、公益慈善组织、个人为参保人缴费提供资助。

11. 根据国家统计局规定，不计入工资总额，在计算缴费基数时应予剔除的项目包括（　　）。

A. 防暑降温费　　B. 献血员营养补助

C. 卫生防疫津贴　　D. 高温作业临时补贴

【参考答案】AB

【解析】参见《关于工资总额组成的规定》和《关于工资总额组成的规

定》若干具体范围的解释，《劳动和社会保障部 社会保险事业管理中心关于规范社会保险缴费基数有关问题的通知》（劳社险中心函〔2006〕60 号）具体规定，防暑降温费、献血员营养补助不计入工资总额，在计算缴费基数时应予剔除。

12. 关于基本养老保险费率，下列说法正确的有（　　）。

A. 企业职工基本养老保险单位缴费费率一般为 16%

C. 机关事业单位基本养老保险单位缴费费率一般为 16%

B. 企业职工基本养老保险职工缴费费率一般为 8%

D. 企业职工基本养老保险灵活就业人员缴费费率一般为 8%

【参考答案】ABC

【解析】企业职工基本养老保险以个人身份参保人员费率一般为 20%

13. 根据《关于解决部分退役士兵社会保险问题的意见》，下列说法正确的是（　　）。

A. 退役士兵参加社会保险缴纳费用，原则上单位缴费部分由所在单位负担，个人缴费部分由个人承担

B. 补缴基本养老保险，缴费工资基数由安置地按照上年度职工平均工资的 60% 确定

C. 补缴基本养老保险，单位缴费费率按补缴时安置地规定执行

D. 达到法定退休年龄、基本养老保险累计缴费年限（含军龄）未达到国家规定最低缴费年限的，允许一次性缴费至最低缴费年限

【参考答案】ABC

【解析】《关于解决部分退役士兵社会保险问题的意见》规定，达到法定退休年龄、基本养老保险累计缴费年限（含军龄）未达到国家规定的最低缴费年限的，允许延长缴费至最低缴费年限；2011 年 7 月 1 日《中华人民共和国社会保险法》实施前首次参保、延长缴费 5 年后仍不足最低缴费年限的，允许一次性缴费至最低缴费年限。故选项 D 表述不正确。

14. 城乡居民基本养老保险实行（　　）相结合的缴费政策，参保人自主选择缴费档次，多缴多得。

A. 个人缴费　　B. 集体补助

C. 政府补贴　　D. 单位缴费

【参考答案】ABC

【解析】城乡居民基本养老保险实行个人缴费、集体补助、政府补贴相结合的缴费政策，参保人自主选择缴费档次，多缴多得。

15. 关于职工基本养老保险个人缴费基数的确定，以下表述正确的有（　　）。

A. 新招职工以单位在职职工当月平均工资收入作为缴费工资基数

B. 单位派出的长期脱产学习人员、经批准请长假的职工，保留工资关系的，已脱产或请假的上年月平均工资作为缴费工资基数

C. 单位派到境外、国外工作的职工，按本人出境（国）上年在本单位领取的月平均工资作为缴费工资基数

D. 失业后再就业的职工，以上一年本省全口径城镇单位就业人员月平均工资的60%作为缴费工资基数

【参考答案】BC

【解析】特殊情况下职工缴费基数的确定方法：新招职工（包括研究生、大学生、大中专毕业生等）以起薪当月工资收入作为缴费工资基数；从第二年起，按上一年实发工资的月平均工资作为缴费工资基数。单位派出的长期脱产学习人员、经批准请长假的职工，保留工资关系的，以脱产或请假的上年月平均工资作为缴费工资基数。单位派到境外、国外工作的职工，按本人出境（国）上年在本单位领取的月平均工资作为缴费工资基数；次年的缴费工资基数按上年本单位平均工资增长率进行调整。失业后再就业的职工，以再就业起薪当月的工资收入作为缴费工资基数；从第二年起，按上一年实发工资的月平均工资作为缴费工资基数。

16. 国家建立基本养老金正常调整机制。根据（　　），适时提高基本养老保险待遇水平。

A. 银行利率　　B. 养老金结余

C. 物价上涨情况　　D. 职工平均工资增长

【参考答案】CD

【解析】《社会保险法》第十八条规定，国家建立基本养老金正常调整机制。根据职工平均工资增长、物价上涨情况，适时提高基本养老保险待遇水平。

17. 下列各项中，关于基本养老保险的说法，正确的包括（　　）。

A. 参加城乡居民基本养老保险的人员自主选择档次缴费，多缴多得

B. 灵活就业的人员不得参加城乡居民基本养老保险

C. 个体工商户和灵活就业人员参加基本养老保险，可以在本省全口径城镇单位就业人员平均工资的60%至300%之间选择适当的缴费基数

D. 自2019年5月1日起，养老保险单位缴费比例高于16%的，可降至16%

【参考答案】ACD

【解析】灵活就业的人员可以选择参加企业职工基本养老保险或城乡居民基本养老保险。

18. 参加企业职工基本养老保险的参保人领取基本养老金需要符合的条件有（　　）。

A. 达到法定退休年龄

B. 满60周岁

C. 办理了退休手续

D. 个人累计缴费年限满15年

【参考答案】ACD

【解析】领取基本养老金必须符合三个条件：一是参保人员达到法定退休年龄；二是个人累计缴费年限满15年；三是办理了退休手续。

19. 我国养老保险的分类，按照养老金给付的确定方式，可以分为（　　）。

A. 年金型

B. 缴费确定型

C. 混合型

D. 待遇确定型

【参考答案】BCD

【解析】我国养老保险按照待遇给付方式划分为待遇确定型养老保险、缴费确定型养老保险和混合型养老保险。

20. 机关事业单位养老保险的参保单位范围包括（　　）。

A. 按照公务员法管理的单位

B. 参照公务员法管理的单位

C. 事业单位

D. 中央国有企业

【参考答案】ABC

【解析】机关事业单位养老保险的参保单位范围不包括企业单位。

21. 社会平均工资是核定职工个人缴费基数的重要依据，下列说法错误的有（　　）。

A. 各省应以社会在岗职工平均工资核定养老保险个人缴费基数上下限

B. 各省应以城镇单位在岗职工平均工资核定养老保险个人缴费基数上下限

C. 各省应以城镇私营单位就业人员平均工资核定养老保险个人缴费基数上下限

D. 各省应以全口径城镇单位就业人员平均工资核定养老保险个人缴费基数上下限

【参考答案】ABC

【解析】社会平均工资是核定职工个人缴费基数的重要依据，各省应以全口径城镇单位就业人员平均工资核定养老保险个人缴费基数上下限。

22.《中华人民共和国政府和塞尔维亚共和国政府社会保障协定》于2021年2月1日生效。根据协定，中国将免除塞尔维亚相关在华人员缴纳（　　）的义务。

A. 职工基本养老保险　　B. 职工基本医疗保险

C. 失业保险　　D. 工伤保险

【参考答案】AC

【解析】根据协定，塞尔维亚将免除中国在塞企业的派遣员工、空乘人员、外交领事机构人员和公务员缴纳强制养老和残疾保险以及失业保险的义务，中国将免除塞尔维亚上述在华人员缴纳职工基本养老保险和失业保险的义务。

23.《关于巩固拓展社会保险扶贫成果助力全面实施乡村振兴战略的通知》要求对参加城乡居民养老保险的（　　）等缴费困难群体，地方人民政府为其代缴部分或全部最低缴费档次养老保险费。

A. 特困人员　　B. 返贫致贫人口

C. 重度残疾人　　D. 低保对象

【参考答案】ABCD

【解析】《关于巩固拓展社会保险扶贫成果助力全面实施乡村振兴战略的通知》规定，对参加城乡居民养老保险的低保对象、特困人员、返贫致贫人口、重度残疾人等缴费困难群体，地方人民政府为其代缴部分或全部最低缴费档次养老保险费。

24. 关于法定退休年龄，以下说法正确的有（　　）。

A. 男职工年满60周岁，女干部年满55周岁，女职工年满50周岁

B. 从事井下、高空、高温、繁重体力劳动和其他有害健康工种的职工，男年满55周岁，女年满45周岁

C. 经医院证明，并经劳动鉴定委员会确认，完全丧失劳动能力的职工，男年满50周岁，女年满45周岁

D.《关于工人退休、退职的暂行办法》规定了法定退休年龄标准

【参考答案】ABCD

【解析】根据1978年国务院《关于工人退休、退职的暂行办法》和《关于安置老弱病残干部的暂行办法》（国发〔1978〕104号）有关规定，法定退休年龄为：男职工年满60周岁，女干部年满55周岁，女职工年满50周岁；从事井下、高空、高温、繁重体力劳动和其他有害健康工种的职工，男年满55周岁，女年满45周岁；经医院证明，并经劳动鉴定委员会确认，完全丧失劳动能力的职工，男年满50周岁，女年满45周岁。

25. 关于个人养老金，以下说法正确的有（　　）。

A. 自2023年1月1日起，对个人养老金实施递延纳税优惠政策

B. 在缴费环节，个人向个人养老金资金账户的缴费，按照12 000元/年的限额标准，在综合所得或经营所得中据实扣除

C. 在投资环节，计入个人养老金资金账户的投资收益暂不征收个人所得税

D. 在领取环节，个人领取的个人养老金，不并入综合所得，单独按照3%的税率计算缴纳个人所得税，其缴纳的税款计入“工资、薪金所得”项目

【参考答案】BCD

【解析】2022年11月3日，《财政部 税务总局关于个人养老金有关个人所得税政策的公告》（财政部 税务总局公告2022年第34号）规定自2022年1月1日起，对个人养老金实施递延纳税优惠政策。在缴费环节，个人向个人养老金资金账户的缴费，按照12 000元/年的限额标准，在综合所得或经营所得中据实扣除；在投资环节，计入个人养老金资金账户的投资收益暂不征收个人所得税；在领取环节，个人领取的个人养老金，不并入综合所得，单独按照3%的税率计算缴纳个人所得税，其缴纳的税款计入“工资、薪金所得”项目。

三、判断题

1. 企业职工基本养老保险费由用人单位及其职工个人共同缴纳。　　（　　）

【参考答案】√

【解析】企业职工基本养老保险费由用人单位及其职工个人共同缴纳。

2. 职业年金属于基本养老保险。 ( )

【参考答案】×

【解析】职业年金不属于基本养老保险，属于补充养老保险。

3. 无雇工的个体工商户、未在用人单位参加基本养老保险的非全日制从业人员以及其他灵活就业人员必须参加基本养老保险，由个人缴纳基本养老保险费。 ( )

【参考答案】×

【解析】《社会保险法》第十条规定，无雇工的个体工商户、未在用人单位参加基本养老保险的非全日制从业人员以及其他灵活就业人员可以参加基本养老保险，由个人缴纳基本养老保险费。

4. 基本养老保险参保人死亡的，个人账户余额并入统筹基金。 ( )

【参考答案】×

【解析】《社会保险法》第十四条规定，个人账户不得提前支取，记账利率不得低于银行定期存款利率，免征利息税。个人死亡的，个人账户余额可以继承。

5. 职工养老保险视同缴费年限是指在实行养老保险制度以前，职工的连续工龄期间视为已缴纳养老保险费。国有企业、事业单位职工视同缴费年限期间应缴纳的养老保险费由职工个人补缴。 ( )

【参考答案】×

【解析】《社会保险法》第十三条规定，国有企业、事业单位职工参加基本养老保险前，视同缴费年限期间应当缴纳的基本养老保险费由政府承担。

6. 基本养老保险基金出现支付不足时，政府给予补贴。 ( )

【参考答案】√

【解析】《社会保险法》第十四条规定，基本养老保险基金出现支付不足时，政府给予补贴。

7. 机关事业单位工作人员退休后，按月领取职业年金待遇。 ( )

【参考答案】√

【解析】依据《国务院关于机关事业单位工作人员养老保险制度改革的决定》（国发〔2015〕2号）的规定。

8. 建立机关事业单位基本养老保险个人账户，由统筹账户划拨资金和个人缴费形成。 ( )

【参考答案】×

【解析】《国务院关于机关事业单位工作人员养老保险制度改革的决定》（国发〔2015〕2号）规定，按本人缴费工资8%的数额建立基本养老保险个人账户，全部由个人缴费形成。

9. 按照国家政策为职工建立的企业年金，其中单位按政策规定比例缴纳部分计入缴费基数。（　　）

【参考答案】×

【解析】按照国家政策为职工建立的企业年金和补充医疗保险，其中单位按政策规定比例缴纳部分不计入工资总额，在计算缴费基数时应予剔除。

10. 企业职工基本养老保险单位费率和机关事业单位基本养老保险单位费率一致。（　　）

【参考答案】√

【解析】企业职工基本养老保险单位费率和机关事业单位基本养老保险单位费率一致，均为16%。

11. 法定退休年龄为60周岁的，个人账户养老金计发月数为139月。（　　）

【参考答案】√

【解析】不同退休年龄，计发月数不同。法定退休年龄为60周岁的，个人账户养老金计发月数为139月。

12. 基本养老保险基金和其他社会保险基金逐步实行全国统筹。（　　）

【参考答案】×

【解析】《社会保险法》第六十四条规定，基本养老保险基金逐步实行全国统筹，其他社会保险基金逐步实行省级统筹，具体时间、步骤由国务院规定。

13. 个人跨统筹地区就业的，其基本养老保险关系随本人转移，缴费年限重新计算。（　　）

【参考答案】×

【解析】《社会保险法》第十九条规定，个人跨统筹地区就业的，其基本养老保险关系随本人转移，缴费年限累计计算。

14. 参加基本养老保险的个人，因病或者非因工死亡的，其遗属可以领取丧葬补助金、抚恤金和病残津贴，所需资金从基本养老保险基金中支付。

（　　）

【参考答案】×

【解析】《社会保险法》第十七条规定，参加基本养老保险的个人，因病或者非因工死亡的，其遗属可以领取丧葬补助金和抚恤金；在未达到法定退休年龄时因病或者非因工致残完全丧失劳动能力的，可以领取病残津贴。所需资金从基本养老保险基金中支付。

15. 一个企业最多可以建立三个企业年金计划。（　　）

【参考答案】×

【解析】一个企业只能建立一个企业年金计划。

16. 1991年，《国务院关于企业职工养老保险制度改革的决定》（国发〔1991〕33号）提出“个人储蓄性养老保险”的概念。（　　）

【参考答案】√

【解析】1991年，《国务院关于企业职工养老保险制度改革的决定》（国发〔1991〕33号）提出“个人储蓄性养老保险”的概念。

17. 个人养老金实行个人账户制度，缴费完全由参加人个人承担，实行部分积累。（　　）

【参考答案】×

【解析】个人养老金实行个人账户制度，缴费完全由参加人个人承担，实行完全积累。

18. 个人养老金可以按月、分次或者一次性领取个人养老金，领取方式一经确定不得更改。（　　）

【参考答案】√

【解析】参加人达到领取基本养老金年龄、完全丧失劳动能力、出国（境）定居，或者具有其他符合国家规定的情形，经信息平台核验领取条件后，可以按月、分次或者一次性领取个人养老金，领取方式一经确定不得更改。

19. 2020年起，实施企业职工基本养老保险全国统筹。（　　）

【参考答案】×

【解析】2022年起，为解决各省之间养老保险基金结构性矛盾日益突出的问题，实施企业职工基本养老保险全国统筹。

20. 职工基本养老保险缴费年限最低为15年，职工只要缴满15年就可以经申请和审批不缴费。（　　）

【参考答案】×

【解析】对职工来说，缴费是法律规定的强制义务，只要仍在就业，就应当按照国家规定缴费。

21. 参加机关事业单位养老保险制度的人员达到退休年龄时，其退休时工作所在地为待遇领取地。（　　）

【参考答案】×

【解析】《人力资源社会保障部 财政部关于机关事业单位基本养老保险关系和职业年金转移接续有关问题的通知》第四条规定，参加机关事业单位养老保险制度的人员达到退休年龄时，其退休时的基本养老保险关系所在地为待遇领取地。

22. 养老保险缴费年限计算到年。（　　）

【参考答案】×

【解析】按照国家有关规定，养老保险缴费年限累计计算到月。

23. 按照现行政策，女职工的法定退休年龄是55周岁。（　　）

【参考答案】×

【解析】根据国务院关于颁发《国务院关于安置老弱病残干部的暂行办法》和《国务院关于工人退休、退职的暂行办法》的通知（国发〔1978〕104号）等相关文件规定，目前，我国女职工退休年龄为50周岁。

24. 国家自2014年起，实现统一安排、同步调整企业和机关事业单位退休人员基本养老金。（　　）

【参考答案】×

【解析】按照国家有关部署，从2016年开始统一安排、同步调整企业和国家机关事业单位退休人员基本养老金。

25. 在我国就业的外国人领取养老保险待遇的年龄，原则上执行我国现行退休年龄政策相关规定。（　　）

【参考答案】√

【解析】《人力资源和社会保障部关于做好在我国境内就业的外国人参加社会保险工作有关问题的通知》（人社厅发〔2011〕113号）规定，在我国就业的外国人领取养老保险待遇的年龄，原则上按照现行退休年龄政策的相关规定执行。

26. 企业年金由企业和职工共同缴费。 (   )

【参考答案】√

【解析】《企业年金办法》规定，企业年金由企业和职工共同缴费。

四、简答题

1. 简答养老保险的特点。

【参考答案及解析】养老保险特点主要有：(1) 参加保险与享受待遇的一致性；(2) 保障水平的适度性；(3) 享受待遇的长期性；(4) 保障方式的多层次性；(5) 与家庭养老的相关性。

2. 某企业为餐饮业，自 2020 年成立以来正式从业人员一直为 3 人。其中，1 名管理人员 2021 年和 2022 年月均工资均为 25 000 元；2 名员工月均工资分别是 6 000 元和 4 800 元。另返聘退休人员 1 人，每月劳务报酬 3 000 元；经常和某职业学院合作，有在校实习生 2 人，每人每月应发实习补贴 1 500 元。2021 年和 2022 年营业收入分别为 110 万元和 101 万元。假设 2020 年度和 2021 年度某企业所在省全口径社会月平均工资分别为 8 100 元和 8 211 元，单位缴费基数执行个人缴费基数之和口径，个人缴费基数上下限为上年社会月平均工资的 60%—300%，该省企业职工养老保险单位缴费比例为 16%。

根据以上条件，请分别核定和分析该企业 2021 年和 2022 年养老保险单位和职工部分应缴费额（要求有详细解答分析过程）。

【参考答案及解析】

(1) 核定 2021 年单位和职工缴费基数。

2021 年个人缴费基数上限为 8 100 × 300% = 24 300 元；该企业管理人员月均工资 25 000 元，超过社平工资的 300%，按照社平工资的 300% 即24 300 元核定个人缴费基数；

2021 年个人缴费基数下限为 8 100 × 60% = 4 860 元；月均工资 4 800 元的员工，低于社平工资的 60%，按照社平工资的 60% 即 4 860 元核定个人缴费基数。

月均工资 6 000 元的员工按照 6 000 元核定个人缴费基数。

2021 年单位部分缴费基数为 35 160 元（24 300 + 6 000 + 4 860）。

计算 2021 年应缴费额：

单位部分应缴费额 = 35 160 × 16% × 12 = 67 507.2（元）

职工个人部分应缴费额 = 35 160 × 8% × 12 = 33 753.6（元）

（2）核定 2022 年单位和职工缴费基数。

2022 年个人缴费基数上限为 8 211 × 300% = 24 633 元；该企业管理人员月均工资 25 000 元，超过社平工资的 300%，按照社平工资的 300% 即24 633 元核定个人缴费基数；

2022 年个人缴费基数下限为 8 100 × 60% = 4 860 元；月均工资 4 800 元的员工，低于社平工资的 60%，按照社平工资的 60% 即 4 860 元核定个人缴费基数。

月均工资 6 000 元的员工按照 6 000 元核定个人缴费基数。

2022 年单位部分缴费基数为 35 493 元（24 633 + 6 000 + 4 860）。

计算 2022 年应缴费额：

单位部分应缴费额 = 35 493 × 16% × 12 = 68 146.56（元）

职工个人部分应缴费额 = 35 493 × 8% × 12 = 34 073.28（元）

【延伸提示】如需计算其他年度缴费基数、应缴费额，请注意 2019 年 5 月前后职工基本养老保险费率调整，2020 年阶段性减免养老保险费单位部分政策，2022 年缓缴养老保险费政策等。

3. 党的二十大报告指出："完善基本养老保险全国统筹制度，发展多层次、多支柱养老保险体系。"请简述什么是多层次、多支柱养老保险体系？如何发展多层次、多支柱养老保险体系？

【参考答案与解析】

多层次、多支柱养老保险体系是指以基本养老保险为基础、以企业（职业）年金为补充、与个人储蓄性养老保险和商业养老保险相衔接的"三支柱"养老保险体系。

"三支柱"从整体上看，第一支柱是基本养老保险，包括城镇职工基本养老保险和城乡居民基本养老保险，主要立足于保基本，已有相对完备的制度体系；

第二支柱是企业（职业）年金，主要发挥补充作用，目前初步建立并逐步完善，已有良好发展基础；

第三支柱是个人储蓄性养老保险和商业养老保险，目前是我国多层次养老保险体系的短板，还处于起步阶段，个人养老金是国家关于第三支柱的制度性安排。

“多层次”侧重养老保险需求层次的差异性，从第一层次的基本养老保险到第二、三层次的年金制度和储蓄性养老保险，需求从低到高，显示养老保险的纵向构成。

“多支柱”侧重筹资来源的多元化，强调政府、单位、个人等主体的责任分担及风险分散，呈现不同主体的横向结构。

发展多层次、多支柱养老保险体系，是完善社会保障制度的重要举措，对积极应对人口老龄化、实现共同富裕具有重要意义。

第三章 医疗保险专题

第一部分 知识架构

一、医疗保险概述

1. 定义

医疗保险，是为补偿因疾病风险造成的经济损失而建立的一种保险制度。

2. 历史

医疗保险是世界上立法最早的社会保险项目。1883 年德国颁布《疾病社会保险法》，这是世界上第一部现代意义上的、比较完整的社会保险立法。

3. 分类

（1）按保险经营的性质划分可将医疗保险分为社会医疗保险和商业健康保险；（2）按保险待遇的层次划分可将医疗保险分为基本医疗保险和补充医疗保险。

4. 特点

（1）待遇支付形式为实物补偿；（2）待遇补偿方式为非定额补偿；（3）强制性；（4）各方关系较为复杂。

5. 多层次医疗保障体系

我国已初步建立以基本医疗保险为主体，医疗救助为托底，补充医疗保险、商业健康保险、慈善捐赠、医疗互助共同发展的医疗保障制度体系。到2030年，全面建成以基本医疗保险为主体，医疗救助为托底，补充医疗保险、商业健康保险、慈善捐赠、医疗互助共同发展的医疗保障制度体系，待遇保障公平适度，基金运行稳健持续，管理服务优化便捷，医保治理现代化水平显著提升，实现更好保障病有所医的目标。

二、基本医疗保险

基本医疗保险包括职工基本医疗保险和城乡居民基本医疗保险。

（一）职工基本医疗保险：为职工提供基本医疗保障的制度安排

1. 覆盖范围

简言之，覆盖所有用人单位职工，无雇工的个体工商户、未在用人单位参加职工医保的非全日制从业人员以及其他灵活就业人员可以参加职工医保。

（1）应参加人员。

用人单位（国有企业、集体企业、外商投资企业、私营企业、机关、事业单位、社会团体、民办非企业单位、部队所属用人单位和有雇工的个体经济组织等）职工；领取失业保险金期间的失业人员；军队文职人员；离休人员、老红军以及二等乙级以上革命伤残军人、退休人员；在内地（大陆）依法注册或者登记的企业、事业单位、社会组织、有雇工的个体经济组织等用人单位依法聘用、招用的港澳台居民；在中国境内依法注册或者登记的企业、事业单位、社会团体、民办非企业单位、基金会、律师事务所、会计师事务所等组织依法招用的外国人，以及与境外雇主订立雇佣合同后，被派遣到在中国境内注册或者登记的分支机构、代表机构（以下称“境内工作单位”）工作的外国人。

（2）可以参加人员。

无雇工的个体工商户、未在用人单位参加职工基本医疗保险的非全日制从业人员以及其他灵活就业人员；在内地（大陆）依法从事个体工商经营的港澳台居民、在内地（大陆）灵活就业且办理港澳台居民居住证的港澳台居民。

2. 缴费义务人

根据《社会保险法》第二十三条的规定，职工应当参加职工基本医疗保险，由用人单位和职工共同缴纳基本医疗保险费用；无雇工的个体工商户、未在用人单位参加职工基本医疗保险的非全日制从业人员以及其他灵活就业人员可以参加职工基本医疗保险，由个人按照国家规定缴纳基本医疗保险费用。

以职工身份参保的，用人单位和职工个人都是基本医疗保险缴费义务人，用人单位是本单位职工医疗保险费的扣缴义务人；以个人身份参保的，个人是职工基本医疗保险缴费义务人；领取失业保险金期间的失业人员的职工基本医疗保险费，由失业保险经办机构代缴，个人不缴费。

3. 缴费基数

（1）单位缴费基数。

《国务院关于建立城镇职工基本医疗保险制度的决定》（国发〔1998〕44号）规定，用人单位的缴费基数为职工工资总额。用人单位的缴费基数每年核定一次，年度内一般不作调整（用人单位职工人数发生改变的除外）。实践中，不同统筹区对用人单位职工工资总额的计算口径有差异，需要根据实际口径进行确定，一般为上年（月）平均工资总额、职工个人缴费基数之和等口径。

（2）职工个人缴费基数。

一般为职工本人工资收入。不同类型用人单位职工计算缴费基数的规定不同，需要结合实际进行确定。比如，企业职工的缴费基数是职工本人全部工资收入，即由单位支付的劳动报酬，包括计时工资、计件工资、奖金、津贴和补贴、加班加点工资、特殊情况下支付的工资等。而机关事业单位工作人员的缴费基数有单独的规定。

实践中，诸多统筹区一般以上年度个人月平均工资为缴费基数。职工月平均工资超过当地全口径城镇单位就业人员平均工资300%的部分，不计入个人缴费基数；低于当地全口径城镇单位就业人员平均工资60%的，按60%计算缴费基数。职工工资介于当地全口径城镇单位就业人员平均工资60%和300%之间的，采取据实征收的办法。需要说明的是，不同统筹区，个人缴费基数的下限规定不统一，有的并不是60%，需要结合实际进行确定。

职工基本医疗保险与企业职工基本养老保险的缴费基数未全国统一，五险同时参保及合并申报的地区，基数一般进行了统一。

（3）灵活就业人员缴费基数。

根据《劳动和社会保障部办公厅关于城镇灵活就业人员参加基本医疗保险的指导意见》（劳社厅发〔2003〕10号）规定，城镇灵活就业人员的缴费基数可以将当地上一年度职工年平均工资或当地上一年度职工年平均工资的一定比例作为缴费基数。

实践中，各统筹地区具体执行方法不统一。有的参照用人单位缴费，按全口径城镇单位就业人员平均工资的300%和60%（或其他比例）设置上下限，核定缴费基数；有的在全口径城镇单位就业人员平均工资的60%（或其他比例）—300%区间设置若干档，由灵活就业人员自行选择一档作为缴费基数；有的按全口径城镇单位就业人员平均工资的一定比例确定统一的缴费基数。

（4）领取失业保险金人员缴费基数。

领取失业保险金人员应按规定参加其失业前失业保险参保地的职工医疗保险，缴费基数按照统筹地区全口径城镇单位就业人员平均工资的一定比例确定，最低不低于60%。

（5）退休人员的缴费基数。

参加职工基本医疗保险的个人，达到法定退休年龄时累计缴费达到国家规定年限的，退休后不再缴纳基本医疗保险费。未达到国家规定年限的，可以缴费至国家规定年限，缴费基数按统筹地区上年度全口径城镇单位就业人员平均工资的一定比例确定。

4. 缴费比例（也称费率）

（1）单位和职工缴费费率。

用人单位缴费率应控制在职工工资总额的6%左右，职工缴费率一般为本人工资收入的2%。具体缴费比例主要由各统筹地区根据实际情况确定。随着经济发展，各统筹地区用人单位和职工的缴费率都相应做了调整。

统账结合：基本医疗保险基金由统筹基金和个人账户构成。职工个人缴纳的基本医疗保险费，全部计入个人账户。用人单位缴纳的基本医疗保险费分为两部分，一部分用于建立统筹基金，另一部分划入个人账户。划入个人账户的比例一般为用人单位缴费的30%左右，具体比例由统筹地区根据个人账户的支付范围和职工年龄等因素确定。

单建统筹：为了将部分缴费能力困难企业纳入基本医疗保险，部分统筹地区在适当降低单位缴费费率的基础上，单独建立基本医疗保险统筹基金，暂不建立个人账户，以保障其职工相应的医疗保险待遇。

生育保险和职工医疗保险合并后费率：根据《国务院办公厅关于全面推进生育保险和职工基本医疗保险合并实施的意见》（国办发〔2019〕10号）规定，两险合并实施后，新的用人单位职工基本医疗保险费率按照用人单位参加生育保险和职工基本医疗保险的缴费比例之和确定。

（2）灵活就业人员个人缴费费率。

无雇工的个体工商户、未在用人单位参加职工基本医疗保险的非全日制从业人员以及其他灵活就业人员的费率按照各统筹地区规定的费率确定，一般为用人单位和职工费率之和。部分统筹地区设立低于用人单位和职工费率之和单建统筹费率。

（3）领取失业保险金人员的费率。

领取失业保险金人员参加职工基本医疗保险的缴费费率原则上按照各统筹地区的缴费费率确定。

5. 应缴费额确定

职工基本医疗保险费应缴费额＝职工基本医疗保险缴费基数×费率。

6. 职工基本医疗保险基金的账户管理

（1）基本医疗保险基金由统筹基金和个人账户构成。

①个人账户：职工个人缴纳的基本医疗保险费，全部计入个人账户。

②统筹基金：用人单位缴纳的基本医疗保险费分为两部分，一部分用于建立统筹基金，另一部分划入个人账户；划入个人账户的比例一般为用人单位缴费的30%左右，具体比例由统筹地区根据个人账户的支付范围和职工年龄等因素确定。（备注：2021年底前各统筹区已调整单位缴费划入个人账户规定，具体参见门诊共济保障部分内容。）

（2）统筹基金和个人账户要划定各自的支付范围，分别核算，不得互相挤占。

要确定统筹基金的起付标准和最高支付限额，起付标准以下的医疗费用，从个人账户中支付或由个人自付。起付标准以上、最高支付限额以下的医疗费用，主要从统筹基金中支付，个人也要负担一定比例。

统筹基金的具体起付标准、最高支付限额以及在起付标准以上和最高支付限额以下医疗费用的个人负担比例，由统筹地区根据以收定支、收支平衡的原则确定。

7. 待遇支付

各地因地制宜，在国家规定范围内制定住院和门诊起付标准、支付比例和最高支付限额。不得自行制定个人或家庭账户政策。逐步规范缴费年限政策。

（1）住院待遇支付政策。

一是起付标准，职工医保的起付标准原则上不高于统筹地区年职工平均工资的10%，具体标准由各地根据本地实际情况确定。不同级别医疗机构适当拉开差距。二是支付比例，对于起付标准以上、最高支付限额以下的政策范围内的费用，基本医保总体支付比例75%左右，职工医保和城乡居民医保保持合理差距，不同级别医疗机构适当拉开差距。三是基金最高支付限额，职工医保原则上控制在当地职工年平均工资的4倍，职工医保叠加职工大额医疗费用补助的最高支付限额原则上达到当地职工年平均工资的6倍。

（2）基金支付范围。

基本医疗保险按照规定的药品、医用耗材和医疗服务项目支付范围支付。不予支付的范围包括：应当从工伤保险基金中支付的；应当由第三人负担的；应当由公共卫生负担的；在境外就医的；体育健身、养生保健消费、健康体检；国家规定的基本医疗保险基金不予支付的其他费用。

（3）缴费年限。

退休人员缴纳职工基本医疗保险费需要累计达到国家规定年限（包括职工实际缴纳年限和职工参加基本医疗保险前的视同缴费年限），但不包括城乡居民基本医疗保险的缴费年限。目前，国家对最低缴费年限尚无统一规定，由各统筹地区根据本地情况自行确定，一般为20至30年不等。未达到国家规定年限的，应按规定继续缴费至国家规定年限。

（4）门诊共济保障。

2021年4月，《国务院办公厅关于建立健全职工基本医疗保险门诊共济保障机制的指导意见》（国办发〔2021〕14号）（以下简称《指导意见》）提出了建立健全职工医保门诊共济保障机制的具体举措。

一是增强门诊共济保障功能。建立完善职工医保普通门诊费用统筹保障机制，逐步将多发病、常见病的普通门诊费用纳入统筹基金支付范围。普通门诊统筹覆盖职工医保全体参保人员，政策范围内支付比例从50%起步，可适当向退休人员倾斜。逐步扩大由统筹基金支付的门诊慢性病、特殊疾病病种范围，将部分治疗周期长、对健康损害大、费用负担重的疾病门诊费用纳入共济保障。同步完善城乡居民医保门诊统筹。支持参保人员持外配处方在定点零售药店结算和配药。探索将符合条件的“互联网+”医疗服务纳入保障范围。

二是改进个人账户计入办法。科学合理确定个人账户计入办法和计入水平，在职职工个人账户由个人缴纳的基本医疗保险费计入，计入标准原则上控制在本人参保缴费基数的2%，单位缴纳的基本医疗保险费全部计入统筹基金；退休人员个人账户原则上由统筹基金按定额划入，划入额度逐步调整到统筹地区根据《指导意见》实施改革当年基本养老金平均水平的2%。个人账户的具体划入比例或标准，由省级医保部门会同财政部门按照以上原则，指导统筹地区结合本地实际研究确定。调整统筹基金和个人账户结构后，增加的统筹基金主要用于门诊共济保障，提高参保人员门诊待遇。

三是规范个人账户使用范围。个人账户主要用于支付参保人员在定点医疗机构或定点零售药店发生的政策范围内自付费用。可以用于支付参保人员本人及其配偶、父母、子女在定点医疗机构就医发生的由个人负担的医疗费用，以及在定点零售药店购买药品、医疗器械、医用耗材发生的由个人负担的费用。探索个人账户用于配偶、父母、子女参加城乡居民基本医疗保险等的个人缴费。个人账户不得用于公共卫生费用、体育健身或养生保健消费等不属于基本医疗保险保障范围的支出。

8. 统筹级次

2020年，《中共中央 国务院关于深化医疗保障制度改革的意见》明确提出，按照制度政策统一、基金统收统支、管理服务一体的标准，全面做实基本医疗保险市地级统筹。鼓励有条件的省（自治区、直辖市）按照分级管理、责任共担、统筹调剂、预算考核的思路，推进省级统筹。

（二）城乡居民基本医疗保险：为未参加职工医保或其他医疗保障制度的全体城乡居民提供基本医疗保障的制度安排

2016年，整合城镇居民基本医疗保险（简称“城镇居民医保”）和新型农村合作医疗（简称“新农合”）两项制度，建立统一的城乡居民基本医疗保险制度。

1. 覆盖范围

简言之，覆盖除职工医保应参保人员或按规定享有其他保障的人员以外的全体城乡居民。

具体包括：新生儿；不属于城镇职工基本医疗保险制度覆盖范围的大中小学阶段的学生（包括大学、职业高中、中专、技校学生）、少年儿童和其他非从业城镇居民；农村居民；依法参加职工基本医疗保险有困难的进城务工农村居民和灵活就业人员；在内地（大陆）居住且办理港澳台居民居住证的未就业港澳台居民、在内地（大陆）就读的港澳台大学生；持有中国《外国人永久居留证》在中国境内居住但未就业，且符合统筹地区规定的外籍人员。

2. 缴费人

实行自愿参保，参保人即缴费人，以自然人个人名义缴费。

3. 筹资政策

城乡居民基本医疗保险费用的筹集实行以个人缴费和政府补助相结合为主的筹资方式。鼓励集体、单位或其他社会经济组织给予扶持或资助。各统筹地区综合考虑城乡居民基本医疗保险与大病保险保障需求，按照基金收支平衡的原则，合理确定城乡统一的筹资标准。探索建立居民医保筹资标准和居民人均可支配收入相挂钩的动态筹资机制，进一步优化筹资结构。

（1）个人缴费。

一般采取定额缴费方式，国家制定最低标准，各省按照不低于国家标准的要求确定本省标准。2022年个人缴费标准达到每人每年350元。部分统筹地区根据当地经济发展水平以及不同人群的基本医疗消费需求，会分类确定筹资水平。

（2）政府补助。

政府对城乡居民基本医疗保险予以财政补助，2022年，各级财政继续加大对居民医保参保缴费补助力度，达到每人每年不低于610元。中央财政继续按规定对地方实施分档补助，对西部、中部地区分别按照人均财政补助标准80%、60%的比例给予补助，对东部地区各省份分别按一定比例补助。

（3）医疗救助分类资助。

政府做好医疗救助对困难群众参加居民医保个人缴费分类资助工作，全额资助特困人员，定额资助低保对象、返贫致贫人口等困难群众。

4. 待遇支付

坚持“以收定支、收支平衡、略有结余”原则，尽力而为、量力而行，统筹发挥基本医保、大病保险和医疗救助三重制度综合保障效能，科学合理确定基本医保保障水平。稳定居民医保住院待遇水平，确保政策范围内基金支付比例稳定在70%左右。

城乡居民医疗保险基金的具体起付标准、支付比例和最高支付限额由各统筹地区根据本地实际情况自行确定。居民医保叠加大病保险的最高支付限额原则上达到当地居民人均可支配收入的6倍左右。对于起付标准以上、最高支付限额以下的政策范围内的费用，居民医保门诊统筹支付比例不低于50%。

三、补充医疗保险

补充医疗保险保障参保群众基本医疗保险之外个人负担的符合社会保险相关规定的医疗费用。按照《国家医疗保障待遇清单（2020年版）》，具体分为：

（1）城乡居民大病保险（简称“大病保险”）：对居民医保参保患者发生的符合规定的高额医疗费用给予进一步保障。

（2）职工大额医疗费用补助（含部分省份的职工大病保险）：对参保职工发生的符合规定的高额医疗费用给予进一步保障。

（3）公务员医疗补助参照清单管理。企业事业单位自行筹资建立的补充医疗保险等暂不纳入清单管理。

（一）城乡居民大病保险

城乡居民大病保险2012年开始实施，2015年覆盖所有城乡居民基本医疗保险参保人群。

1. 筹资渠道

城乡居民大病保险资金可以从城乡居民基本医疗保险基金中划出一定比例或额度作为大病保险资金。

2. 待遇支付

大病保险起付标准原则上不高于统筹地区居民上年度人均可支配收入的50%。大病保险支付比例不低于60%。

对低保对象、特困人员和返贫致贫人口，大病保险起付标准降低50%，支付比例提高5%，并取消最高支付限额。

（二）职工大额医疗费用补助

职工大额医疗费用补助是指在职工基本医疗保险的基础上，对参保患者发生的高额医疗费用给予进一步保障的一项制度性安排，是基本医疗保障制度的拓展和延伸。

1. 筹资渠道

费用筹资渠道各统筹区规定不统一，一般由单位或个人负担，也可以由单位和个人双方共同负担。筹资标准也不统一，有的按职工医保缴费基数一定比例筹资，有的按定额筹资等。缴费方式一般由用人单位缴纳或代收代缴，灵活就业人员可自行缴纳。

2. 待遇支付

参见职工基本医疗保险待遇支付内容。各统筹地区规定不统一。

（三）公务员医疗补助

政策依据为2000年《国务院办公厅转发劳动和社会保障部 财政部关于实

行国家公务员医疗补助意见的通知》。

1. 补助范围

符合《国家公务员暂行条例》和《国家公务员制度实施方案》规定的国家行政机关工作人员和退休人员；经人事部或省、自治区、直辖市人民政府批准列入依照国家公务员制度管理的事业单位的工作人员和退休人员；经中共中央组织部或省、自治区、直辖市党委批准列入参照国家公务员制度管理的党群机关，人大、政协机关，各民主党派和工商联机关以及列入参照国家公务员管理的其他单位机关工作人员和退休人员；审判机关、检察机关的工作人员和退休人员。

2. 经费来源

按现行财政管理体制，医疗补助经费由同级财政列入当年财政预算，具体筹资标准应根据原公费医疗的实际支出、基本医疗保险的筹资水平和财政承受能力等情况合理确定。医疗补助经费要专款专用、单独建账、单独管理，与基本医疗保险基金分开核算。

3. 经费使用

医疗补助经费主要用于基本医疗保险统筹基金最高支付限额以上，符合基本医疗保险用药、诊疗范围和医疗服务设施标准的医疗费用补助；在基本医疗保险支付范围内，个人自付超过一定数额的医疗费用补助；中央和省级人民政府规定享受医疗照顾的人员，在就诊、住院时按规定补助的医疗费用。补助经费的具体使用办法和补助标准，由各地按照收支平衡的原则作出规定。

四、医疗救助制度

医疗救助帮助困难群众获得基本医疗保险服务并减轻其医疗费用负担。

1. 分类

一是对救助对象参加居民医保的个人缴费部分给予资助。二是对救助对象经基本医疗保险、补充医疗保险支付后，个人及其家庭难以承受的符合规定的自付医疗费用给予救助。

2. 筹资渠道

通过各级财政补助、彩票公益金、社会捐助等多渠道筹资。

3. 待遇支付

一是起付标准，低保对象、特困人员原则上全面取消救助门槛，暂不具备条件的地区，对其设定的年度起付标准不得高于统筹区上年居民人均可支配收入的5%，并逐步探索取消起付标准，低收入家庭成员按10%左右确定，因病致贫家庭重病患者按25%左右确定。

二是起付比例，医疗救助对低保对象、特困人员可按不低于70%的比例给予救助，其他救助对象救助水平原则上略低于低保对象，具体比例由各统筹地区根据实际确定。

三是基金最高支付限额，医疗救助年度最高限额根据经济社会发展、人民健康需求、基金支撑能力合理设定。

四是倾斜救助，对低保对象、特困人员等符合条件的救助对象按规定给予救助。对规范转诊且在省域内就医的救助对象，经三重制度保障后政策范围内个人负担仍然较重的，给予倾斜救助，具体救助比例由统筹地区根据实际确定。

五、生育保险制度

1. 定义

生育保险是国家通过社会保险立法，对生育职工因生育而暂时中断劳动，提供必要的经济补偿和医疗保健的一项社会制度。

2. 宗旨

均衡不同行业男女职工生育费用负担，减轻女职工多的用人单位的人工成本，促进妇女公平就业，同时保障女职工生育期间的基本生活、医疗待遇，保护她们及下一代的身体健康。

3. 历史

国际劳工组织1919年成立不久，便公布《生育保护公约》，这是有关生育保障的第一个国际标准。随着历史发展，国际劳工组织已通过了三个公约（1919年第3号，1952年第103号，2000年第183号）。

2019年3月，《国务院办公厅关于全面推进生育保险和职工基本医疗保险合并实施的意见》（国办发〔2019〕10号），将生育保险和职工基本医疗保险合并实施。

2021年6月26日，《中共中央 国务院关于优化生育政策促进人口长期均衡发展的决定》将“完善生育休假与生育保险制度”作为实施三孩生育政策及配套支持措施的一项重要举措。

4. 功能

促进妇女公平就业，优化劳动力资源配置；保障女职工身体健康；保障劳动力再生产顺利进行；推动国家人口政策实施。

5. 分类

生育保险制度模式主要分为三种：社会保险型、强制储蓄型、强制保险和普遍医疗保健相结合。

6. 特点

待遇享受人群的特定性；待遇保障的可预见性；待遇支付的时间性；医疗服务项目和费用的确定性；生育保险医疗服务保障水平高于医疗保险。

7. 覆盖范围

根据《国务院办公厅关于全面推进生育保险和职工基本医疗保险合并实施的意见》（国办发〔2019〕10号）规定，参加职工基本医疗保险的在职职工同步参加生育保险。

8. 缴费义务人

生育保险费由用人单位缴纳，个人不缴纳生育保险费。

9. 缴费基数

生育保险基金并入职工基本医疗保险基金，统一征缴，缴费基数也一致。

10. 缴费比例

按照用人单位参加生育保险和职工基本医疗保险的缴费比例之和确定新的用人单位职工基本医疗保险费率。生育保险缴费比例一般在0.5%—1%。

11. 基金管理

生育保险基金并入职工基本医疗保险基金，职工基本医疗保险基金严格执行社会保险基金财务制度，不再单列生育保险基金收入，在职工基本医疗保险统筹基金待遇支出中设置生育待遇支出项目。

12. 生育保险待遇

生育保险待遇包括《中华人民共和国社会保险法》规定的生育医疗费用和生育津贴，所需资金从职工基本医疗保险基金中支付。生育津贴支付期限按照《女职工劳动保护特别规定》等法律法规规定的产假期限执行。

（1）生育医疗费用。

生育医疗费用包括生育医疗费用、计划生育的医疗费用以及法律、法规规定的其他项目费用。

（2）生育津贴。

生育津贴是指国家法律、法规规定对职业妇女因生育而离开工作岗位期间给予的生活费用。主要情形包括女职工生育享受产假、享受计划生育手术休假以及法律、法规规定的其他情形。生育津贴支付期限按照《女职工劳动保护特别规定》等规定执行。

《女职工劳动保护特别规定》第八条规定：女职工产假期间的生育津贴，对已经参加生育保险的，按照用人单位上年度职工月平均工资的标准由生育保险基金支付；对未参加生育保险的，按照女职工产假前工资的标准由用人单位支付。

女职工生育或者流产的医疗费用，按照生育保险规定的项目和标准，对已经参加生育保险的，由生育保险基金支付；对未参加生育保险的，由用人单位支付。

(3) 职工享受生育保险待遇的条件。

用人单位已经缴纳生育保险费；用人单位的职工（职工未就业配偶按照国家规定享受生育医疗费用待遇）；参加生育保险并符合国家婚姻法和计划生育政策规定生育或流产的可享受生育保险待遇。

非婚生育、流产等不享受生育保险的待遇。

六、长期护理保险试点

《人力资源社会保障部办公厅关于开展长期护理保险制度试点的指导意见》（人社厅发〔2016〕80号）

《医保局 财政部关于扩大长期护理保险制度试点的指导意见》（医保发〔2020〕37号）

1. 定义

以社会互助共济方式筹集资金，为长期失能人员的基本生活照料和与基本生活密切相关的医疗护理提供资金或服务保障的社会保险制度。

2. 意义

建立长期护理保险制度，是应对人口老龄化、促进社会经济发展的战略举措，是实现共享发展改革成果的重大民生工程，是健全社会保障体系的重要制度安排。建立长期护理保险，有利于保障失能人员基本生活权益，提升他们体面和有尊严的生活质量，弘扬中国传统文化美德；有利于增进人民福祉，促进社会公平正义，维护社会稳定；有利于促进养老服务产业发展和拓展护理从业人员就业渠道。

3. 试点地区（见表3－1）

试点长期护理险的城市有49个。

表 3－1　　　　试点长期护理险的城市（区域）

序号	省份	试点城市
一、新增试点城市		
1	北京市	石景山区
2	天津市	天津市
3	山西省	晋城市
4	内蒙古自治区	呼和浩特市
5	辽宁省	盘锦市
6	福建省	福州市
7	河南省	开封市
8	湖南省	湘潭市
9	广西壮族自治区	南宁市
10	贵州省	黔西南布依族苗族自治州
11	云南省	昆明市
12	陕西省	汉中市
13	甘肃省	甘南藏族自治州
14	新疆维吾尔自治区	乌鲁木齐市
二、原有试点城市		
1	河北省	承德市
2	吉林省	长春市、吉林市、通化市、松原市、梅河口市、珲春市
3	黑龙江省	齐齐哈尔市
4	上海市	上海市
5	江苏省	苏州市、南通市
6	浙江省	宁波市
7	安徽省	安庆市
8	江西省	上饶市
9	山东省	济南市、青岛市、淄博市、枣庄市、东营市、烟台市、潍坊市、济宁市、泰安市、威海市、日照市、临沂市、德州市、聊城市、滨州市、菏泽市
10	湖北省	荆门市
11	广东省	广州市
12	重庆市	重庆市
13	四川省	成都市
14	新疆生产建设兵团	石河子市

4. 覆盖范围

试点阶段，长期护理保险制度原则上主要覆盖职工基本医疗保险参保人群。试点地区可根据自身实际，随制度探索完善、综合平衡资金筹集和保障需要等因素，合理确定参保范围并逐步扩大。

重点解决重度失能人员基本护理保障需求，优先保障符合条件的失能老年人、重度残疾人。

5. 资金筹集

探索建立互助共济、责任共担的多渠道筹资机制。科学测算基本护理服务相应的资金需求，合理确定本统筹地区年度筹资总额。筹资以单位和个人缴费为主，单位和个人缴费原则上按同比例分担，其中单位缴费基数为职工工资总额，起步阶段可从其缴纳的职工基本医疗保险费中划出，不增加单位负担；个人缴费基数为本人工资收入，可由其职工基本医疗保险个人账户代扣代缴。有条件的地方可探索通过财政等其他筹资渠道，对特殊困难退休职工缴费给予适当资助。建立与经济社会发展和保障水平相适应的筹资动态调整机制。

6. 待遇支付

长期护理保险基金主要用于支付符合规定的机构和人员提供基本护理服务所发生的费用。经医疗机构或康复机构规范诊疗、失能状态持续6个月以上，经申请通过评估认定的失能参保人员，可按规定享受相关待遇。根据护理等级、服务提供方式等不同实行差别化待遇保障政策，鼓励使用居家和社区护理服务。对符合规定的护理服务费用，基金支付水平总体控制在70%左右。做好长期护理保险与经济困难的高龄、失能老年人补贴以及重度残疾人护理补贴等政策的衔接。

第二部分　自测练习题

一、单选题

1. 党的二十大报告指出，促进多层次（　　）有序衔接，完善大病保险和医疗救助制度，落实异地就医结算，建立长期护理保险制度，积极发展商业医疗保险。

A. 医疗保障　　B. 医疗保险

C. 基本医疗保险　　D. 社会保障

【参考答案】A

【解析】党的二十大报告指出，促进多层次医疗保障有序衔接，完善大病保险和医疗救助制度，落实异地就医结算，建立长期护理保险制度，积极发展商业医疗保险。

2. 无雇工的个体工商户、未在用人单位参加职工基本医疗保险的非全日制从业人员以及其他灵活就业人员可以参加职工基本医疗保险，由（　　）按照国家规定缴纳基本医疗保险费。

A. 用人单位和个人共同　　B. 用人单位

C. 个人　　D. 国家、用人单位和个人

【参考答案】C

【解析】《社会保险法》第二十三条，无雇工的个体工商户、未在用人单位参加职工基本医疗保险的非全日制从业人员以及其他灵活就业人员可以参加职工基本医疗保险，由个人按照国家规定缴纳基本医疗保险费。

3. 下列各项中，关于基本医疗保险的说法，错误的是（　　）。

A. 城乡居民基本医疗保险由用人单位和个人共同缴费

B. 职工参加基本医疗保险由用人单位和职工按照国家规定共同缴纳

C. 2019 年 3 月生育保险和职工基本医疗保险合并实施

D. 无雇工的个体工商户可以参加基本医疗保险并由个人按规定缴费

【参考答案】A

【解析】城乡居民基本医疗保险由个人缴费。

4. 职工基本医疗保险用人单位缴费率应控制在职工工资总额的（　　）左右，职工缴费率一般为本人工资收入的 2%。具体缴费比例主要由各统筹地区根据实际情况确定。

A. 4%　　B. 6%　　C. 8%　　D. 16%

【参考答案】B

【解析】《国务院关于建立城镇职工基本医疗保险制度的决定》（国发〔1998〕44 号）规定，用人单位缴费率应控制在职工工资总额的 6% 左右，职工缴费率一般为本人工资收入的 2%。具体缴费比例主要由各统筹地区根据实

际情况确定。

5. 2022 年，按照国家规定，个人缴费标准要达到每人每年（　　）。

A. 320 元　　B. 350 元　　C. 580 元　　D. 610 元

【参考答案】B

【解析】《国家医保局 财政部 国家税务总局关于做好 2022 年城乡居民基本医疗保障工作的通知》（医保发〔2022〕20 号）规定，2022 年继续提高城乡居民基本医疗保险筹资标准。各级财政继续加大对居民医保参保缴费补助力度，人均财政补助标准新增 30 元，达到每人每年不低于 610 元，同步提高个人缴费标准 30 元，达到每人每年 350 元。

6. 按照最新政策，单位缴纳的基本医疗保险费（　　）计入统筹基金。

A. 70% 左右　　B. 全部

C. 30% 左右　　D. 80% 左右

【参考答案】B

【解析】原政策规定：用人单位缴纳的基本医疗保险费分为两部分，一部分用于建立统筹基金，另一部分划入个人账户。划入个人账户的比例一般为用人单位缴费的 30% 左右，具体比例由统筹地区根据个人账户的支付范围和职工年龄等因素确定。

新政策规定：单位缴纳的基本医疗保险费全部计入统筹基金。

7. 参保人已连续 2 年（含 2 年）以上参加基本医疗保险的，因就业等个人状态变化在职工医保和居民医保间切换参保关系的，且中断缴费时间不超过（　　）的，缴费后即可正常享受待遇，确保参保人待遇无缝衔接。

A. 1 个月　　B. 2 个月

C. 3 个月　　D. 6 个月

【参考答案】C

【解析】参保人已连续 2 年（含 2 年）以上参加基本医疗保险的，因就业等个人状态变化在职工医保和居民医保间切换参保关系的，且中断缴费时间不超过 3 个月的，缴费后即可正常享受待遇，确保参保人待遇无缝衔接。

8. 重复参加职工医保的，原则上保留（　　）参保关系。

A. 户籍地　　B. 常住地　　C. 就业地　　D. 学籍地

【参考答案】C

【解析】重复参加职工医保的，原则上保留就业地参保关系。

9. 重复参加居民医保的，原则上保留（　　）参保关系。

A. 户籍地　　B. 常住地　　C. 就业地　　D. 学籍地

【参考答案】B

【解析】重复参加居民医保的，原则上保留常住地参保关系。

10. 学生重复参保，原则上保留（　　）参保关系。

A. 户籍地　　B. 常住地　　C. 就业地　　D. 学籍地

【参考答案】D

【解析】学生重复参保，原则上保留学籍地参保关系。

11. 灵活就业人员按年度一次性缴纳职工医保费以后，中途就业随单位参加职工医保的，可依申请退回其（　　）以灵活就业人员身份缴纳的职工医保费。

A. 就业后当年剩余月份　　B. 全部

C. 未享受医疗保险待遇月份　　D. 随单位参加职工医保前

【参考答案】A

【解析】灵活就业人员按年度一次性缴纳职工医保费以后，中途就业随单位参加职工医保的，可依申请退回其就业后当年剩余月份以灵活就业人员身份缴纳的职工医保费。

12. 新生儿参保登记应使用（　　）和身份证明。

A. 父亲真实姓名　　B. 母亲真实姓名

C. 本人真实姓名　　D. 专用名称

【参考答案】C

【解析】新生儿参保登记应使用本人真实姓名和身份证明。

13. 原则上新生儿出生后 90 天内由监护人按相关规定办理参保登记，自（　　）所发生的医疗费用均可纳入医保报销。

A. 出生之日　　B. 参保登记之日

C. 缴费之日　　D. 住院之日

【参考答案】A

【解析】原则上新生儿出生后 90 天内由监护人按相关规定办理参保登记，自出生之日所发生的医疗费用均可纳入医保报销。

14. 中断缴费时间超过 3 个月的，各统筹地区可根据自身情况设置不超过（　　）的待遇享受等待期，待遇享受等待期满后暂停原参保关系。

A. 1 个月　　B. 3 个月　　C. 6 个月　　D. 9 个月

【参考答案】C

【解析】中断缴费时间超过 3 个月的，各统筹地区可根据自身情况设置不超过 6 个月的待遇享受等待期，待遇享受等待期满后暂停原参保关系。

15. 深入实施全民参保计划，自 2021 年参保年度起，全国参保信息实现互联互通、动态更新、实时查询，参保信息质量明显提升；到（　　），基本医保参保率稳中有升，管理服务水平明显提升，群众获得感满意度持续增强。

A. 2023 年　　B. 2024 年　　C. 2025 年　　D. 2030 年

【参考答案】C

【解析】深入实施全民参保计划，自 2021 年参保年度起，全国参保信息实现互联互通、动态更新、实时查询，参保信息质量明显提升；到 2025 年，基本医保参保率稳中有升，管理服务水平明显提升，群众获得感满意度持续增强。

16. 扩大长期护理保险制度试点，试点阶段从（　　）参保人群起步，重点解决重度失能人员基本护理保障需求，优先保障符合条件的失能老年人、重度残疾人。

A. 职工基本医疗保险　　B. 城乡居民基本医疗保险

C. 商业保险　　D. 特困人员

【参考答案】A

【解析】扩大长期护理保险制度试点，试点阶段从职工基本医疗保险参保人群起步，重点解决重度失能人员基本护理保障需求，优先保障符合条件的失能老年人、重度残疾人。

17. 扩大长期护理保险制度试点，筹资以单位和个人缴费为主，单位和个人缴费的比例为（　　）。

A. 单位比例大于个人比例　　B. 同比例分担

C. 与基本医疗保险一致　　D. 单位比例小于个人比例

【参考答案】B

【解析】筹资以单位和个人缴费为主，单位和个人缴费原则上按同比例分担。

18.《中共中央 国务院关于深化医疗保障制度改革的意见》提出，到（　　），全面建成以基本医疗保险为主体，医疗救助为托底，补充医疗保险、商业健康保险、慈善捐赠、医疗互助共同发展的医疗保障制度体系。

A. 2023 年　　B. 2024 年　　C. 2025 年　　D. 2030 年

【参考答案】D

【解析】《中共中央 国务院关于深化医疗保障制度改革的意见》提出，到2030年，全面建成以基本医疗保险为主体，医疗救助为托底，补充医疗保险、商业健康保险、慈善捐赠、医疗互助共同发展的医疗保障制度体系。

19. 退役士兵补缴城镇职工基本医疗保险，缴费工资基数由（　　）按照补缴时上年度职工平均工资的60%予以确定，单位和个人缴费费率按参保地规定执行。

A. 户籍地　　B. 服役地　　C. 参保地　　D. 安置地

【参考答案】C

【解析】《关于解决部分退役士兵社会保险问题的意见》规定，退役士兵补缴城镇职工基本医疗保险，缴费工资基数由参保地按照补缴时上年度职工平均工资的60%予以确定，单位和个人缴费费率按参保地规定执行。

20. 逐月领取退役金的退役军人退役后因个人身心状况、家庭实际困难等原因无法就业的，参加职工基本医疗保险单位缴费部分由（　　）退役军人工作主管部门向当地医疗保险费征收机构缴纳，所需经费由当地人民政府解决；个人缴费部分由个人按照规定缴纳。

A. 户籍地　　B. 服役地　　C. 参保地　　D. 安置地

【参考答案】D

【解析】《退役军人逐月领取退役金安置办法》规定，退役后因个人身心状况、家庭实际困难等原因无法就业的，参加职工基本医疗保险单位缴费部分由安置地退役军人工作主管部门向当地医疗保险费征收机构缴纳，所需经费由安置地人民政府解决；个人缴费部分由个人按照规定缴纳。

21. 1883年，（　　）颁布《疾病社会保险法》，这是世界上第一部现代意义上的、比较完整的社会保险立法。

A. 英国　　B. 美国　　C. 法国　　D. 德国

【参考答案】D

【解析】1883年，德国颁布《疾病社会保险法》，这是世界上第一部现代意义上的、比较完整的社会保险立法。

22. 领取失业保险金期间的失业人员的职工基本医疗保险费，由（　　）代缴，个人不缴费。

A. 医疗保险经办机构　　B. 失业保险经办机构

C. 原用人单位　　D. 财政部门

【参考答案】B

【解析】领取失业保险金期间的失业人员的职工基本医疗保险费，由失业保险经办机构代缴，个人不缴费。

23. 按国家规定，职工基本医疗保险统筹基金的起付标准原则上为当地职工年平均工资的（　　）左右。最高支付限额就是统筹基金最多可以支付的额度，原则上控制在当地职工年平均工资的（　　）倍左右。

A. 6%；3　　B. 10%；4　　C. 2%；3　　D. 2%；4

【参考答案】B

【解析】按国家规定，统筹基金的起付标准原则上为当地职工年平均工资的 10% 左右。最高支付限额就是统筹基金最多可以支付的额度，原则上控制在当地职工年平均工资的 4 倍左右。

24. 在内地（大陆）就读的港澳台大学生，按规定参加（　　）城乡居民基本医疗保险。

A. 居住地

B. 户籍地

C. 高等教育机构所在地

D. 高等教育机构主管部门所在地

【参考答案】C

【解析】2019 年 11 月 29 日《香港澳门台湾居民在内地（大陆）参加社会保险暂行办法》（人力资源和社会保障部 国家医疗保障局令第 41 号）规定，在内地（大陆）就读的港澳台大学生，按规定参加高等教育机构所在地城乡居民基本医疗保险。

25. 有关生育保障的第一个国际标准是（　　）。

A. 《生育保护公约》

B. 《消除对妇女一切形式歧视公约》

C. 《世界人权宣言》

D. 《儿童权利公约》

【参考答案】A

【解析】国际劳工组织1919年成立不久，便公布《生育保护公约》，这是有关生育保障的第一个国际标准。

26. 城乡居民医疗保险应建立个人缴费标准与（　　）相衔接的机制。

A. 最低工资标准　　B. 城镇就业人员社会平均工资

C. 城乡居民人均养老金　　D. 城乡居民人均可支配收入

【参考答案】D

【解析】《国务院关于整合城乡居民基本医疗保险制度的意见》规定，完善筹资动态调整机制。在精算平衡的基础上，逐步建立与经济社会发展水平、各方承受能力相适应的稳定筹资机制。逐步建立个人缴费标准与城乡居民人均可支配收入相衔接的机制。合理划分政府与个人的筹资责任，在提高政府补助标准的同时，适当提高个人缴费比重。

二、多选题

1. 基本医疗保险包括（　　）。

A. 职工基本医疗保险　　B. 城乡居民基本医疗保险

C. 职工大额医疗保险　　D. 城乡居民大病医疗保险

【参考答案】AB

【解析】基本医疗保险包括职工基本医疗保险和城乡居民基本医疗保险。

2. 以下说法正确的包括（　　）。

A. 甲跨统筹区流动，不得重复参保和重复享受待遇，按规定办理基本医疗保险关系转移接续

B. 职工乙办理医保转移接续，在转移接续前中断缴费3个月（含）以内的，可按转入地规定办理职工基本医疗保险费补缴手续，补缴后不设待遇享受等待期

C. 灵活就业人员丙参加职工基本医疗保险，基本医疗保险关系转移接续时，按基本医疗保险缴费年限累计计算

D. 城乡居民丁参加基本医疗保险，基本医疗保险关系转移接续时，按基本医疗保险缴费年限累计计算

【参考答案】ABC

【解析】国家医保局办公室 财政部办公厅关于印发《基本医疗保险关系

转移接续暂行办法》的通知（医保办发〔2021〕43号）第五条规定，参保人员跨统筹地区流动，不得重复参保和重复享受待遇，按规定办理基本医疗保险关系转移接续。有单位的职工医保参保人员可由单位为其申请办理，灵活就业人员及居民等参保人员由个人申请办理。

第十一条规定，办理转移接续的职工医保参保人员，在转移接续前中断缴费3个月（含）以内的，可按转入地规定办理职工基本医疗保险费补缴手续，补缴后不设待遇享受等待期，缴费当月即可在转入地按规定享受待遇，中断期间的待遇可按规定追溯享受。中断缴费3个月以上的，基本医疗保险待遇按各统筹地区规定执行，原则上待遇享受等待期不超过6个月。

参保人员已连续2年（含2年）以上参加基本医疗保险的，因就业等个人状态变化在职工医保和居民医保间切换参保关系的，且中断缴费3个月（含）以内的，可按转入地规定办理基本医疗保险费补缴手续，补缴后不设待遇享受等待期，缴费当月即可在转入地按规定享受待遇，中断期间的待遇可按规定追溯享受。中断缴费3个月以上的，基本医疗保险待遇按各统筹地区规定执行，原则上待遇享受等待期不超过6个月。

第十二条规定，参加职工基本医疗保险的个人，基本医疗保险关系转移接续时，基本医疗保险缴费年限累计计算。达到法定退休年龄时，享受退休人员基本医疗保险待遇的缴费年限按照各地规定执行。各地不得将办理职工医保退休人员待遇与在当地按月领取基本养老金绑定。

注意：城乡居民基本医疗保险没有缴费年限规定。

3. 基本医疗保险基金由（　　）构成。

A. 统筹基金　　B. 过渡账户

C. 个人账户　　D. 补充基金

【参考答案】AC

【解析】《国务院关于建立城镇职工基本医疗保险制度的决定》（国发〔1998〕44号）规定，基本医疗保险基金由统筹基金和个人账户构成。

4. 城乡居民基本医疗保障工作要坚持“以收定支、收支平衡、略有结余”原则，尽力而为、量力而行，统筹发挥基本医保、大病保险和医疗救助三重制度综合保障效能，科学合理确定基本医保保障水平。“三重制度”包括（　　）。

A. 基本医保　　B. 医疗救助

C. 大病保险　　　　D. 慈善救助

【参考答案】ABC

【解析】要坚持“以收定支、收支平衡、略有结余”原则，尽力而为、量力而行，统筹发挥基本医保、大病保险和医疗救助三重制度综合保障效能，科学合理确定基本医保保障水平。

5. 纳入医疗保障待遇清单管理的医疗保障制度包括（　　）。

A. 职工大额医疗费用补助

B. 医疗救助

C. 公务员医疗补助

D. 企业事业单位自行筹资建立的补充医疗保险

【参考答案】ABC

【解析】企业事业单位自行筹资建立的补充医疗保险等暂不纳入清单管理。

6. 探索个人账户用于（　　）参加城乡居民基本医疗保险等的个人缴费。

A. 配偶　　B. 父母　　C. 子女　　D. 近亲属

【参考答案】ABC

【解析】探索个人账户用于配偶、父母、子女参加城乡居民基本医疗保险等的个人缴费。

7. 各地要根据本地区（　　）等指标，科学合理确定年度参保扩面目标。

A. 常住人口　　　　B. 户籍人口

C. 就业人口　　　　D. 城镇化率

【参考答案】ABCD

【解析】各地要根据本地区常住人口、户籍人口、就业人口、城镇化率等指标，科学合理确定年度参保扩面目标。

8. 参保人在居民医保缴费后，在相应待遇享受期未开始前因（　　），可在终止相关居民医保参保关系的同时，依申请为个人办理退费。

A. 重复缴费

B. 参加职工医保

C. 参加商业医疗保险

D. 参加其他统筹地区居民医保

【参考答案】ABD

【解析】参保人在居民医保缴费后，在相应待遇享受期未开始前因重复缴费、参加职工医保或其他统筹地区居民医保，可在终止相关居民医保参保关系的同时，依申请为个人办理退费。

9.《中共中央 国务院关于深化医疗保障制度改革的意见》提出要加快建成（　　）的多层次医疗保障体系。

A. 覆盖全民、城乡统筹　　B. 权责清晰、保障适度

C. 可持续　　D. 规范有效、安全便民

【参考答案】ABC

【解析】《中共中央 国务院关于深化医疗保障制度改革的意见》提出要加快建成覆盖全民、城乡统筹、权责清晰、保障适度、可持续的多层次医疗保障体系。

10. 下列说法正确的有（　　）。

A. 生育保险基金并入职工基本医疗保险基金，统一征缴，统筹层次一致

B. 按照用人单位参加生育保险和职工基本医疗保险的缴费比例之和确定新的用人单位职工基本医疗保险费率

C. 按照职工参加生育保险和职工基本医疗保险的缴费比例之和确定新的职工基本医疗保险费率

D. 职工基本医疗保险基金严格执行社会保险基金财务制度，不再单列生育保险基金收入

【参考答案】ABD

【解析】《国务院办公厅关于全面推进生育保险和职工基本医疗保险合并实施的意见》（国办发〔2019〕10 号）规定，按照用人单位参加生育保险和职工基本医疗保险的缴费比例之和确定新的用人单位职工基本医疗保险费率，个人不缴纳生育保险费。

11. 做好医疗救助对困难群众参加居民医保个人缴费分类资助工作，定额资助（　　）。

A. 低保对象　　B. 返贫致贫人口

C. 特困人员　　D. 老年人

【参考答案】AB

【解析】《国家医保局 财政部 国家税务总局关于做好 2022 年城乡居民基本医疗保障工作的通知》（医保发〔2022〕20 号）规定，做好医疗救助对困

难群众参加居民医保个人缴费分类资助工作，全额资助特困人员，定额资助低保对象、返贫致贫人口。

12. 按保险待遇的层次划分，可将医疗保险分为（　　）。

A. 社会医疗保险　　B. 基本医疗保险

C. 商业健康保险　　D. 补充医疗保险

【参考答案】BD

【解析】按保险经营的性质划分，可将医疗保险分为社会医疗保险和商业健康保险；按保险待遇的层次划分，可将医疗保险分为基本医疗保险和补充医疗保险。

13. 下列属于依法应当参加职工基本医疗保险的人员的有（　　）。

A. 领取失业保险金期间的失业人员

B. 无雇工的个体工商户

C. 与境外雇主订立雇佣合同后，被派遣到在中国境内注册的分支机构工作的外国人

D. 军队文职人员

【参考答案】ACD

【解析】无雇工的个体工商户属于可以参加人员。

14. 2020 年，《中共中央 国务院关于深化医疗保障制度改革的意见》明确提出，按照制度政策统一、基金统收统支、管理服务一体的标准，全面做实基本医疗保险市地级统筹。鼓励有条件的省（自治区、直辖市）按照（　　）的思路，推进省级统筹。

A. 分级管理　　B. 责任共担

C. 统筹调剂　　D. 预算考核

【参考答案】ABCD

【解析】2020 年，《中共中央 国务院关于深化医疗保障制度改革的意见》明确提出，按照制度政策统一、基金统收统支、管理服务一体的标准，全面做实基本医疗保险市地级统筹。鼓励有条件的省（自治区、直辖市）按照分级管理、责任共担、统筹调剂、预算考核的思路，推进省级统筹。

15. 我国城乡居民基本医疗保险的特点包括（　　）。

A. 多重保障相结合　　B. 实施定额缴费

C. 覆盖人群数量大　　D. 政府补贴参保

【参考答案】ABCD

【解析】我国城乡居民基本医疗保险的特点包括覆盖人群数量大、实行定额缴费、政府补贴参保、多重保障相结合。

16. 城乡居民基本医疗保险覆盖的范围包括（　　）。

A. 新生儿　　B. 学龄前儿童

C. 在校硕士研究生　　D. 企业人员

【参考答案】ABC

【解析】企业人员应参加职工基本医疗保险。

17. 个人账户不得用于不属于基本医疗保险保障范围的支出，主要包括（　　）。

A. 公共卫生费用　　B. 体育健身消费

C. 医保目录内药品　　D. 养生保健消费

【参考答案】ABD

【解析】个人账户不得用于公共卫生费用、体育健身或养生保健消费等不属于基本医疗保险保障范围的支出。

18. 下列关于生育保险，说法正确的包括（　　）。

A. 生育保险基金并入职工基本医疗保险基金，不再单列生育保险基金收入

B. 在职工基本医疗保险统筹基金待遇支出中设置生育待遇支出项目

C. 非婚生育享受生育保险待遇

D. 生育保险待遇所需资金从职工基本医疗保险基金中支付

【参考答案】ABD

【解析】非婚生育不享受生育保险待遇。

19. 生育保险待遇包括（　　）。

A. 生育医疗费用　　B. 生育津贴

C. 生育陪护津贴　　D. 生育营养补助

【参考答案】AB

【解析】《社会保险法》第五十四条规定，生育保险待遇包括生育医疗费用和生育津贴。

20. 关于基本医疗保险转移接续后的补缴和待遇享受，说法正确的有（　　）。

A. 办理转移接续的职工医保参保人员，在转移接续前中断缴费 3 个月

（含）以内的，可按转入地规定办理职工基本医疗保险费补缴手续，补缴后不设待遇享受等待期，缴费当月即可在转入地按规定享受待遇，中断期间的待遇可按规定追溯享受

B. 办理转移接续的职工医保参保人员，在转移接续前中断缴费 3 个月（含）以内的，可按转入地规定办理职工基本医疗保险费补缴手续，补缴后不设待遇享受等待期，缴费次月即可在转入地按规定享受待遇，中断期间的待遇不得追溯享受

C. 参加职工基本医疗保险的个人，基本医疗保险关系转移接续时，基本医疗保险缴费年限累计计算

D. 参加职工基本医疗保险的个人，基本医疗保险关系转移接续时，基本医疗保险缴费年限分段计算

【参考答案】AC

【解析】《基本医疗保险关系转移接续暂行办法》规定，办理转移接续的职工医保参保人员，在转移接续前中断缴费 3 个月（含）以内的，可按转入地规定办理职工基本医疗保险费补缴手续，补缴后不设待遇享受等待期，缴费当月即可在转入地按规定享受待遇，中断期间的待遇可按规定追溯享受。中断缴费 3 个月以上的，基本医疗保险待遇按各统筹地区规定执行，原则上待遇享受等待期不超过 6 个月。参加职工基本医疗保险的个人，基本医疗保险关系转移接续时，基本医疗保险缴费年限累计计算。

21. 人口发展是关系中华民族发展的大事情。关于完善和落实积极生育支持措施，下列说法正确的有（　　）。

A. 有条件的地方可探索参加职工基本医疗保险的灵活就业人员同步参加生育保险

B. 未就业妇女通过参加城乡居民基本医疗保险享受生育医疗待遇

C. 为领取失业保险金人员缴纳职工基本医疗保险费（含生育保险费），保障其生育权益，所需资金从失业保险基金列支

D. 国家统一规范并制定完善生育保险生育津贴支付政策，强化生育保险对参保女职工生育医疗费用、生育津贴待遇等保障作用，保障生育保险基金安全

【参考答案】ABCD

【解析】《关于进一步完善和落实积极生育支持措施的指导意见》（国卫

人口发〔2022〕26号）规定，完善生育保险等相关社会保险制度。国家统一规范并制定完善生育保险生育津贴支付政策，强化生育保险对参保女职工生育医疗费用、生育津贴待遇等保障作用，保障生育保险基金安全。有条件的地方可探索参加职工基本医疗保险的灵活就业人员同步参加生育保险。未就业妇女通过参加城乡居民基本医疗保险享受生育医疗待遇。为领取失业保险金人员缴纳职工基本医疗保险费（含生育保险费），保障其生育权益，所需资金从失业保险基金列支。指导地方综合考虑医保（含生育保险）基金可承受能力、相关技术规范性等因素，逐步将适宜的分娩镇痛和辅助生殖技术项目按程序纳入基金支付范围。

22. 下列医疗费用不纳入基本医疗保险基金支付范围的有（　　）。

A. 应当从工伤保险基金中支付的　　B. 应当由第三人负担的

C. 应当由公共卫生负担的　　D. 在境外就医的

【参考答案】ABCD

【解析】《社会保险法》第三十条规定，下列医疗费用不纳入基本医疗保险基金支付范围：应当从工伤保险基金中支付的；应当由第三人负担的；应当由公共卫生负担的；在境外就医的。

23.（　　）等跨地区、生产流动性较大的企业及其职工，可以相对集中的方式异地参加统筹地区的基本医疗保险。

A. 铁路　　B. 电力

C. 商贸　　D. 远洋运输

【参考答案】ABD

【解析】《国务院关于建立城镇职工基本医疗保险制度的决定》（国发〔1998〕44号）规定，铁路、电力、远洋运输等跨地区、生产流动性较大的企业及其职工，可以相对集中的方式异地参加统筹地区的基本医疗保险。

24. 关于军人退役医疗保险，下列说法正确的有（　　）。

A. 参加军人退役医疗保险的军官、文职干部应当缴纳军人退役医疗保险费，国家按照个人缴纳的军人退役医疗保险费的同等数额给予补助

B. 义务兵和供给制学员应当缴纳军人退役医疗保险费，国家按照规定的标准给予军人退役医疗保险补助

C. 军人服现役年限视同职工基本医疗保险缴费年限，与入伍前和退出现役后参加职工基本医疗保险的缴费年限合并计算

D. 参加军人退役医疗保险的士官应当缴纳军人退役医疗保险费，国家按照个人缴纳的军人退役医疗保险费的同等数额给予补助

【参考答案】ACD

【解析】《中华人民共和国军人保险法》第二十条规定，义务兵和供给制学员不缴纳军人退役医疗保险费，国家按照规定的标准给予军人退役医疗保险补助。

25. 医疗保险的特点包括（　　）。

A. 待遇支付形式为实物补偿　　B. 待遇补偿方式为非定额补偿

C. 强制性　　D. 各方关系较为复杂

【参考答案】ABCD

【解析】医疗保险的特点是待遇支付形式为实物补偿；待遇补偿方式为非定额补偿；强制性；各方关系较为复杂。

三、判断题

1. 大中专学生必须在学籍地参加居民医保。（　　）

【参考答案】×

【解析】大中专学生原则上应在学籍地参加居民医保。若大中专学生为建档立卡贫困人口，可以选择在建档立卡贫困人口身份认定地参保。

2. 贫困人口在职工医保和居民医保之间切换参保、转移接续参保关系时，不设等待期，不受居民医保规定缴费时间限制，在参保缴费后，即可享受相应待遇。（　　）

【参考答案】√

【解析】略。

3. 参保人进行城乡居民医保缴费，在待遇享受期开始后，对暂停的城乡居民医保参保关系，原则上个人缴费不再退回。（　　）

【参考答案】√

【解析】参保人进行城乡居民医保缴费，在待遇享受期开始后，对暂停的居民医保参保关系，原则上个人缴费不再退回。

4. 长期护理保险基金管理参照现行社会保险基金有关制度执行。基金与基本医疗保险合并建账，合并核算。（　　）

【参考答案】×

【解析】长期护理保险基金管理参照现行社会保险基金有关制度执行。基金单独建账，单独核算。

5. 参加职工基本医疗保险的在职职工同步参加生育保险。（　　）

【参考答案】√

【解析】《国务院办公厅关于全面推进生育保险和职工基本医疗保险合并实施的意见》（国办发〔2019〕10 号）规定，参加职工基本医疗保险的在职职工同步参加生育保险。

6. 城乡居民基本医疗保险一般采取定额缴纳方式，按月缴费，每年调整一次缴费标准。（　　）

【参考答案】×

【解析】城乡居民基本医疗保险实行定额缴费，普遍采取按年缴费的方式，每年确定一次缴费标准。

7. 城镇所有用人单位及其职工都要参加基本医疗保险，实行属地管理。（　　）

【参考答案】√

【解析】《国务院关于建立城镇职工基本医疗保险制度的决定》（国发〔1998〕44 号）规定，城镇所有用人单位及其职工都要参加基本医疗保险，实行属地管理。

8. 用人单位已经缴纳生育保险费的，其职工享受生育保险待遇；其职工未就业配偶不能享受生育医疗费用待遇。（　　）

【参考答案】×

【解析】《社会保险法》第五十四条规定，用人单位已经缴纳生育保险费的，职工未就业配偶按照国家规定享受生育医疗费用待遇。

9. 职工基本医疗保险个人账户的本金和利息归个人所有，可以结转，不可以继承。（　　）

【参考答案】×

【解析】职工基本医疗保险个人账户的本金和利息归个人所有，可以结转和继承。

10. 城乡居民基本医疗保险基金使用遵循以支定收、收支平衡、略有结余的原则。（　　）

【参考答案】×

【解析】《国务院关于整合城乡居民基本医疗保险制度的意见》（国发〔2016〕3 号）规定，基金使用遵循以收定支、收支平衡、略有结余的原则，确保应支付费用及时足额拨付，合理控制基金当年结余率和累计结余率。

11. 参加职工基本医疗保险的个人，达到法定退休年龄时缴费年限未达到国家规定年限的，可以缴费至国家规定年限。（　　）

【参考答案】√

【解析】《社会保险法》第二十七条规定，参加职工基本医疗保险的个人，达到法定退休年龄时累计缴费达到国家规定年限的，退休后不再缴纳基本医疗保险费，按照国家规定享受基本医疗保险待遇；未达到国家规定年限的，可以缴费至国家规定年限。

12. 优化参保缴费服务，坚持智能化线上缴费渠道与传统线下缴费方式创新并行，持续提升缴费便利化水平。（　　）

【参考答案】√

【解析】《国家医保局 财政部 国家税务总局关于做好 2022 年城乡居民基本医疗保障工作的通知》（医保发〔2022〕20 号）规定，优化参保缴费服务，坚持智能化线上缴费渠道与传统线下缴费方式创新并行，持续提升缴费便利化水平。

13. 参加城乡居民基本医疗保险的港澳台居民按照与所在统筹地区城乡居民同等标准缴费，并享受同等的基本医疗保险待遇。（　　）

【参考答案】√

【解析】《香港澳门台湾居民在内地（大陆）参加社会保险暂行办法》规定，参加城乡居民基本医疗保险的港澳台居民按照与所在统筹地区城乡居民同等标准缴费，并享受同等的基本医疗保险待遇。

14. 基本医疗保险统筹基金和个人账户的资金根据收支情况，可以随意调剂使用。（　　）

【参考答案】×

【解析】《国务院关于建立城镇职工基本医疗保险制度的决定》（国发〔1998〕44 号）规定，统筹基金和个人账户要划定各自的支付范围，分别核算，不得互相挤占。

15. 企业没有女职工，可以不缴纳生育保险费。（　　）

【参考答案】×

【解析】企业没有女职工，也应当缴纳生育保险费。

16. 深化医疗保障制度改革，按照制度政策统一、基金统收统支、管理服务一体的标准，全面做实基本医疗保险市地级统筹。（　　）

【参考答案】√

【解析】《关于深化医疗保障制度改革的意见》规定，按照制度政策统一、基金统收统支、管理服务一体的标准，全面做实基本医疗保险市地级统筹。

17. 退休人员参加基本医疗保险，个人不缴纳基本医疗保险费。（　　）

【参考答案】√

【解析】《国务院关于建立城镇职工基本医疗保险制度的决定》（国发〔1998〕44 号）规定，退休人员参加基本医疗保险，个人不缴纳基本医疗保险费。对退休人员个人帐户的计入金额和个人负担医疗费的比例给予适当照顾。

18. 从城乡居民基本医保基金中划出一定比例或额度作为大病保险资金。（　　）

【参考答案】√

【解析】《国务院办公厅关于全面实施城乡居民大病保险的意见》（国办发〔2015〕57 号）规定，从城乡居民基本医保基金中划出一定比例或额度作为大病保险资金。

19. 长期护理保险试点阶段，个人缴费基数为本人工资收入，可由其职工基本医疗保险个人账户代扣代缴。（　　）

【参考答案】√

【解析】《国家医保局 财政部关于扩大长期护理保险制度试点的指导意见》（医保发〔2020〕37 号）规定，筹资以单位和个人缴费为主，单位和个人缴费原则上按同比例分担，其中单位缴费基数为职工工资总额，起步阶段可从其缴纳的职工基本医疗保险费中划出，不增加单位负担；个人缴费基数为本人工资收入，可由其职工基本医疗保险个人账户代扣代缴。

20. 女职工产假期间的生育津贴，对已经参加生育保险的，按照女职工产假前工资的标准由生育保险基金支付。（　　）

【参考答案】×

【解析】《女职工劳动保护特别规定》第八条规定，女职工产假期间的生育津贴，对已经参加生育保险的，按照用人单位上年度职工月平均工资的标准由生育保险基金支付；对未参加生育保险的，按照女职工产假前工资的标准由用人单位支付。

21. 职工医保叠加职工大额医疗费用补助的最高支付限额原则上达到当地职工年平均工资的 4 倍左右。 (　　)

【参考答案】×

【解析】《国家医疗保障待遇清单（2020 年版）》规定，职工医保叠加职工大额医疗费用补助的最高支付限额原则上达到当地职工年平均工资的 6 倍左右。

22. 职工基本医疗保险个人缴费基数没有上下限规定。 (　　)

【参考答案】×

【解析】职工基本医疗保险个人缴费基数有上下限规定，但各统筹地区规定不一致。

23. 新进本单位的人员以职工本人上月的工资收入作为缴费基数。 (　　)

【参考答案】×

【解析】新进本单位的人员以职工本人起薪当月的足月工资收入作为缴费基数。

24. 用人单位作为缴费基数的工资总额是指扣除各项社会保险费和个人所得税的工资总额。 (　　)

【参考答案】×

【解析】用人单位作为缴费基数的工资总额是指没有扣除各项社会保险费和个人所得税的工资总额。

25. 党的二十大报告提出，促进多层次医疗保障有序衔接，完善大病保险和医疗救助制度，落实异地就医结算，建立长期护理保险制度，积极发展商业医疗保险。 (　　)

【参考答案】√

【解析】党的二十大报告提出，促进多层次医疗保障有序衔接，完善大病保险和医疗救助制度，落实异地就医结算，建立长期护理保险制度，积极发展商业医疗保险。

四、简答题

1. 党的二十大报告提出，促进多层次医疗保障有序衔接。请简答我国多层次医疗保障制度体系的主要内容。

【参考答案和解析】

我国已初步建立以基本医疗保险为主体，医疗救助为托底，补充医疗保险、商业健康保险、慈善捐赠、医疗互助共同发展的医疗保障制度体系。到2030年，全面建成以基本医疗保险为主体，医疗救助为托底，补充医疗保险、商业健康保险、慈善捐赠、医疗互助共同发展的医疗保障制度体系，待遇保障公平适度，基金运行稳健持续，管理服务优化便捷，医保治理现代化水平显著提升，实现更好保障病有所医的目标。

2. 请简答职工基本医疗保险和城乡居民基本医疗保险的异同。

【参考答案和解析】

基本医疗保险包含职工基本医疗保险和城乡居民基本医疗保险。

职工医保覆盖所有用人单位职工，无雇工的个体工商户、未在用人单位参加职工医保的非全日制从业人员以及其他灵活就业人员可以参加职工医保。居民医保覆盖除职工医保应参保人员或按规定享有其他保障的人员以外的全体城乡居民。

筹资渠道：职工由用人单位和职工按照国家规定共同缴纳基本医疗保险费。无雇工的个体工商户、未在用人单位参加职工医保的非全日制从业人员以及其他灵活就业人员由个人按照国家规定缴纳基本医疗保险费。居民医保以个人缴费和政府补助相结合。

基数比例：职工医保用人单位缴费基数为职工工资总额，单位缴费率为职工工资总额的6%左右；个人缴费基数为本人工资收入，缴费率为本人工资收入的2%；居民医保筹资标准由国家制定最低标准，各省按照不低于国家标准的要求确定本省标准。

3. 请简答最新的医保个人账户计入办法。

【参考答案和解析】

2021年4月，《国务院办公厅关于建立健全职工基本医疗保险门诊共济保障机制的指导意见》（国办发〔2021〕14号）（以下简称《指导意见》）提出科学合理确定个人账户计入办法和计入水平，在职职工个人账户由个人缴纳的基本医疗保险费计入，计入标准原则上控制在本人参保缴费基数的2%，单位缴纳的基本医疗保险费全部计入统筹基金；退休人员个人账户原则上由统筹基金按定额划入，划入额度逐步调整到统筹地区根据上述《指导意见》实施改革当年基本养老金平均水平的2%左右。个人账户的具体划入比例或标准，由省级医保部门会同财政部门按照以上原则，指导统筹地区结合本地实际研究确定。调整统筹基金和个人账户结构后，增加的统筹基金主要用于门诊共济保障，提高参保人员门诊待遇。

第四章　失业保险专题

第一部分　知识架构

一、失业保险概述

1. 定义

失业保险是对劳动年龄内，有就业能力并有就业愿望的人由于非本人原因而失去工作，无法获得维持生活所需的工资收入，在一定期间内由国家和社会为其提供基本生活保障的社会保险制度。

2. 特点

风险差异性；功能多重性；待遇短期性；运行周期性。

3. 覆盖范围

国有企业、城镇集体企业、外商投资企业、城镇私营企业和其他城镇企业及其职工，事业单位及其职工；社会团体及其专职人员、民办非企业单位及其职工以及有雇工的城镇个体工商户及其雇工纳入失业保险的范围。

4. 缴费义务人

《社会保险法》第四十四条规定："职工应当参加失业保险，由用人单位和职工按照国家规定共同缴纳失业保险费。"

5. 缴费基数

用人单位的缴费基数为本单位工资总额，个人缴费基数为本人工资额。

失业保险没有明确的个人缴费基数上下限规定。实践中，目前大部分省市失业保险和养老保险执行相同的单位缴费基数，具体口径需要结合实际确定。

特殊规定：部分地区规定无雇工的个体工商户和灵活就业人员可以参加失业保险；城镇企事业单位招用的农民合同制工人本人不缴纳失业保险费。

随着失业保险省级统筹的推进，特殊政策在一省范围内逐步统一规范。

6. 缴费比例

按照《失业保险条例》规定，失业保险单位缴费比例为2%，个人缴费比例为1%。2015年以来，国家先后多次阶段性降低失业保险费率。

自2015年3月1日起，按照《人力资源社会保障部 财政部关于调整失业保险费率的通知》（人社部发〔2015〕24号）规定，失业保险费率暂由现行条例规定的3%降至2%，单位和个人缴费的具体比例由各省、自治区、直辖市人民政府确定。在省、自治区、直辖市行政区域内，单位及职工的费率应当统一。

自2016年5月1日起，按照《人力资源社会保障部 财政部关于阶段性降低失业保险费率的通知》（人社部发〔2016〕36号）规定，失业保险总费率在2015年已降低1%基础上可以阶段性降至1%—1.5%，其中个人费率不超过0.5%，降低费率的期限暂按两年执行。具体方案由各省（区、市）确定。

自2017年1月1日起，按照《人力资源社会保障部 财政部关于阶段性降低失业保险费率有关问题的通知》（人社部发〔2017〕14号）规定，失业保险总费率为1.5%的省（区、市），可以将总费率降至1%，降低费率的期限执行至2018年4月30日。在省（区、市）行政区域内，单位及个人的费率应当统一，个人费率不得超过单位费率。

自2018年5月1日起，按照《人力资源社会保障部 财政部关于阶段性降低失业保险费率的通知》（人社部发〔2018〕25号）规定，实施失业保险总费率1%的省（区、市），延长阶段性降低费率的期限至2019年4月30日。

自2019年5月1日起，按照国务院办公厅关于印发《降低社会保险费率综合案》的通知（国办发〔2019〕13号）规定，实施失业保险总费率1%的省，延长阶段性降低失业保险费率的期限至2020年4月30日。

自2020年5月1日起，按照《国务院关于进一步做好稳就业工作的意见》（国发〔2019〕28号）规定，阶段性降低失业保险费率，实施期限延长至 2021 年 4 月 30 日。

自 2021 年 5 月 1 日起，按照《人力资源社会保障部办公厅 财政部办公厅 国家税务总局办公厅关于 2021 年社会保险缴费有关问题的通知》（人社厅发〔2021〕2 号）规定，阶段性降低失业保险费率政策延续实施 1 年至 2022 年 4 月 30 日。

自 2022 年 5 月 1 日起，按照《人力资源社会保障部 财政部 国家税务总局关于做好失业保险稳岗位提技能防失业工作的通知》（人社部发〔2022〕23 号）规定，延续实施阶段性降低失业保险费率政策 1 年，执行期限至 2023 年 4 月 30 日。

自 2023 年 5 月 1 日起，按照《人力资源社会保障部 财政部 国家税务总局关于阶段性降低失业保险、工伤保险费率有关问题的通知》（人社部发〔2023〕19 号）规定，继续实施阶段性降低失业保险费率至 1% 的政策，实施期限延长至 2024 年底。

7. 应缴费额

计算公式为：失业保险费应缴费额 = 失业保险费缴费基数 × 费率

8. 待遇享受

（1）待遇构成。

失业保险金；失业人员领取失业保险金期间参加职工基本医疗保险的费用；领取失业保险金期间死亡的失业人员的丧葬补助金和其供养的配偶、直系亲属的抚恤金；领取失业保险金期间接受职业培训、职业介绍的补贴；国务院规定或者批准的与失业保险有关的其他费用。

（2）待遇标准。

失业保险金的标准，按照低于当地最低工资标准、高于城市居民最低生活保障标准的水平，由省、自治区、直辖市人民政府确定。按照《人力资源社会保障部 财政部 国家税务总局关于做好失业保险稳岗位提技能防失业工作的通知》（人社部发〔2022〕23 号）规定，各省（自治区、直辖市）要根据本地实际，逐步将失业保险金标准提高至最低工资标准的 90%。

失业人员在领取失业保险金期间，参加职工基本医疗保险，享受基本医疗保险待遇。失业人员应当缴纳的职工基本医疗保险费从失业保险基金中支付，个人不缴纳职工基本医疗保险费。

失业人员在领取失业保险金期间死亡的，参照当地对在职职工的规定，向其遗属发给一次性丧葬补助金和抚恤金，所需资金从失业保险基金中支付。

对开展失业人员职业培训、介绍的机构或接受职业培训、介绍的失业人员本人给予补贴，帮助其再就业，补贴的办法和标准由省、自治区、直辖市人民政府规定。

失业保险保障扩围政策：对领取失业保险金期满仍未就业的失业人员、不符合领取失业保险金条件的参保失业人员，发放失业补助金；对参保不满1年的失业农民工，发放临时生活补助。保障范围为2022年1月1日至12月31日新发生的参保失业人员。上述政策执行期限至2022年12月31日。

（3）领取失业保险金条件。

按照规定参加失业保险，所在单位和本人已经按照规定履行缴费义务满1年；非因本人意愿中断就业（依照《劳动合同法》规定终止或解除劳动合同的情形）；已进行失业登记，并有求职要求。

失业登记是失业人员进入申领失业保险待遇程序的重要标志。

（4）失业保险金领取期限。

失业人员失业前所在单位和本人按照规定累计缴费时间满1年不足5年的，领取失业保险金的期限最长为12个月；累计缴费时间满5年不足10年的，领取失业保险金的期限最长为18个月；累计缴费时间10年以上的，领取失业保险金的期限最长为24个月。重新就业后，再次失业的，缴费时间重新计算，领取失业保险金的期限可以与前次失业应领取而尚未领取的失业保险金的期限合并计算，但是最长不得超过24个月。

（5）待遇停止。

失业人员在领取失业保险金期间，有重新就业；应征服兵役；移居境外；享受基本养老保险待遇；无正当理由，拒不接受当地人民政府指定的部门或者机构介绍的适当工作或者提供的培训等情形之一的，停止领取失业保险金，并同时停止享受其他失业保险待遇。

9. 扩大保障范围

《人力资源社会保障部 财政部关于扩大失业保险保障范围的通知》（人社部发〔2020〕40号）扩大失业保险保障范围。

（1）及时发放失业保险金。

对参保缴费满1年、非因本人意愿中断就业、已办理失业登记并有求职要求的失业人员，应及时足额发放失业保险金，代缴基本医疗保险费，按规定发放价格临时补贴、丧葬补助金和抚恤金。自2019年12月起，延长大龄失业人员领取失业保险金期限，对领取失业保险金期满仍未就业且距法定退休年龄不足1年的失业人员，可继续发放失业保险金至法定退休年龄。

（2）阶段性实施失业补助金政策。

2020年3月至12月，领取失业保险金期满仍未就业的失业人员、不符合领取失业保险金条件的参保失业人员，可以申领6个月的失业补助金，标准不超过当地失业保险金的80%。领取失业补助金期间不享受失业保险金、代缴基本医疗保险费、丧葬补助金和抚恤金。失业人员领取失业补助金期满、被用人单位招用并参保、死亡、应征服兵役、移居境外、享受城镇职工基本养老保险或城乡居民养老保险待遇、被判刑收监执行的，停发失业补助金。领取失业补助金期限不核减参保缴费年限。失业补助金按月发放，从失业保险基金“其他支出”科目列支。

（3）阶段性扩大失业农民工保障范围。

对《失业保险条例》规定的参保单位招用、个人不缴费且连续工作满1年的失业农民工，及时发放一次性生活补助。2020年5月至12月，对2019年1月1日之后参保不满1年的失业农民工，参照参保地城市低保标准，按月发放不超过3个月的临时生活补助。与城镇职工同等参保缴费的失业农民工，按参保地规定发放失业保险金或失业补助金。

（4）阶段性提高价格临时补贴标准。

2020年3月至6月，对领取失业保险金和失业补助金人员发放的价格临时补贴，补贴标准在现行标准基础上提高1倍。

10. 援企稳岗

2014年11月，《人力资源社会保障部 财政部 国家发展和改革委员会 工业和信息化部关于失业保险支持企业稳定岗位有关问题的通知》（人社部发〔2014〕76号）规定，对采取有效措施不裁员、少裁员，稳定就业岗位的企业，可按不超过该企业及其职工上年度实际缴纳失业保险费总额的50%给予稳定岗位补贴（简称“稳岗补贴”），所需资金从失业保险基金中列支。稳岗补贴主要用于职工生活补助、缴纳社会保险费、转岗培训、技能提升培训等相关支出。稳岗补贴的具体比例由省级人力资源社会保障和财政部门确定。

2021 年 5 月，《人力资源社会保障部 国家发展改革委 教育部 财政部 中央军委国防动员部关于延续实施部分减负稳岗扩就业政策措施的通知》（人社部发〔2021〕29 号）规定，参保企业上年度未裁员或裁员率不高于上年度全国城镇调查失业率控制目标，30 人（含）以下的参保企业裁员率不高于参保职工总数 20% 的，可以申请失业保险稳岗返还。大型企业按不超过企业及其职工上年度实际缴纳失业保险费的 30% 返还，中小微企业按不超过 60% 返还。社会团体、基金会、社会服务机构、律师事务所、会计师事务所、以单位形式参保的个体经济组织参照实施。实施上述稳岗返还政策的统筹地区，上年度失业保险基金滚存结余备付期限应在 1 年以上。

2022 年 4 月，《人力资源社会保障部 财政部 国家税务总局关于做好失业保险稳岗位提技能防失业工作的通知》（人社部发〔2022〕23 号）规定，参保企业上年度未裁员或裁员率不高于上年度全国城镇调查失业率控制目标，30 人（含）以下的参保企业裁员率不高于参保职工总数 20% 的，可以申请失业保险稳岗返还。大型企业仍按不超过企业及其职工上年度实际缴纳失业保险费的 30% 返还，中小微企业返还比例从 60% 最高提至 90%。社会团体、基金会、社会服务机构、律师事务所、会计师事务所、以单位形式参保的个体工商户参照实施。实施上述稳岗返还政策的统筹地区，上年度失业保险基金滚存结余备付期限应在 1 年以上。上述政策执行期限至 2022 年 12 月 31 日。各地要大力推广通过后台数据比对精准发放的“免申即享”经办新模式，进一步畅通资金返还渠道，对没有对公账户的小微企业，可将资金直接返还至当地税务部门提供的其缴纳社会保险费的账户。

2022 年 5 月，《人力资源社会保障部 国家发展改革委 财政部 税务总局关于扩大阶段性缓缴社会保险费政策实施范围等问题的通知》（人社部发〔2022〕31 号）规定，加大稳岗返还支持力度，将大型企业稳岗返还比例由 30% 提至 50%。

2022 年年末城镇调查失业率 5.5%。

11. 省级统筹

各省（自治区、直辖市）要在 2023 年年底前全面实现省级统筹。

第二部分　自测练习题

一、单选题

1. 失业保险费的征缴范围不包括（　　）。

A. 机关单位　　B. 事业单位

C. 集体企业　　D. 国有企业

【参考答案】A

【解析】《社会保险费征缴暂行条例》第三条规定，国有企业、城镇集体企业、外商投资企业、城镇私营企业和其他城镇企业及其职工，事业单位及其职工；社会团体及其专职人员、民办非企业单位及其职工以及有雇工的城镇个体工商户及其雇工纳入失业保险的范围。

2. 缴纳失业保险费的义务人是（　　）。

A. 用人单位　　B. 职工

C. 用人单位及其职工　　D. 失业职工

【参考答案】C

【解析】《社会保险法》第四十四条规定，职工应当参加失业保险，由用人单位和职工按照国家规定共同缴纳失业保险费。

3.《失业保险条例》规定的失业保险单位缴费比例为（　　），个人缴费比例为（　　）。

A. 3%；2%　　B. 2%；1%

C. 1.5%；0.5%　　D. 1%；0.5%

【参考答案】B

【解析】《失业保险条例》第六条规定，城镇企业事业单位按照本单位工资总额的2%缴纳失业保险费。城镇企业事业单位职工按照本人工资的1%缴纳失业保险费。

4.《失业保险条例》规定的城镇企业事业单位招用的农民合同制工人按（　　）原则缴纳失业保险费。

A. 用人单位和农民合同制工人共同缴纳

B. 用人单位缴纳，农民合同制工人本人不缴纳

C. 用人单位不缴纳，农民合同制工人本人缴纳

D. 以上都不对，农民合同制工人不参加失业保险

【参考答案】B

【解析】《失业保险条例》第六条规定，城镇企业事业单位招用的农民合同制工人本人不缴纳失业保险费。

5. 关于失业保险金标准，说法正确的是（　　）。

A. 不得低于社会平均工资的60%

B. 不得低于最低工资标准

C. 不得低于城市居民最低生活保障标准

D. 不得低于社会平均工资

【参考答案】C

【解析】《社会保险法》第四十七条规定，失业保险金的标准，由省、自治区、直辖市人民政府确定，不得低于城市居民最低生活保障标准。

6. 全国各省要力争在（　　）前全面实现失业保险基金省级统筹。

A. 2022 年年底　　B. 2023 年 6 月底

C. 2023 年年底　　D. 2014 年 6 月底

【参考答案】C

【解析】《人力资源社会保障部 财政部 国家税务总局 关于失业保险基金省级统筹的指导意见》规定，人力资源社会保障部门要会同财政、税务部门抓紧制订符合本地实际的省级统筹工作方案，明确目标任务、责任主体和进度安排，建立完善有效的工作运行机制，报省级人民政府，力争在2023 年年底前全面实现省级统筹。

7. 省、自治区、直辖市人民政府根据本行政区域失业人员数量和失业保险基金数额，报经（　　）批准，可以适当调整本行政区域失业保险费的费率。

A. 国务院

B. 社会保险行政部门

C. 本省、自治区、直辖市人民代表大会

D. 全国人民代表大会

【参考答案】A

【解析】《失业保险条例》第九条规定，省、自治区、直辖市人民政府根据本行政区域失业人员数量和失业保险基金数额，报经国务院批准，可以适

当调整本行政区域失业保险费的费率。

8. 失业保险费单位缴费基数是（　　）。

A. 全口径社会平均工资　　B. 本单位工资总额

C. 职工工资　　D. 在岗职工社会平均工资

【参考答案】B

【解析】《失业保险条例》第六条规定，城镇企业事业单位按照本单位工资总额的2%缴纳失业保险费。

9. 自（　　）起，失业保险费率暂由《失业保险条例》规定的3%降至2%。

A. 2015年1月1日　　B. 2015年3月1日

C. 2017年1月1日　　D. 2019年5月1日

【参考答案】B

【解析】《人力资源社会保障部 财政部关于调整失业保险费率的通知》（人社部发〔2015〕24号）规定，自2015年3月1日起，失业保险费率暂由现行条例规定的3%降至2%，单位和个人缴费的具体比例由各省、自治区、直辖市人民政府确定。

10. 自（　　）起，失业保险总费率为1.5%的省（区、市），可以将总费率降至1%。

A. 2015年3月1日　　B. 2017年1月1日

C. 2017年5月1日　　D. 2019年5月1日

【参考答案】B

【解析】《人力资源社会保障部 财政部关于阶段性降低失业保险费率有关问题的通知》（人社部发〔2017〕14号）规定，自2017年1月1日起，失业保险总费率为1.5%的省（区、市），可以将总费率降至1%，降低费率的期限执行至2018年4月30日。在省（区、市）行政区域内，单位及个人的费率应当统一，个人费率不得超过单位费率。

11. 失业人员在领取失业保险金期间，参加（　　），享受相应保险待遇。

A. 参加城乡居民基本医疗保险　　B. 参加职工基本医疗保险

C. 参加职工基本养老保险　　D. 参加商业医疗保险

【参考答案】B

【解析】《社会保险法》第四十八条规定，失业人员在领取失业保险金期间，参加职工基本医疗保险，享受基本医疗保险待遇。

12. 参保企业上年度未裁员或裁员率不高于上年度（　　）控制目标，30人（含）以下的参保企业裁员率不高于参保职工总数20%的，可以申请失业保险稳岗返还。

A. 全国城镇调查失业率
B. 全国城镇调查失业率平均值
C. 全国城镇劳动力调查失业率
D. 全国城镇登记失业率

【参考答案】A

【解析】2022年4月，《人力资源社会保障部 财政部 国家税务总局关于做好失业保险稳岗位提技能防失业工作的通知》（人社部发〔2022〕23号）规定，参保企业上年度未裁员或裁员率不高于上年度全国城镇调查失业率控制目标，30人（含）以下的参保企业裁员率不高于参保职工总数20%的，可以申请失业保险稳岗返还。

13. 2022年年末城镇调查失业率为（　　）。

A. 5.0%
B. 5.2%
C. 5.5%
D. 5.6%

【参考答案】C

【解析】《中华人民共和国2022年国民经济和社会发展统计公报》显示，2022年年末城镇调查失业率5.5%。全年全国城镇调查失业率平均值为5.6%。

14. 失业人员应当缴纳的基本医疗保险费从（　　）中支付。

A. 基本医疗保险基金
B. 失业保险基金
C. 社会保障基金
D. 社会保险基金

【参考答案】B

【解析】《社会保险法》第四十八条规定，失业人员应当缴纳的基本医疗保险费从失业保险基金中支付。

15. 不属于失业保险基金支出的是（　　）。

A. 基本医疗保险费支出
B. 失业保险金支出
C. 职业培训补贴支出
D. 劳动能力鉴定支出

【参考答案】D

【解析】失业保险待遇支出包括失业保险金支出、基本医疗保险费支出、丧葬补助金和抚恤金支出、职业培训和职业介绍补贴支出、其他费用支出。

二、多选题

1. 失业保险基金的构成包括（　　）。

A. 城镇企业事业单位、城镇企业事业单位职工缴纳的失业保险费

B. 失业保险基金的利息

C. 财政补贴

D. 依法纳入失业保险基金的其他资金

【参考答案】ABCD

【解析】《失业保险条例》第五条规定，失业保险基金由下列各项构成：城镇企业事业单位、城镇企业事业单位职工缴纳的失业保险费；失业保险基金的利息；财政补贴；依法纳入失业保险基金的其他资金。

2. 做好失业保险基金省级统筹工作需要坚持的原则包括（　　）。

A. 坚持制度统一，分级管理，提升失业保险服务质量

B. 坚持职责明晰，分步实施，确保省级统筹有序推进

C. 坚持统调结合，缺口分担，防范失业保险基金征收风险

D. 坚持系统谋划，平稳衔接，促进失业保险制度持续健康发展

【参考答案】ABD

【解析】《人力资源社会保障部 财政部 国家税务总局关于失业保险基金省级统筹的指导意见》规定，失业保险基金省级统筹工作需要坚持的基本原则是：坚持制度统一，分级管理，提升失业保险服务质量；坚持职责明晰，分步实施，确保省级统筹有序推进；坚持统调结合，缺口分担，防范失业保险基金支付风险；坚持系统谋划，平稳衔接，促进失业保险制度持续健康发展。

3. 省、自治区人民政府决定实行省级统筹的，人力资源社会保障部门要在省（自治区）内统一的事项有（　　）。

A. 统一失业保险参保范围和参保对象

B. 统一失业保险费率政策

C. 统一失业保险缴费基数核定办法

D. 统一失业保险经办流程和信息系统

【参考答案】ABCD

【解析】《人力资源社会保障部 财政部 国家税务总局关于失业保险基金省级统筹的指导意见》规定，省、自治区人民政府决定实行省级统筹的，人

力资源社会保障部门要在省（自治区）内统一失业保险参保范围和参保对象，统一失业保险费率政策，统一失业保险缴费基数核定办法，统一失业保险待遇标准确定办法，统一失业保险经办流程和信息系统。

4. 正在领取失业保险金的失业人员中，不能继续领取失业保险金的情形包括（　　）。

A. 甲应聘到某企业工作

B. 乙参军入伍

C. 丙随父母前往国外定居

D. 丁开始享受基本养老保险待遇

【参考答案】ABCD

【解析】《社会保险法》第五十一条规定，失业人员在领取失业保险金期间有下列情形之一的，停止领取失业保险金，并同时停止享受其他失业保险待遇：(1) 重新就业的；(2) 应征服兵役的；(3) 移居境外的；(4) 享受基本养老保险待遇的；(5) 无正当理由，拒不接受当地人民政府指定部门或者机构介绍的适当工作或者提供的培训的。

5. 关于失业保险金领取期限的说法，正确的包括（　　）。

A. 累计缴费满一年不足五年的，领取失业保险金的期限最长为十二个月

B. 累计缴费满五年不足十年的，领取失业保险金的期限最长为十八个月

C. 累计缴费十年以上的，领取失业保险金的期限最长为二十四个月

D. 重新就业后，再次失业的，缴费时间重新计算，领取失业保险金的期限与前次失业应当领取而尚未领取的失业保险金的期限合并计算，最长不超过三十个月

【参考答案】ABC

【解析】《社会保险法》第四十六条、《失业保险条例》第十七条规定，失业人员失业前用人单位和本人累计缴费满一年不足五年的，领取失业保险金的期限最长为十二个月；累计缴费满五年不足十年的，领取失业保险金的期限最长为十八个月；累计缴费十年以上的，领取失业保险金的期限最长为二十四个月。重新就业后，再次失业的，缴费时间重新计算，领取失业保险金的期限与前次失业应当领取而尚未领取的失业保险金的期限合并计算，最长不超过二十四个月。

6. 对失业人员因当期不符合失业保险金领取条件的，说法正确的包括（　　）。

A. 原有缴费时间予以保留

B. 原有缴费时间不予保留

C. 重新就业并参保的，缴费时间重新计算

D. 重新就业并参保的，缴费时间累计计算

【参考答案】AD

【解析】《实施〈中华人民共和国社会保险法〉若干规定》第十四条规定，失业人员领取失业保险金后重新就业的，再次失业时，缴费时间重新计算。失业人员因当期不符合失业保险金领取条件的，原有缴费时间予以保留，重新就业并参保的，缴费时间累计计算。

7. 失业人员领取失业保险金的条件包括（　　）。

A. 按照规定参加失业保险，所在单位和本人已按照规定履行缴费义务满6个月

B. 非因本人意愿中断就业

C. 经所在单位和参保地失业保险经办机构协商同意领取

D. 已办理失业登记，并有求职要求

【参考答案】BD

【解析】《社会保险法》第四十五条、《失业保险条例》第十四条有关规定，领取失业保险金需具备下列条件：（1）失业前用人单位和本人已经缴纳失业保险费满一年的；（2）非因本人意愿中断就业的；（3）已经进行失业登记，并有求职要求的。

8. 失业保险基金可以用于的支出有（　　）。

A. 发放失业保险金

B. 为领取失业保险金人员代缴基本养老保险费

C. 领取失业保险金期间死亡的失业人员的丧葬补助金和其供养的配偶、直系亲属的抚恤金

D. 领取失业保险金期间接受职业培训、职业介绍的补贴

【参考答案】ACD

【解析】《失业保险条例》第十条规定，失业保险基金用于下列支出：（1）失业保险金；（2）领取失业保险金期间的医疗补助金；（3）领取失业保险金期间死亡的失业人员的丧葬补助金和其供养的配偶、直系亲属的抚恤金；

(4) 领取失业保险金期间接受职业培训、职业介绍的补贴，补贴的办法和标准由省、自治区、直辖市人民政府规定；(5) 国务院规定或批准的与失业保险有关的其他费用。

《社会保险法》第四十八条规定，失业人员在领取失业保险金期间，参加职工基本医疗保险，享受基本医疗保险待遇。

《关于领取失业保险金人员参加职工基本医疗保险有关问题的通知》(人社部发〔2011〕77号）规定，领取失业保险金人员应按规定参加其失业前失业保险参保地的职工医保，由参保地失业保险经办机构统一办理职工医保参保缴费手续。

9. 下列关于目前各省（区、市）失业保险个人费率说法错误的有（　　）。

A. 甲省失业保险个人费率为0.7%

B. 乙省失业保险个人费率为0.6%

C. 丙省失业保险个人费率为0.5%

D. 丁省失业保险个人费率为0.3%

【参考答案】AB

【解析】《人力资源社会保障部 财政部关于阶段性降低失业保险费率有关问题的通知》(人社部发〔2017〕14号）规定，失业保险总费率为1.5%的省（区、市)，可以将总费率降至1%，降低费率的期限执行至2018年4月30日。在省（区、市）行政区域内，单位及个人的费率应当统一，个人费率不得超过单位费率。

10. 关于失业保险金的标准，下列说法正确的包括（　　）。

A. 低于当地最低工资标准

B. 低于当地城市居民最低生活保障标准

C. 高于当地最低工资标准

D. 高于当地城市居民最低生活保障标准

【参考答案】AD

【解析】《失业保险条例》第十八条规定，失业保险金的标准，按照低于当地最低工资标准、高于城市居民最低生活保障标准的水平，由省、自治区、直辖市人民政府确定。

11. 失业保险的特点包括（　　）。

A. 风险差异性

B. 功能多重性

C. 待遇短期性　　　　　　　　　　D. 运行周期性

【参考答案】ABCD

【解析】失业保险的特点主要有：风险差异性；功能多重性；待遇短期性；运行周期性。

12. 假设某企业7月失业保险单位和职工缴费基数均为100万元，下列失业保险费应缴费额计算正确的有（　　）。

A. 该企业7月应缴失业保险费单位部分0.7万元

B. 该企业7月应缴失业保险费单位部分0.5万元

C. 该企业7月应代缴失业保险费个人部分0.7万元

D. 该企业7月应代缴失业保险费个人部分0.5万元

【参考答案】ABD

【解析】100万元×0.5% =0.5万元。代缴个人部分不得超过0.5万元。

13. 稳岗补贴主要用于（　　）相关支出。

A. 缴纳社会保险费　　　　　　　　B. 职工生活补助

C. 转岗培训　　　　　　　　　　　D. 技能提升培训

【参考答案】ABCD

【解析】《人力资源社会保障部 财政部 国家发展和改革委员会 工业和信息化部关于失业保险支持企业稳定岗位有关问题的通知》（人社部发〔2014〕76号）规定，稳岗补贴主要用于职工生活补助、缴纳社会保险费、转岗培训、技能提升培训等相关支出。

14. 关于参保缴纳失业保险，以下说法正确的有（　　）。

A. 符合与中国签订双边社保协定规定的在华短暂就业的外国人可以不参加失业保险

B. 以职工身份参保的，用人单位是失业保险缴费义务人

C. 国家全额拨款的中学不参加失业保险

D. 个人缴费基数为本人工资额

【参考答案】AD

【解析】《社会保险费征缴暂行条例》第三条规定，失业保险费的征缴范围包括国有企业、城镇集体企业、外商投资企业、城镇私营企业和其他城镇企业及其职工，事业单位及其职工。

《社会保险法》第四十四条规定，职工应当参加失业保险，由用人单位和

职工按照国家规定共同缴纳失业保险费。

《失业保险条例》第六条规定，城镇企业事业单位按照本单位工资总额的百分之二缴纳失业保险费。城镇企业事业单位职工按照本人工资的百分之一缴纳失业保险费。城镇企业事业单位招用的农民合同制工人本人不缴纳失业保险费。

15. 失业的类型要依据其分类标准与国家发达程度而定，一般包括（　　）。

A. 摩擦性失业　　　　B. 周期性失业

C. 结构性失业　　　　D. 经济性失业

【参考答案】ABC

【解析】失业的类型一般包括摩擦性失业、周期性失业、结构性失业。

三、判断题

1. 2022 年，失业保险稳岗返还政策执行中，对没有对公账户的小微企业，可将资金直接返还至当地税务部门提供的其缴纳社会保险费的账户。（　　）

【参考答案】√

【解析】《人力资源社会保障部 财政部 国家税务总局关于做好失业保险稳岗位提技能防失业工作的通知》（人社部发〔2022〕23 号）规定，各地要大力推广通过后台数据比对精准发放的“免申即享”经办新模式，进一步畅通资金返还渠道，对没有对公账户的小微企业，可将资金直接返还至当地税务部门提供的其缴纳社会保险费的账户。

2. 领取失业保险金的人员个人按国家规定参加基本医疗保险，缴纳基本医疗保险费。（　　）

【参考答案】×

【解析】《社会保险法》第四十八条规定，失业人员应当缴纳的基本医疗保险费从失业保险基金中支付，个人不缴纳基本医疗保险费。

3. 职工跨统筹地区就业的，其失业保险关系随本人转移，缴费年限累计计算。（　　）

【参考答案】√

【解析】《社会保险法》第五十二条规定，职工跨统筹地区就业的，其失业保险关系随本人转移，缴费年限累计计算。

4. 失业保险基金专款专用，只能用于为参加失业保险后失业的职工发放失业保险金。（ ）

【参考答案】×

【解析】《失业保险条例》第十条规定，失业保险基金用于下列支出：(1) 失业保险金；(2) 领取失业保险金期间的医疗补助金；(3) 领取失业保险金期间死亡的失业人员的丧葬补助金和其供养的配偶、直系亲属的抚恤金；(4) 领取失业保险金期间接受职业培训、职业介绍的补贴，补贴的办法和标准由省、自治区、直辖市人民政府规定；(5) 国务院规定或批准的与失业保险有关的其他费用。

《社会保险法》第四十八条规定，失业人员在领取失业保险金期间，参加职工基本医疗保险，享受基本医疗保险待遇。

5. 主动离职失业的，不能领取失业保险金。（ ）

【参考答案】√

【解析】领取失业保险金条件：按照规定参加失业保险，所在单位和本人已经按照规定履行缴费义务满 1 年；非因本人意愿中断就业（依照《劳动合同法》规定终止或解除劳动合同的情形）；已进行失业登记，并有求职要求。

6. 阶段性降低失业保险费率期间，失业保险个人费率不可以和单位费率相同。（ ）

【参考答案】×

【解析】《人力资源社会保障部 财政部关于阶段性降低失业保险费率有关问题的通知》（人社部发〔2017〕14 号）规定，失业保险总费率为 1.5% 的省（区、市），可以将总费率降至 1%，降低费率的期限执行至 2018 年 4 月 30 日。在省（区、市）行政区域内，单位及个人的费率应当统一，个人费率不得超过单位费率。个人费率最高可以为 0.5%。

7. 计划分配的军队转业干部和复员的军队干部，以及安排工作和自主就业的退役士兵参加失业保险的，其服现役年限视同失业保险缴费年限。（ ）

【参考答案】√

【解析】《关于退役军人失业保险有关问题的通知》（人社部发〔2013〕53 号）规定，计划分配的军队转业干部和复员的军队干部，以及安排工作和自主就业的退役士兵参加失业保险的，其服现役年限视同失业保险缴费年限。

8. 对领取失业保险金期满的失业人员，一律不得超期发放失业保险金。
( )

【参考答案】×

【解析】《人力资源社会保障部 财政部关于扩大失业保险保障范围的通知》(人社部发〔2020〕40号)规定，自2019年12月起，延长大龄失业人员领取失业保险金期限，对领取失业保险金期满仍未就业且距法定退休年龄不足1年的失业人员，可继续发放失业保险金至法定退休年龄。

9. 失业人员领取失业补助金期间由失业保险经办代缴基本医疗保险费。
( )

【参考答案】×

【解析】《人力资源社会保障部 财政部关于扩大失业保险保障范围的通知》(人社部发〔2020〕40号)规定，领取失业补助金期间不享受失业保险金、代缴基本医疗保险费、丧葬补助金和抚恤金。

【提示】请注意领取失业保险金和领取失业补助金的区别。

10. 所有统筹地区都可以实施稳岗返还政策。 ( )

【参考答案】×

【解析】《人力资源社会保障部 财政部 国家税务总局关于做好失业保险稳岗位提技能防失业工作的通知》(人社部发〔2022〕23号)规定，实施上述稳岗返还政策的统筹地区，上年度失业保险基金滚存结余备付期限应在1年以上。

11. 2022年10月，符合稳岗返还政策的大型企业稳岗返还比例为30%。
( )

【参考答案】×

【解析】《人力资源社会保障部 国家发展改革委 财政部 税务总局关于扩大阶段性缓缴社会保险费政策实施范围等问题的通知》(人社部发〔2022〕31号)规定，加大稳岗返还支持力度，将大型企业稳岗返还比例由30%提至50%。

12. 失业保险金领取期限自办理失业登记之日起计算。 ( )

【参考答案】√

【解析】《社会保险法》第五十条规定，失业保险金领取期限自办理失业登记之日起计算。

13.《失业保险条例》自1999年1月1日起施行。（　　）

【参考答案】×

【解析】《失业保险条例》，1998年12月26日国务院第11次常务会议通过，1999年1月22日中华人民共和国国务院令第258号发布，自发布之日起施行。

14.《国营企业职工待业保险暂行规定》的颁布，首次在我国建立了企业职工待业保险制度。（　　）

【参考答案】√

【解析】1986年国务院颁布《国营企业职工待业保险暂行规定》，首次在我国建立了企业职工待业保险制度，为企业实行劳动合同制度改革、搞活用工机制提供了制度保障。

15. 自2023年5月1日起，继续实施阶段性降低失业保险费率至1%的政策，实施期限延长至2024年年底。（　　）

【参考答案】√

【解析】《人力资源社会保障部 财政部 国家税务总局关于阶段性降低失业保险、工伤保险费率有关问题的通知》（人社部发〔2023〕19号）规定，自2023年5月1日起，继续实施阶段性降低失业保险费率至1%的政策，实施期限延长至2024年年底。

四、简答题

1. 简答失业保险所需资金的来源。

【参考答案与解析】

《失业保险条例》第五条规定，失业保险基金由下列各项构成：城镇企业事业单位、城镇企业事业单位职工缴纳的失业保险费；失业保险基金的利息；财政补贴；依法纳入失业保险基金的其他资金。

2. 简答失业保险待遇有哪些？

【参考答案与解析】

《失业保险条例》第十条规定，失业保险基金用于下列支出：（1）失业保险金；（2）领取失业保险金期间的医疗补助金；（3）领取失业保险金期间死亡的失业人员的丧葬补助金和其供养的配偶、直系亲属的抚恤金；（4）领取失业保险金期间接受职业培训、职业介绍的补贴，补贴的办法和标准由省、自治区、直辖市人民政府规定；（5）国务院规定或批准的与失业保险有关的其他费用。

《社会保险法》第四十八条规定，失业人员在领取失业保险金期间，参加职工基本医疗保险，享受基本医疗保险待遇。

《关于领取失业保险金人员参加职工基本医疗保险有关问题的通知》（人社部发〔2011〕77 号）规定，领取失业保险金人员应按规定参加其失业前失业保险参保地的职工医保，由参保地失业保险经办机构统一办理职工医保参保缴费手续。

3. 简答哪些情形不得领取失业保险金。

【参考答案与解析】

失业人员在领取失业保险金期间有下列情形之一的，停止领取失业保险金，并同时停止享受其他失业保险待遇：

（1）重新就业的。

（2）应征服兵役的。

（3）移居境外的。

（4）享受基本养老保险待遇的。

（5）无正当理由，拒不接受当地人民政府指定部门或者机构介绍的适当工作或者提供的培训的。

第五章　工伤保险专题

第一部分　知识架构

一、工伤保险概述

1. 定义

工伤保险是世界上产生最早的社会保障项目，也称职业伤害保险、工业伤害保险、工人伤害补偿保险或因工伤害保险，根据“职业风险”原则建立，是对因工作原因遭受事故伤害或患职业病的劳动者提供物质帮助的一项社会保障制度。

2. 历史

1884 年 7 月 6 日，德国颁布世界上第一部工伤保险立法《工伤事故保险法》。

2003 年 4 月，国务院颁布《工伤保险条例》，标志着我国工伤保险制度走上法制化轨道。2010 年 12 月 8 日国务院第 136 次常务会议修改，自 2011 年 1 月 1 日起施行新的《工伤保险条例》。

3. 分类

雇主责任保险类型；建立公共基金的社会保险类型；混合类型。我国的工伤保险属于建立公共基金的社会保险类型。

4. 特点

工伤补偿、工伤预防与职业康复紧密结合。

5. 基本原则

无责任补偿；风险共担；个人不缴费；区分因工和非因工；补偿与预防、康复相结合；一次性补偿与长期补偿相结合；确定劳动能力鉴定等级；保障与赔偿相结合。

6. 覆盖范围

我国境内的企业、事业单位、社会团体、民办非企业单位、基金会、律师事务所、会计师事务所等组织和有雇工的个体工商户的职工或雇工。公务员和参照《公务员法》管理的机关事业单位工作人员正在统一纳入工伤保险制度。

达到或超过法定退休年龄，但未办理退休手续或者未依法享受城镇职工基本养老保险待遇，继续在原用人单位工作期间受到事故伤害或患职业病的，用人单位依法承担工伤保险责任。用人单位招用已经达到、超过法定退休年龄或已经领取城镇职工基本养老保险待遇的人员，在用工期间因工作原因受到事故伤害或患职业病的，如招用单位已按项目参保等方式为其缴纳工伤保险费的，应适用《工伤保险条例》。

职工在两个或两个以上用人单位同时就业的，每个用人单位都应当为该职工缴纳工伤保险费。

7. 缴费义务人

《社会保险法》第三十三条规定，职工应当参加工伤保险，由用人单位缴纳工伤保险费，职工不缴纳工伤保险费。

8. 缴费基数

用人单位应当按照本单位职工工资总额确定缴费基数。职工工资总额口径根据各统筹地区实际确定。

9. 费率

工伤保险费率是所有社会保险费费率中最为复杂的。我国工伤保险实行行业差别比例费率和浮动费率制度。

（1）行业差别费率。

工伤保险实行行业差别费率，不同工伤风险类别的行业执行不同的工伤保险行业基准费率。行业差别费率是工伤保险费率确定的基础。差别费率使用人单位的缴费与所属行业风险程度、事故发生频率相挂钩。

2015年，《人力资源社会保障部 财政部关于调整工伤保险费率政策的通知》（人社部发〔2015〕71号），将工伤保险行业风险类别确定为八类，企业各行业工伤风险类别对应的全国工伤保险行业基准费率为：一类至八类分别控制在该行业用人单位职工工资总额的0.2%、0.4%、0.7%、0.9%、1.1%、1.3%、1.6%、1.9%左右。

按照《国民经济行业分类》（GB/T 4754—2011）对行业的划分，根据不同行业的工伤风险程度，由低到高，依次将行业工伤风险类别划分为一类至八类（见表5－1）。

表5－1　　行业类别及基准费率

行业类别及基准费率	行业名称
一类 0.2%	软件和信息技术服务业，货币金融服务，资本市场服务，保险业，其他金融业，科技推广和应用服务业，社会工作，广播、电视、电影和影视录音制作业，中国共产党机关，国家机构，人民政协、民主党派，社会保障，群众团体、社会团体和其他成员组织，基层群众自治组织，国际组织
二类 0.4%	批发业，零售业，仓储业，邮政业，住宿业，餐饮业，电信、广播电视和卫星传输服务，互联网和相关服务，房地产业，租赁业，商务服务业，研究和试验发展，专业技术服务业，居民服务业，其他服务业，教育，卫生，新闻和出版业，文化艺术业
三类 0.7%	农副食品加工业，食品制造业，酒、饮料和精制茶制造业，烟草制品业，纺织业，木材加工和木、竹、藤、棕、草制品业，文教、工美、体育和娱乐用品制造业，计算机、通信和其他电子设备制造业，仪器仪表制造业，其他制造业，水的生产和供应业，机动车、电子产品和日用产品修理业，水利管理业，生态保护和环境治理业，公共设施管理业，娱乐业
四类 0.9%	农业，畜牧业，农、林、牧、渔服务业，纺织服装、服饰业，皮革、毛皮、羽毛及其制品和制鞋业，印刷和记录媒介复制业，医药制造业，化学纤维制造业，橡胶和塑料制品业，金属制品业，通用设备制造业，专用设备制造业，汽车制造业，铁路、船舶、航空航天和其他运输设备制造业，电气机械和器材制造业，废弃资源综合利用业，金属制品、机械和设备修理业，电力、热力生产和供应业，燃气生产和供应业，铁路运输业，航空运输业，管道运输业，体育
五类 1.1%	林业，开采辅助活动，家具制造业，造纸和纸制品业，建筑安装业，建筑装饰和其他建筑业，道路运输业，水上运输业，装卸搬运和运输代理业

续表

行业类别及基准费率	行业名称
六类 1.3%	渔业，化学原料和化学制品制造业，非金属矿物制品业，黑色金属冶炼和压延加工业，有色金属冶炼和压延加工业，房屋建筑业，土木工程建筑业
七类 1.6%	石油和天然气开采业，其他采矿业，石油加工、炼焦和核燃料加工业
八类 1.9%	煤炭开采和洗选业，黑色金属矿采选业，有色金属矿采选业，非金属矿采选业

（2）浮动费率。

浮动费率是指在行业差别费率的基础上根据用人单位在一定时期内安全生产状况和工伤保险费用支出情况，在评估基础上，定期对用人单位费率给予浮动的办法。

通过费率浮动的办法确定各类行业内的费率档次如下：

一类行业分为三个档次，即在基准费率的基础上，可向上浮动至 120%、150%。不向下浮动。

二类至八类行业分为五个档次，即在基准费率的基础上，可分别向上浮动至 120%、150% 或向下浮动至 80%、50%。

（3）费率的确定。

根据用人单位的市场主体登记信息（行业类别），确定用人单位的行业风险类别、工伤保险行业基准费率，再根据单位出险情况确定浮动费率。

一是基准费率的确定。各统筹地区按照“以支定收、收支平衡”的原则，确定本地区工伤保险行业基准费率具体标准，并征求工会组织、用人单位代表的意见，报统筹地区人民政府批准后实施。基准费率的具体标准可根据统筹地区经济产业结构变动、工伤保险费使用等情况适时调整。二是用人单位费率的确定。各统筹地区根据用人单位工伤保险费使用、工伤发生率、职业病危害程度等因素，确定其工伤保险费率，并可依据上述因素变化情况，每 1—3 年确定其在所属行业不同费率档次间是否浮动。对符合浮动条件的用人单位，每次可上下浮动一档或两档。统筹地区工伤保险最低费率不低于本地区一类风险行业基准费率。

10. 应缴费额

工伤保险费应缴费额 = 工伤保险费缴费基数 × 工伤保险费费率

11. 特殊业务

建筑施工企业、小型服务企业、小型矿山企业等部分行业企业，难以直接按照工资总额计算缴纳工伤保险费，按照《部分行业企业工伤保险费缴纳办法》（中华人民共和国人力资源和社会保障部令第10号）规定，采取特殊计算方式。

（1）建筑施工企业可以实行以建筑施工项目为单位，按照项目工程总造价的一定比例，计算缴纳工伤保险费。

（2）商贸、餐饮、住宿、美容美发、洗浴以及文体娱乐等小型服务业企业以及有雇工的个体工商户，可以按照营业面积的大小核定应参保人数，按照所在统筹地区上一年度职工月平均工资的一定比例和相应的费率，计算缴纳工伤保险费；也可以按照营业额的一定比例计算缴纳工伤保险费。

（3）小型矿山企业可以按照总产量、吨矿工资含量和相应的费率计算缴纳工伤保险费。

12. 待遇享受

职工因工作原因受到事故伤害或者患职业病，且经工伤认定的，享受工伤保险待遇；其中，经劳动能力鉴定丧失劳动能力的，享受伤残待遇。

13. 工伤认定

职工应当认定为工伤的情形包括：

（1）在工作时间和工作场所内，因工作原因受到事故伤害的；

（2）工作时间前后在工作场所内，从事与工作有关的预备性或者收尾性工作受到事故伤害的；

（3）在工作时间和工作场所内，因履行工作职责受到暴力等意外伤害的；

（4）患职业病的；

（5）因工外出期间，由于工作原因受到伤害或者发生事故下落不明的；

（6）在上下班途中，受到非本人主要责任的交通事故或者城市轨道交通、客运轮渡、火车事故伤害的。

（7）法律、行政法规规定应当认定为工伤的其他情形。

14. 视同工伤（见表5-2）

表5-2

情形	相关规定
在工作时间和工作岗位，突发疾病死亡或者在48小时之内经抢救无效死亡的	职工有该两项情形的，享受工伤保险待遇
在抢险救灾等维护国家利益、公共利益活动中受到伤害的	
职工原在军队服役，因战、因公负伤致残，已取得革命伤残军人证，到用人单位后旧伤复发的	职工有该情形的，享受除一次性伤残补助金以外的工伤保险待遇

15. 不得认定或视同工伤

职工符合《工伤保险条例》第十四条、第十五条规定，但是有下列情形之一的，不得认定为工伤或者视同工伤：

（1）故意犯罪的；

（2）醉酒或者吸毒的；

（3）自残或者自杀的；

（4）法律、行政法规规定的其他情形。

16. 工伤认定程序

（1）依申请。

职工发生事故伤害或者按照职业病防治法规定被诊断、鉴定为职业病，所在单位应当自事故伤害发生之日或者被诊断、鉴定为职业病之日起30日内，向统筹地区社会保险行政部门提出工伤认定申请。遇有特殊情况，经报社会保险行政部门同意，申请时限可以适当延长。用人单位未在规定的时限内提交工伤认定申请，在此期间发生符合规定的工伤待遇等有关费用由该用人单位负担。

用人单位未按规定提出工伤认定申请的，工伤职工或者其近亲属、工会组织在事故伤害发生之日或者被诊断、鉴定为职业病之日起1年内，可以直接向用人单位所在地统筹地区社会保险行政部门提出工伤认定申请。

（2）交材料。

提出工伤认定申请应当提交工伤认定申请表；与用人单位存在劳动关系（包括事实劳动关系）的证明材料；医疗诊断证明或者职业病诊断证明书（或者职业病诊断鉴定书）。

工伤认定申请表应当包括事故发生的时间、地点、原因以及职工伤害程度等基本情况。

工伤认定申请人提供材料不完整的，社会保险行政部门应当一次性书面告知工伤认定申请人需要补正的全部材料。申请人按照书面告知要求补正材料后，社会保险行政部门应当受理。

（3）作认定。

社会保险行政部门应当自受理工伤认定申请之日起60日内作出工伤认定的决定，并书面通知申请工伤认定的职工或者其近亲属和该职工所在单位。

社会保险行政部门对受理的事实清楚、权利义务明确的工伤认定申请，应当在15日内作出工伤认定的决定。

作出工伤认定决定需要以司法机关或者有关行政主管部门的结论为依据的，在司法机关或者有关行政主管部门尚未作出结论期间，作出工伤认定决定的时限中止。

社会保险行政部门工作人员与工伤认定申请人有利害关系的，应当回避。

17. 劳动能力鉴定

劳动能力鉴定是指职工发生工伤，经治疗伤情相对稳定后存在残疾、影响劳动能力的，进行劳动能力鉴定，包括劳动功能障碍程度和生活自理障碍程度的等级鉴定。

劳动能力鉴定分类如表5－3所示。

表5－3　劳动能力鉴定分类

分类	内容
劳动功能障碍程度	分为十个伤残等级，最重的为一级，最轻的为十级
生活自理障碍程度	分为三个等级：生活完全不能自理、生活大部分不能自理和生活部分不能自理

劳动能力鉴定标准由国务院社会保险行政部门会同国务院卫生行政部门

等部门制定。

18. 工伤保险待遇

工伤保险待遇包括工伤医疗待遇、一次性伤残补助金、工亡待遇等。

（1）工伤医疗待遇。

包括治疗工伤的医疗费用和康复费用；住院伙食补助费；到统筹地区以外就医的交通食宿费；安装配置伤残辅助器具所需费用等，由工伤保险基金支付。

（2）停工期间待遇。

职工因工作遭受事故伤害或者患职业病需要暂停工作接受工伤医疗的，在停工留薪期内，原工资福利待遇不变，由所在单位按月支付。

停工留薪期一般不超过12个月。伤情严重或者情况特殊，经设区的市级劳动能力鉴定委员会确认，可以适当延长，但延长不得超过12个月。工伤职工在停工留薪期满后仍需治疗的，继续享受工伤医疗待遇。

生活不能自理的工伤职工在停工留薪期需要护理的，由所在单位负责。

（3）生活护理费。

生活护理费按照生活完全不能自理、生活大部分不能自理或者生活部分不能自理3个不同等级支付，其标准分别为统筹地区上年度职工月平均工资的50%、40%或者30%。

（4）一次性伤残补助金（见表5-4）。

表5-4　　一次性伤残补助金的内容及标准

待遇内容	标准
从工伤保险基金中按伤残等级支付一次性伤残补助金。《工伤保险条例》第六十四条规定，本条例所称本人工资，是指工伤职工因工作遭受事故伤害或者患职业病前12个月平均月缴费工资。本人工资高于统筹地区职工平均工资300%的，按照统筹地区职工平均工资的300%计算；本人工资低于统筹地区职工平均工资60%的，按照统筹地区职工平均工资的60%计算	一级伤残为27个月的本人工资
	二级伤残为25个月的本人工资
	三级伤残为23个月的本人工资
	四级伤残为21个月的本人工资
	五级伤残为18个月的本人工资
	六级伤残为16个月的本人工资
	七级伤残为13个月的本人工资
	八级伤残为11个月的本人工资
	九级伤残为9个月的本人工资
	十级伤残为7个月的本人工资

（5）伤残津贴（见表5－5）。

表5－5　　伤残津贴相关规定

<table>
<tr><th>劳动关系和待遇内容</th><th>标准</th><th>社会保险费</th></tr>
<tr><td rowspan="4">保留劳动关系，退出工作岗位，从工伤保险基金中按月支付伤残津贴</td><td>一级伤残为本人工资的90%</td><td></td></tr>
<tr><td>二级伤残为本人工资的85%</td><td></td></tr>
<tr><td>三级伤残为本人工资的80%</td><td></td></tr>
<tr><td>四级伤残为本人工资的75%</td><td></td></tr>
<tr><td rowspan="2">保留劳动关系，由用人单位安排适当工作。难以安排工作的，由用人单位按月发放伤残津贴</td><td>五级伤残为本人工资的70%</td><td rowspan="2">由用人单位按照规定为其缴纳应缴纳的各项社会保险费</td></tr>
<tr><td>六级伤残为本人工资的60%</td></tr>
</table>

【提示1】伤残津贴实际金额低于当地最低工资标准的，由工伤保险基金补足差额。

【提示2】职工因工致残被鉴定为一级至四级伤残的，工伤职工达到退休年龄并办理退休手续后，停发伤残津贴，按照国家有关规定享受基本养老保险待遇；基本养老保险待遇低于伤残津贴的，由工伤保险基金补足差额。

【提示3】职工因工致残被鉴定为一级至四级伤残的，由用人单位和职工个人以伤残津贴为基数，缴纳基本医疗保险费。

（6）终止、解除劳动合同关系后的待遇处理。

职工因工致残被鉴定为五级、六级伤残的，经工伤职工本人提出，该职工可以与用人单位解除或者终止劳动关系，由工伤保险基金支付一次性工伤医疗补助金，由用人单位支付一次性伤残就业补助金。

职工因工致残被鉴定为七级、八级、九级、十级伤残的，劳动、聘用合同期满终止，或者职工本人提出解除劳动、聘用合同的，由工伤保险基金支付一次性工伤医疗补助金，由用人单位支付一次性伤残就业补助金。

一次性工伤医疗补助金和一次性伤残就业补助金的具体标准由省、自治区、直辖市人民政府规定。

（7）工伤复发待遇。

工伤职工工伤复发，确认需要治疗的，享受规定的工伤待遇。

（8）工亡待遇。

职工因工死亡，其近亲属按照表5－6所示的规定从工伤保险基金中领取丧葬补助金、供养亲属抚恤金和一次性工亡补助金。

表 5－6　　工亡待遇相关规定

内容	标准
丧葬补助金	标准为 6 个月的统筹地区上年度职工月平均工资
供养亲属抚恤金	按照职工本人工资的一定比例发给由因工死亡职工生前提供主要生活来源、无劳动能力的亲属 配偶每月 40%，其他亲属每人每月 30%，孤寡老人或者孤儿每人每月在上述标准的基础上增加 10%。核定的各供养亲属的抚恤金之和不应高于因工死亡职工生前的工资。供养亲属的具体范围由国务院社会保险行政部门规定
一次性工亡补助金	标准为上一年度全国城镇居民人均可支配收入的 20 倍

【提示 1】伤残职工在停工留薪期内因工伤导致死亡的，其近亲属享受丧葬补助金的待遇。

【提示 2】一级至四级伤残职工在停工留薪期满后死亡的，其近亲属可以享受上述丧葬补助金、供养亲属抚恤金规定的待遇。

【提示 3】伤残津贴、供养亲属抚恤金、生活护理费由统筹地区社会保险行政部门根据职工平均工资和生活费用变化等情况适时调整。调整办法由省、自治区、直辖市人民政府规定。

（9）下落不明职工待遇。

职工因工外出期间发生事故或者在抢险救灾中下落不明的，从事故发生当月起 3 个月内照发工资，从第 4 个月起停发工资，由工伤保险基金向其供养亲属按月支付供养亲属抚恤金

生活有困难的，可以预支一次性工亡补助金的 50%。职工被人民法院宣告死亡的，按“职工因工死亡”的规定处理。

19. 工伤保险待遇停止享受

工伤职工有下列情形之一的，停止享受工伤保险待遇：

（1）丧失享受待遇条件的；

（2）拒不接受劳动能力鉴定的；

（3）拒绝治疗的。

20. 几种特殊工伤保险责任的确定

（1）用人单位分立、合并、转让的，承继单位应当承担原用人单位的工伤保险责任；原用人单位已经参加工伤保险的，承继单位应当到当地经办机构办理工伤保险变更登记。

（2）用人单位实行承包经营的，工伤保险责任由职工劳动关系所在单位承担。

（3）职工被借调期间受到工伤事故伤害的，由原用人单位承担工伤保险责任，但原用人单位与借调单位可以约定补偿办法。

（4）企业破产的，在破产清算时依法拨付应当由单位支付的工伤保险待遇费用。

（5）职工被派遣出境工作，依据前往国家或者地区的法律应当参加当地工伤保险的，参加当地工伤保险，其国内工伤保险关系中止；不能参加当地工伤保险的，其国内工伤保险关系不中止。

（6）职工再次发生工伤，根据规定应当享受伤残津贴的，按照新认定的伤残等级享受伤残津贴待遇。

21. 统筹层次

按照《人力资源社会保障部 财政部关于工伤保险基金省级统筹的指导意见》（人社部发〔2017〕60 号）规定，确保在 2020 年底全面实现省级统筹，要求在省（区、市）内统一工伤保险参保范围和参保对象，统一工伤保险费率政策和缴费标准，统一工伤认定和劳动能力鉴定办法，统一工伤保险待遇支付标准，统一工伤保险经办流程和信息系统。在基金管理上，有条件的省（区、市）可以实行基金统收统支管理；不具备条件的省（区、市）也可以在省级建立调剂金，由市（地）按照一定的规则和比例上解到省级社保基金财政专户集中管理，用于调剂解决各市（地）工伤保险基金支出缺口。

22. 新就业形态就业人员职业伤害保障试点

第九次全国职工队伍状况调查表明，目前全国职工总数 4.02 亿人左右，其中新就业形态劳动者达 8 400 万人，占职工总数的 21%。近年来，以互联网平台为代表的新模式、新业态迅速发展，依托互联网平台就业的外卖骑手、网约车司机、货车司机、互联网营销师等新就业形态就业人员快速增加，对我国就业增长作出了积极贡献。

2020 年 1 月，《中共中央 国务院关于抓好“三农”领域重点工作确保如期实现全面小康的意见》，提出开展新业态从业人员职业伤害保障试点。

2021 年 7 月，《人力资源社会保障部 国家发展改革委 交通运输部 应急部 市场监管总局 国家医保局 最高人民法院 全国总工会关于维护新就业形态劳动者劳动保障权益的指导意见》（人社部发〔2021〕56 号），规定要强化职业伤害保障，以出行、外卖、即时配送、同城货运等行业的平台企业为重点，组织开展平台灵活就业人员职业伤害保障试点。

2021 年 12 月，人社部等十部门联合印发《关于开展新就业形态就业人员职业伤害保障试点工作的通知》。试点工作于 2022 年 7 月起在北京、上海、江苏、广东、海南、重庆、四川 7 省市启动，选取出行、即时配送、外卖、同城货运行业部分较大平台企业就业的骑手、司机等群体人员开展试点。根据政策，职业伤害保障费用由用工方（平台）缴纳，就业人员个人不缴费。

第二部分　自测练习题

一、单选题

1. 世界上第一部工伤保险立法是指（　　）。

A. 《工伤保险法》　　B. 《伤害赔偿法》

C. 《工伤事故和职业病防治法》　　D. 《工伤事故保险法》

【参考答案】D

【解析】1884 年 7 月 6 日，德国颁布世界上第一部工伤保险立法《工伤事故保险法》。

2. 工伤保险的缴费义务人是（　　）。

A. 职工　　B. 用人单位及其职工

C. 用人单位　　D. 用人单位及第三方

【参考答案】C

【解析】《社会保险法》第三十三条规定，职工应当参加工伤保险，由用人单位缴纳工伤保险费，职工不缴纳工伤保险费。

3. 工伤保险费单位缴费基数是（　　）。

A. 全口径社会平均工资　　B. 本单位工资总额

C. 职工工资　　D. 在岗职工社会平均工资

【参考答案】B

【解析】《社会保险法》第三十五条规定，用人单位应当按照本单位职工工资总额，根据社会保险经办机构确定的费率缴纳工伤保险费。

4. 国家根据（　　）的工伤风险程度确定行业的差别费率。

A. 不同行政区域　　B. 不同注册登记类型

C. 不同行业　　D. 不同经济规模

【参考答案】C

【解析】《社会保险法》第三十四条规定，国家根据不同行业的工伤风险程度确定行业的差别费率，并根据使用工伤保险基金、工伤发生率等情况在每个行业内确定费率档次。

5. 建筑施工企业可以实行以建筑施工项目为单位，按照（　　）的一定比例计算缴纳工伤保险费。

A. 项目参保人数　　B. 项目参保人数工资总额

C. 项目工程总造价　　D. 项目工程总造价的60%

【参考答案】C

【解析】《部分行业企业工伤保险费缴纳办法》第三条规定，建筑施工企业可以实行以建筑施工项目为单位，按照项目工程总造价的一定比例计算缴纳工伤保险费。

6. 工伤保险基准费率包括（　　）类。

A. 五　　B. 八　　C. 七　　D. 十

【参考答案】B

【解析】《人力资源和社会保障部财政部关于调整工伤保险费率政策的通知》（人社部发〔2015〕71号）规定，按照《国民经济行业分类》（GB/T 4754—2011）对行业的划分，根据不同行业的工伤风险程度，由低到高，依次将行业工伤风险类别划分为一类至八类。

7. 关于工伤保险浮动费率，一类行业分为（　　）个档次。

A. 一　　B. 二　　C. 三　　D. 五

【参考答案】C

【解析】一类行业分为三个档次，即在基准费率的基础上，可向上浮动至120%、150%。

8. 工伤保险费根据（　　）的原则，确定费率。

A. 以收定支、收支平衡　　B. 以支定收、收支平衡

C. 以收定支、略有结余　　D. 以支定收、保持结余

【参考答案】B

【解析】《工伤保险条例》第八条规定，工伤保险费根据以支定收、收支平衡的原则，确定费率。

9. 统筹地区工伤保险最低费率不低于本地区（　　）费率。

A. 一类风险行业基准下浮20%　　B. 八类风险行业基准下浮50%

C. 一类风险行业基准　　D. 八类风险行业基准

【参考答案】C

【解析】《人力资源社会保障部 财政部关于调整工伤保险费率政策的通知》规定，统筹地区工伤保险最低费率不低于本地区一类风险行业基准费率。

10. 通过（　　）的办法确定每个行业内的工伤保险费率档次。

A. 费率固定　　B. 费率分类

C. 费率浮动　　D. 费率级差

【参考答案】C

【解析】《人力资源社会保障部 财政部关于调整工伤保险费率政策的通知》规定，通过费率浮动的办法确定每个行业内的费率档次。

11. 房屋建筑业属于（　　）类风险行业。

A. 四　　B. 五　　C. 六　　D. 七

【参考答案】C

【解析】根据《工伤保险行业风险分类表》，房屋建筑业属于六类风险行业，费率1.3%。

12. 生活自理障碍分为（　　）个等级。

A. 三　　B. 五　　C. 七　　D. 十

【参考答案】A

【解析】《工伤保险条例》第二十二条规定，生活自理障碍分为三个等级：生活完全不能自理、生活大部分不能自理和生活部分不能自理。

13. 国家机构在工伤保险行业风险分类中属于（　　）类。

A. 一　　B. 二　　C. 七　　D. 八

【参考答案】A

【解析】根据《工伤保险行业风险分类表》，国家机构属于一类风险行业，费率0.2%。

14. 工伤劳动功能障碍分为（　　）个伤残等级。

A. 六　　B. 八　　C. 十　　D. 十二

【参考答案】C

【解析】《工伤保险条例》第二十二条规定，劳动功能障碍分为十个伤残等级，最重的为一级，最轻的为十级。

15. 小型矿山企业可以按照总产量、（　　）和相应的费率计算缴纳工伤保险费。

A. 吨矿工资含量　　B. 吨矿单位产量

C. 吨矿单位售价　　D. 吨矿核定额

【参考答案】A

【解析】《部分行业企业工伤保险费缴纳办法》规定，小型矿山企业可以按照总产量、吨矿工资含量和相应的费率计算缴纳工伤保险费。

16. 停工留薪期一般不超过（　　）个月。

A. 6　　B. 12　　C. 18　　D. 24

【参考答案】B

【解析】《工伤保险条例》第三十三条规定，停工留薪期一般不超过12个月。

17. 工伤职工符合领取基本养老金条件的，停发（　　），享受基本养老保险待遇。

A. 伤残补助金　　B. 生活护理费

C. 工伤医疗补助金　　D. 伤残津贴

【参考答案】D

【解析】《社会保险法》第四十条规定，工伤职工符合领取基本养老金条件的，停发伤残津贴，享受基本养老保险待遇。

18. 职工因工致残被鉴定为一级至四级伤残的，由用人单位和职工个人以（　　）为基数，缴纳基本医疗保险费。

A. 伤残补助金　　B. 生活护理费

C. 工伤医疗补助金　　　　　　　　D. 伤残津贴

【参考答案】D

【解析】《工伤保险条例》第三十五条规定，职工因工致残被鉴定为一级至四级伤残的，由用人单位和职工个人以伤残津贴为基数，缴纳基本医疗保险费。

19. 社会保险经办机构应当定期公布工伤保险基金的收支情况，及时向（　　）提出调整费率的建议。

A. 社会保险行政部门　　　　　　　　B. 社会保险费征收机构

C. 财政部门　　　　　　　　　　　　D. 用人单位

【参考答案】A

【解析】《工伤保险条例》第四十九条规定，经办机构应当定期公布工伤保险基金的收支情况，及时向社会保险行政部门提出调整费率的建议。

20. 用人单位实行承包经营的，工伤保险责任由（　　）承担。

A. 工伤发生地用人单位　　　　　　　B. 工伤保险基金

C. 职工劳动关系所在单位　　　　　　D. 承包经营地用人单位

【参考答案】C

【解析】《工伤保险条例》第四十三条规定，用人单位实行承包经营的，工伤保险责任由职工劳动关系所在单位承担。

21. 行业差别费率和行业内费率档次由（　　）制定，报国务院批准后公布施行。

A. 各省（自治区、直辖市）人民政府

B. 国务院社会保险行政部门

C. 国务院财政部门

D. 国务院社会保险费征收部门

【参考答案】B

【解析】《社会保险法》第三十四条规定，行业差别费率和行业内费率档次由国务院社会保险行政部门制定，报国务院批准后公布施行。

22. 推进基层快递网点优先参加工伤保险有关工作过程中，对难以直接按照工资总额计算缴纳工伤保险费的，原则上按照统筹地区（　　），计算缴纳工伤保险费。

A. 上年全口径城镇单位就业人员平均工资和参保人数

B. 上年城镇非私营单位就业人员平均工资和参保人数

C. 上年全口径城镇单位就业人员平均工资

D. 上年城镇非私营单位就业人员平均工资

【参考答案】A

【解析】《人力资源社会保障部办公厅 国家邮政局办公室 关于推进基层快递网点优先参加工伤保险工作的通知》（人社厅发〔2021〕101 号）规定，推进基层快递网点优先参加工伤保险有关工作过程中，对难以直接按照工资总额计算缴纳工伤保险费的，原则上按照统筹地区上年全口径城镇单位就业人员平均工资和参保人数，计算缴纳工伤保险费。

23. 企业之间开展共享用工，进行用工余缺调剂合作，对解决用工余缺矛盾、提升人力资源配置效率和稳就业发挥了积极作用。劳动者在缺工企业工作期间发生工伤事故的，由（　　）承担工伤保险责任。

A. 原企业　　B. 原企业和缺工企业

C. 缺工企业　　D. 缺工企业和第三方公司

【参考答案】A

【解析】《人力资源社会保障部办公厅关于做好共享用工指导和服务的通知》（人社厅发〔2020〕98 号）规定，企业之间开展共享用工，进行用工余缺调剂合作，对解决用工余缺矛盾、提升人力资源配置效率和稳就业发挥了积极作用。劳动者在缺工企业工作期间发生工伤事故的，按照《工伤保险条例》第四十三条第三款规定，由原企业承担工伤保险责任，补偿办法可与缺工企业约定。

24. 共享用工模式下，劳动者劳动报酬和为劳动者缴纳社会保险费由（　　）按时足额支付。

A. 原企业　　B. 原企业和缺工企业

C. 缺工企业　　D. 第三方公司

【参考答案】A

【解析】《人力资源社会保障部办公厅关于做好共享用工指导和服务的通知》（人社厅发〔2020〕98 号）规定，原企业按时足额支付劳动者劳动报酬和为劳动者缴纳社会保险费，并不得克扣劳动者的劳动报酬和以任何名目从中收取费用。

25. 职工在两个或两个以上用人单位同时就业的，职工发生工伤，由（　　）依法承担工伤保险责任。

A. 为职工参加工伤保险的单位

B. 职工受到伤害时其工作的单位

C. 任意就业用人单位

D. 职工参加养老保险的单位

【参考答案】B

【解析】《劳动和社会保障部关于实施〈工伤保险条例〉若干问题的意见》（劳社部函〔2004〕256 号）规定，职工在两个或两个以上用人单位同时就业的，各用人单位应当分别为职工缴纳工伤保险费。职工发生工伤，由职工受到伤害时其工作的单位依法承担工伤保险责任。

26. （　　）全面实现工伤保险基金省级统筹。

A. 2020 年年底　　B. 2021 年年底

C. 2022 年年底　　D. 2023 年年底

【参考答案】A

【解析】《人力资源社会保障部 财政部关于工伤保险基金省级统筹的指导意见》（人社部发〔2017〕60 号）规定，确保在 2020 年底全面实现省级统筹。

二、多选题

1. 工伤保险的分类一般包括（　　）。

A. 雇主责任保险类型

B. 建立公共基金的社会保险类型

C. 雇工积累保险类型

D. 混合类型

【参考答案】ABD

【解析】工伤保险的分类一般为雇主责任保险类型；建立公共基金的社会保险类型；混合类型。

2. 社会保险经办机构根据用人单位（　　）等情况，确定用人单位缴费费率。

A. 使用工伤保险基金　　B. 工伤发生率

C. 所属行业费率档次　　D. 职工人数

【参考答案】ABC

【解析】《社会保险法》第三十四条规定，社会保险经办机构根据用人单位使用工伤保险基金、工伤发生率和所属行业费率档次等情况，确定用人单位缴费费率。

3. 工伤保险基金由（　　）构成。

A. 用人单位缴纳的工伤保险费

B. 职工缴纳的工伤保险费

C. 工伤保险基金的利息

D. 依法纳入工伤保险基金的其他资金

【参考答案】ACD

【解析】《工伤保险条例》第七条规定，工伤保险基金由用人单位缴纳的工伤保险费、工伤保险基金的利息和依法纳入工伤保险基金的其他资金构成。

4. 关于商贸、餐饮、住宿、美容美发、洗浴以及文体娱乐等小型服务业企业以及有雇工的个体工商户计算缴纳工伤保险费，下列说法正确的包括（　　）。

A. 可以按照营业面积的大小核定应参保人数，按照所在统筹地区上一年度职工月平均工资的一定比例和相应的费率，计算缴纳工伤保险费

B. 可按照参保人数，按照所在统筹地区上一年度职工月平均工资的一定比例和相应的费率，计算缴纳工伤保险费

C. 可以按照营业额的一定比例计算缴纳工伤保险费

D. 可以按照从业人数工资总额一定比例计算缴纳工伤保险费

【参考答案】AC

【解析】《部分行业企业工伤保险费缴纳办法》第四条规定，商贸、餐饮、住宿、美容美发、洗浴以及文体娱乐等小型服务业企业以及有雇工的个体工商户，可以按照营业面积的大小核定应参保人数，按照所在统筹地区上一年度职工月平均工资的一定比例和相应的费率，计算缴纳工伤保险费；也可以按照营业额的一定比例计算缴纳工伤保险费。

5. 我国工伤保险实行（　　）制度。

A. 固定费率　　B. 行业差别比例费率

C. 浮动费率　　D. 累进费率

【参考答案】BC

【解析】我国工伤保险实行行业差别比例费率和浮动费率相结合的制度。

6. 不同工伤风险类别的行业执行不同的工伤保险行业基准费率，下列不属于工伤保险行业基准费率的有（　　）。

A. 0.5%　　B. 1%　　C. 1.5%　　D. 2%

【参考答案】ABCD

【解析】《人力资源社会保障部 财政部关于调整工伤保险费率政策的通知》规定，不同工伤风险类别的行业执行不同的工伤保险行业基准费率。各行业工伤风险类别对应的全国工伤保险行业基准费率为，一类至八类分别控制在该行业用人单位职工工资总额的0.2%、0.4%、0.7%、0.9%、1.1%、1.3%、1.6%、1.9%左右。

7. 以下行业属于工伤保险行业风险分类表最高等级的行业有（　　）。

A. 煤炭开采和洗选业　　B. 有色金属矿采选业

C. 石油和天然气开采业　　D. 黑色金属冶炼和压延加工业

【参考答案】AB

【解析】根据《工伤保险行业风险分类表》，风险最高等级的行业是八类，包括：煤炭开采和洗选业，黑色金属矿采选业，有色金属矿采选业，非金属矿采选业。

石油和天然气开采业是七类；黑色金属冶炼和压延加工业是六类。

8. 以下应当认定为工伤的情形包括（　　）。

A. 甲职工在工作时间和工作场所内，因工作原因受到事故伤害

B. 乙职工患职业病

C. 丙职工因工外出期间，由于工作原因受到伤害

D. 丁职工在上下班途中，受到非本人主要责任的交通事故伤害

【参考答案】ABCD

【解析】《工伤保险条例》第十四条规定，职工有下列情形之一的，应当认定为工伤：在工作时间和工作场所内，因工作原因受到事故伤害的；工作时间前后在工作场所内，从事与工作有关的预备性或者收尾性工作受到事故伤害的；在工作时间和工作场所内，因履行工作职责受到暴力等意外伤害的；患职业病的；因工外出期间，由于工作原因受到伤害或者发生事故下落不明的；在上下班途中，受到非本人主要责任的交通事故或者城市轨道交通、客运轮渡、火车事故伤害的；法律、行政法规规定应当认定为工伤的其他情形。

9. 属于建筑施工企业参加工伤保险方式的有（　　）。

A. 按用人单位参保　　B. 按项目参保

C. 按个人参保　　D. 以上都是

【参考答案】AB

【解析】《关于铁路、公路、水运、水利、能源、机场工程建设项目参加工伤保险工作的通知》规定，建筑施工企业相对固定的职工，应按用人单位参加工伤保险。对不能按用人单位参加工伤保险的职工特别是短期雇佣的农民工，应按项目优先参加工伤保险。

10. 计算企业缴纳的工伤保险费时，可根据（　　）确定。

A. 项目工程总造价　　B. 营业额

C. 工资总额　　D. 职工人数

【参考答案】ABC

【解析】《部分行业企业工伤保险费缴纳办法》规定，本办法所称的部分行业企业是指建筑、服务、矿山等行业中难以直接按照工资总额计算缴纳工伤保险费的建筑施工企业、小型服务企业、小型矿山企业等。建筑企业可以实行以建筑施工项目为单位，按照项目工程总造价的一定比例，计算缴纳工伤保险费。商贸、餐饮、住宿、美容美发、洗浴以及文体娱乐等效性服务业企业以及有雇工的个体工商户，也可以按照营业额的一定比例计算缴纳工伤保险费。

11. 用人单位可在（　　）为职工参加工伤保险。

A. 用人单位注册地　　B. 生产经营地

C. 职工户籍所在地　　D. 任意地区

【参考答案】AB

【解析】《人社部关于执行〈工伤保险条例〉若干问题的意见（二）》规定，用人单位注册地与生产经营地不在同一统筹地区的，原则上应在注册地为职工参加工伤保险；未在注册地参加工伤保险的职工，可由用人单位在生产经营地为其参加工伤保险。

12. 工伤职工停止享受工伤保险待遇的情形包括（　　）。

A. 丧失享受待遇条件的　　B. 拒绝治疗的

C. 醉酒的　　D. 拒不接受劳动能力鉴定的

【参考答案】ABD

【解析】《社会保险法》第四十三条规定，工伤职工有下列情形之一的，停止享受工伤保险待遇：丧失享受待遇条件的；拒不接受劳动能力鉴定的；拒绝治疗的。

13. 不得认定为工伤或者视同工伤的情形包括（　　）。

A. 故意犯罪的　　B. 自残或者自杀的

C. 醉酒或者吸毒的　　D. 职业病

【参考答案】ABC

【解析】《社会保险法》第三十七条规定，职工因下列情形之一导致本人在工作中伤亡的，不认定为工伤：故意犯罪；醉酒或者吸毒；自残或者自杀；法律、行政法规规定的其他情形。

14. 用人单位对经办机构确定的单位缴费费率不服的，依法可以采取的手段包括（　　）。

A. 举报

B. 向社会保险行政部门投诉

C. 依法申请行政复议

D. 依法向人民法院提起行政诉讼

【参考答案】CD

【解析】《工伤保险条例》第五十五条规定，有下列情形之一的，有关单位或者个人可以依法申请行政复议，也可以依法向人民法院提起行政诉讼：申请工伤认定的职工或者其近亲属、该职工所在单位对工伤认定申请不予受理的决定不服的；申请工伤认定的职工或者其近亲属、该职工所在单位对工伤认定结论不服的；用人单位对经办机构确定的单位缴费费率不服的；签订服务协议的医疗机构、辅助器具配置机构认为经办机构未履行有关协议或者规定的；工伤职工或者其近亲属对经办机构核定的工伤保险待遇有异议的。

15. 劳动能力鉴定包括（　　）。

A. 劳动能力损害程度　　B. 生活自理障碍程度

C. 劳动功能障碍程度　　D. 以上均包括

【参考答案】BC

【解析】《工伤保险条例》第二十二条规定，劳动能力鉴定是指劳动功能障碍程度和生活自理障碍程度的等级鉴定。

16. 实行工伤保险基金省级统筹，要求在省（区、市）内统一的工作事项包括（　　）。

A. 统一工伤保险参保范围和参保对象

B. 统一工伤保险待遇支付标准

C. 统一工伤保险费率政策和缴费标准

D. 统一工伤保险经办流程和信息系统

【参考答案】ABCD

【解析】《人力资源社会保障部 财政部关于工伤保险基金省级统筹的指导意见》（人社部发〔2017〕60 号）规定，实行省级统筹，要求在省（区、市）内统一工伤保险参保范围和参保对象，统一工伤保险费率政策和缴费标准，统一工伤认定和劳动能力鉴定办法，统一工伤保险待遇支付标准，统一工伤保险经办流程和信息系统。

17. 实行工伤保险基金省级统筹，应坚持的基本原则包括（　　）。

A. 坚持制度统一，分级管理，提高工伤保险服务水平

B. 坚持职责明晰，强化考核，确保省级统筹有效运行

C. 坚持统调结合，缺口分担，建立基金管理良性机制

D. 坚持目标明确，分步实施，推进工伤保险健康发展

【参考答案】ABCD

【解析】《人力资源社会保障部 财政部关于工伤保险基金省级统筹的指导意见》（人社部发〔2017〕60 号）规定，基本原则有：坚持制度统一，分级管理，提高工伤保险服务水平；坚持职责明晰，强化考核，确保省级统筹有效运行；坚持统调结合，缺口分担，建立基金管理良性机制；坚持目标明确，分步实施，推进工伤保险健康发展。

18. 工伤保险待遇调整和确定要与经济发展水平相适应，综合考虑（　　）等因素，兼顾不同地区待遇差别，按照基金省级统筹要求，适度、稳步提升，实现待遇平衡。

A. 职工工资增长　　B. 居民消费价格指数变化

C. 工伤保险基金支付能力　　D. 相关社会保障待遇调整情况

【参考答案】ABCD

【解析】《人力资源社会保障部关于工伤保险待遇调整和确定机制的指导意见》（人社部发〔2017〕58 号）规定，工伤保险待遇调整和确定要与经济

发展水平相适应，综合考虑职工工资增长、居民消费价格指数变化、工伤保险基金支付能力、相关社会保障待遇调整情况等因素，兼顾不同地区待遇差别，按照基金省级统筹要求，适度、稳步提升，实现待遇平衡。

19. 新就业形态就业人员职业伤害保障试点省市包括（　　）。

A. 广东　　B. 浙江　　C. 重庆　　D. 海南

【参考答案】ACD

【解析】《关于开展新就业形态就业人员职业伤害保障试点工作的通知》规定，试点工作于2022年7月起在北京、上海、江苏、广东、海南、重庆、四川7省市启动。

20. 新就业形态就业人员职业伤害保障试点选取的平台行业包括（　　）。

A. 即时配送　　B. 外卖

C. 出行　　D. 同城货运

【参考答案】ABCD

【解析】《关于开展新就业形态就业人员职业伤害保障试点工作的通知》规定，试点工作于2022年7月起在北京、上海、江苏、广东、海南、重庆、四川7省市启动，选取出行、即时配送、外卖、同城货运行业部分较大平台企业就业的骑手、司机等群体人员开展试点。

三、判断题

1.《工伤保险条例》中所规定工资总额，是指用人单位直接支付给本单位全部职工的劳动报酬总额。（　　）

【参考答案】√

【解析】《工伤保险条例》第六十四条规定，本条例所称工资总额，是指用人单位直接支付给本单位全部职工的劳动报酬总额。

2. 用人单位参加工伤保险并补缴应当缴纳的工伤保险费、滞纳金后，由用人单位支付新发生的费用。（　　）

【参考答案】×

【解析】《工伤保险条例》第六十二条规定，用人单位参加工伤保险并补缴应当缴纳的工伤保险费、滞纳金后，由工伤保险基金和用人单位依照本条例的规定支付新发生的费用。

3. 应当参加工伤保险而未参加工伤保险的用人单位职工发生工伤的，由该用人单位按照规定的工伤保险待遇项目和标准支付费用。（　　）

【参考答案】√

【解析】《工伤保险条例》第六十二条规定，依照本条例规定应当参加工伤保险而未参加工伤保险的用人单位职工发生工伤的，由该用人单位按照本条例规定的工伤保险待遇项目和标准支付费用。

4. 职工被借调期间受到工伤事故伤害的，由借调单位承担工伤保险责任，但借调单位与原用人单位可以约定补偿办法。（　　）

【参考答案】×

【解析】《工伤保险条例》第四十三条规定，职工被借调期间受到工伤事故伤害的，由原用人单位承担工伤保险责任，但原用人单位与借调单位可以约定补偿办法。

5. 四级至六级伤残的伤残津贴实际金额低于当地最低工资标准的，由用人单位补足差额。（　　）

【参考答案】×

【解析】《工伤保险条例》第三十六条规定，职工因工致残被鉴定为五级、六级伤残的，伤残津贴实际金额低于当地最低工资标准的，由用人单位补足差额。

6. 工伤职工治疗非工伤引发的疾病，不享受工伤医疗待遇，按照基本医疗保险办法处理。（　　）

【参考答案】√

【解析】《工伤保险条例》第三十条规定，工伤职工治疗非工伤引发的疾病，不享受工伤医疗待遇，按照基本医疗保险办法处理。

7. 根据政策，职业伤害保障费用由用工方（平台）缴纳，就业人员个人不缴费。（　　）

【参考答案】√

【解析】《关于开展新就业形态就业人员职业伤害保障试点工作的通知》规定，根据政策，职业伤害保障费用由用工方（平台）缴纳，就业人员个人不缴费。

8. 工伤保险基金省级统筹工作，要求各省（自治区、直辖市）在基金管理上，先在省级建立调剂金，然后实行基金统收统支管理。（　　）

【参考答案】×

【解析】《人力资源社会保障部 财政部关于工伤保险基金省级统筹的指导意见》（人社部发〔2017〕60号）规定，在基金管理上，有条件的省（区、市）可以实行基金统收统支管理；不具备条件的省（区、市）也可以在省级建立调剂金，由市（地）按照一定的规则和比例上解到省级社保基金财政专户集中管理，用于调剂解决各市（地）工伤保险基金支出缺口。

9. 职工在两个或两个以上用人单位同时就业的，每个用人单位都应当为该职工缴纳工伤保险费。（ ）

【参考答案】√

【解析】《关于实施〈工伤保险条例〉若干问题的意见》规定，职工在两个或两个以上用人单位同时就业的，各用人单位应当分别为职工缴纳工伤保险费。职工发生工伤，由职工受到伤害时其工作的单位依法承担工伤保险责任。

10. 跨地区、生产流动性较大的行业，可以采取相对集中的方式异地参加统筹地区的工伤保险。（ ）

【参考答案】√

【解析】《工伤保险条例》第十一条规定，跨地区、生产流动性较大的行业，可以采取相对集中的方式异地参加统筹地区的工伤保险。

11. 按照《工伤保险条例》有关规定，公务员和参照公务员法管理的事业单位、社会团体的工作人员因工作遭受事故伤害或者患职业病的，由工伤保险基金支付费用。（ ）

【参考答案】×

【解析】《工伤保险条例》第六十五条规定，公务员和参照公务员法管理的事业单位、社会团体的工作人员因工作遭受事故伤害或者患职业病的，由所在单位支付费用。具体办法由国务院社会保险行政部门会同国务院财政部门规定。

12.《人力资源和社会保障事业发展“十四五”规划》提出，将公务员和参照公务员法管理的机关（单位）工作人员全部纳入工伤保险制度。（ ）

【参考答案】√

【解析】《人力资源和社会保障事业发展“十四五”规划》提出，实现工伤保险政策向职业劳动者的广覆盖，将公务员和参照公务员法管理的机关（单位）工作人员全部纳入工伤保险制度。

13. 职工被派遣出境工作，依照当地法律已参加当地工伤保险，其国内工伤保险关系中止。 （ ）

【参考答案】√

【解析】《工伤保险条例》第四十四条规定，职工被派遣出境工作，依据前往国家或者地区的法律应当参加当地工伤保险的，参加当地工伤保险，其国内工伤保险关系中止。

14. 用人单位未在注册地为职工参加工伤保险的，可在生产经营地为其参加工伤保险。 （ ）

【参考答案】√

【解析】《人社部关于执行〈工伤保险条例〉若干问题的意见（二）》规定，用人单位注册地与生产经营地不在同一统筹地区的，原则上应在注册地为职工参加工伤保险；未在注册地参加工伤保险的职工，可由用人单位在生产经营地为其参加工伤保险。

15. 被派遣劳动者在用工单位因工作遭受事故伤害的，用工单位承担工伤保险责任。 （ ）

【参考答案】×

【解析】《劳务派遣暂行规定》第十条规定，被派遣劳动者在用工单位因工作遭受事故伤害的，劳务派遣单位应当依法申请工伤认定，用工单位应当协助工伤认定的调查核实工作。劳务派遣单位承担工伤保险责任，但可以与用工单位约定补偿办法。

16. 建设单位要在项目开工前由专业承包单位一次性代缴本项目工伤保险费，覆盖项目使用的所有职工。 （ ）

【参考答案】×

【解析】《关于进一步做好建筑业工伤保险工作的意见》规定，建设单位要在项目开工前由施工总承包单位一次性代缴本项目工伤保险费，覆盖项目使用的所有职工，包括专业承包单位、劳务分包单位使用的农民工。

17. 对人工成本占比较低的铁路、公路、水运、水利、能源、机场工程建设项目参加工伤保险，可按照人工成本乘以工伤保险行业平均费率的方式计算工伤保险费。 （ ）

【参考答案】×

【解析】《关于铁路、公路、水运、水利、能源、机场工程建设项目参加工伤保险工作的通知》规定，对人工成本占比较低的工程建设项目，可按照人工成本乘以工伤保险行业基准费率的方式计算工伤保险费。

18. 用人单位应当按照国家有关规定为建立劳动关系的非全日制劳动者缴纳工伤保险费。（　　）

【参考答案】√

【解析】劳动和社会保障部《关于非全日制用工若干问题的意见》（劳社部发〔2003〕12 号）规定，用人单位应当按照国家有关规定为建立劳动关系的非全日制劳动者缴纳工伤保险费。从事非全日制工作的劳动者发生工伤，依法享受工伤保险待遇；被鉴定为伤残 5—10 级的，经劳动者与用人单位协商一致，可以一次性结算伤残待遇及有关费用。

19. 职工因工致残被鉴定为七级至十级伤残的，不享受伤残津贴待遇。（　　）

【参考答案】√

【解析】《工伤保险条例》第三十五条规定，职工因工致残被鉴定为七级至十级伤残的，享受以下待遇：从工伤保险基金按伤残等级支付一次性伤残补助金，标准为：七级伤残为 12 个月的本人工资，八级伤残为 10 个月的本人工资，九级伤残为 8 个月的本人工资，十级伤残为 6 个月的本人工资；劳动合同期满终止，或者职工本人提出解除劳动合同的，由用人单位支付一次性工伤医疗补助金和伤残就业补助金。具体标准由省、自治区、直辖市人民政府规定。

20. 通过费率浮动的办法确定每个行业内的费率档次。二类行业分为三个档次，即在基准费率的基础上，可向上浮动至 120%、150%。（　　）

【参考答案】×

【解析】《人力资源社会保障部 财政部关于调整工伤保险费率政策的通知》（人社部发〔2015〕71 号）规定，通过费率浮动的办法确定每个行业内的费率档次。一类行业分为三个档次，即在基准费率的基础上，可向上浮动至 120%、150%，二类至八类行业分为五个档次，即在基准费率的基础上，可分别向上浮动至 120%、150%或向下浮动至 80%、50%。

四、简答题

1. 请简答如何确定用人单位工伤保险费率。

【参考答案与解析】

工伤保险费率是所有社会保险费费率中最为复杂的。我国工伤保险实行行业差别比例费率和浮动费率制度。用人单位工伤保险费率的确定需要根据用人单位的市场主体登记信息（行业类别），确定用人单位的行业风险类别、工伤保险行业基准费率，再根据单位出险情况确定浮动费率。

2. 请简答对建筑施工企业、小型服务企业、小型矿山企业等部分难以直接按照工资总额计算缴纳工伤保险费的行业企业，如何计算缴纳工伤保险费。

【参考答案与解析】

建筑施工企业、小型服务企业、小型矿山企业等部分行业企业，难以直接按照工资总额计算缴纳工伤保险费，按照《部分行业企业工伤保险费缴纳办法》（中华人民共和国人力资源和社会保障部令第 10 号）规定，采取特殊计算方式。

（1）建筑施工企业可以实行以建筑施工项目为单位，按照项目工程总造价的一定比例，计算缴纳工伤保险费。

（2）商贸、餐饮、住宿、美容美发、洗浴以及文体娱乐等小型服务业企业以及有雇工的个体工商户，可以按照营业面积的大小核定应参保人数，按照所在统筹地区上一年度职工月平均工资的一定比例和相应的费率，计算缴纳工伤保险费；也可以按照营业额的一定比例计算缴纳工伤保险费。

（3）小型矿山企业可以按照总产量、吨矿工资含量和相应的费率计算缴纳工伤保险费。

3. 请简述哪些情形可以认定为工伤。

【参考答案与解析】

根据规定以下情形可以认定为工伤：

（1）在工作时间和工作场所内，因工作原因受到事故伤害的。

（2）工作时间前后在工作场所内，从事与工作有关的预备性或者收尾性工作受到事故伤害的。

（3）在工作时间和工作场所内，因履行工作职责受到暴力等意外伤害的。

（4）患职业病的。

（5）因工外出期间，由于工作原因受到伤害或者发生事故下落不明的。

（6）在上下班途中，受到非本人主要责任的交通事故或者城市轨道交通、客运轮渡、火车事故伤害的。

（7）法律、行政法规规定应当认定为工伤的其他情形。

第六章　社会保险费降费政策专题

第一部分　知识架构

2015 年以来，国家出台一系列社会保险降费政策，主要包括免征单位缴费部分、减征单位缴费部分、降低费率、调整缴费基数、实施缓缴、开展补贴和稳岗返还等措施。本章作简要概述。

降费政策从降率开始。

一、降低社会保险费率政策

《社会保险法》规定国家建立基本养老保险、基本医疗保险、失业保险、工伤保险和生育保险等社会保险制度，用人单位和个人依法缴纳社会保险费，其中前三项保险由单位和职工共同缴纳费用，后两项保险仅由单位缴费。2014 年底，五项保险费率合计约为 41%，其中单位费率约为 30%、个人费率 11%。

社会保险制度是重要的经济社会制度，社会保险费率直接涉及社会保障筹资规模。党中央、国务院高度重视完善社会保险费率政策问题。党的十八届三中、五中全会提出，要适时降低社会保险费率。2015 年以来先后多次降低或阶段性降低社保费率，涉及企业职工基本养老保险、失业保险、工伤保险和生育保险。

2015 年 2 月 25 日，国务院常务会议确定将失业保险费率由失业保险条例规定的 3% 统一降至 2%。2 月 27 日，《人力资源和社会保障部 财政部关于调整失业保险费率有关问题的通知》（人社部发〔2015〕24 号）规定，从 2015 年 3 月 1 日起，失业保险费率暂由现行条例规定的 3% 降至 2%，单位和个人缴费的具体比例由各省、自治区、直辖市人民政府确定。在省、自治区、直辖市行政区域内，单位及职工的费率应当统一。在五项社会保险中，之所以选择首先降低失业保险费率，主要原因在于失业保险基金的当期结余和历史结余比较多，有下调的空间。调整失业保险费率，有利于减轻企业和个人负担，促进就业稳定。

2015 年 6 月 24 日，国务院常务会议决定，在已降低失业保险费率的基础上，从 10 月 1 日起，将工伤保险平均费率由 1% 降至 0.75%，并根据行业风险程度细化基准费率档次，根据工伤发生率对单位（企业）适当上浮或下浮费率；将生育保险费率从不超过 1% 降到不超过 0.5%；工伤保险和生育保险基金超过合理结存量的地区应调低费率。

2015 年 7 月 22 日，《人力资源社会保障部 财政部关于调整工伤保险费率政策的通知》（人社部发〔2015〕71 号）规定自 2015 年 10 月 1 日起，调整现行工伤保险费率政策。各行业工伤风险类别对应的全国工伤保险行业基准费率为，一类至八类分别控制在该行业用人单位职工工资总额的 0.2%、0.4%、0.7%、0.9%、1.1%、1.3%、1.6%、1.9% 左右。通过费率浮动的办法确定每个行业内的费率档次。一类行业分为三个档次，即在基准费率的基础上，可向上浮动至 120%、150%，二类至八类行业分为五个档次，即在基准费率的基础上，可分别向上浮动至 120%、150% 或向下浮动至 80%、50%。

2015 年 7 月 27 日，《人力资源社会保障部 财政部关于适当降低生育保险费率的通知》（人社部发〔2015〕70 号）规定，自 2015 年 10 月 1 日起，生育保险基金累计结余超过 9 个月的统筹地区，应将生育保险基金费率调整到用人单位职工工资总额的 0.5% 以内，具体费率应按照“以支定收、收支平衡”的原则，根据近年来生育保险基金的收支和结余情况确定。

2016 年 4 月 14 日，《人力资源社会保障部 财政部关于阶段性降低社会保险费率的通知》（人社部发〔2016〕36 号）规定，一是从 2016 年 5 月 1 日起，企业职工基本养老保险单位缴费比例超过 20% 的省（区、市），将单位缴费比例降至 20%；单位缴费比例为 20% 且 2015 年年底企业职工基本养老保险基金累计结余可支付月数高于 9 个月的省（区、市），可以阶段性将单位缴费比例降低至 19%，降低费率的期限暂按两年执行。具体方案由各省（区、市）确定。二是从 2016 年 5 月 1 日起，失业保险总费率在 2015 年已降低 1 个百分点基础上可以阶段性降至 1%—1.5%，其中个人费率不超过 0.5%，降低费率的期限暂按两年执行。具体方案由各省（区、市）确定。三是各地要继续贯彻落实国务院2015年关于降低工伤保险平均费率0.25%和生育保险费率0.5%的决定和有关政策规定，确保政策实施到位。

2017年2月16日，《人力资源社会保障部 财政部关于阶段性降低失业保险费率有关问题的通知》（人社部发〔2017〕14号）规定，自2017年1月1日起，失业保险总费率为1.5%的省（区、市），可以将总费率降至1%，降低费率的期限执行至2018年4月30日。在省（区、市）行政区域内，单位及个人的费率应当统一，个人费率不得超过单位费率。

2018年4月20日，《人力资源社会保障部 财政部关于阶段性降低失业保险费率的通知》（人社部发〔2018〕25号）规定，一是自2018年5月1日起，企业职工基本养老保险单位缴费比例超过19%的省（区、市），以及按照《人力资源社会保障部 财政部关于阶段性降低社会保险费率的通知》（人社部发〔2016〕36号）单位缴费比例降至19%的省（区、市），基金累计结余可支付月数（截至2017年底，下同）高于9个月的，可阶段性执行19%的单位缴费比例至2019年4月30日。具体方案由各省（区、市）研究确定。二是自2018年5月1日起，按照《人力资源社会保障部 财政部关于阶段性降低失业保险费率的通知》（人社部发〔2017〕14号）实施失业保险总费率1%的省（区、市），延长阶段性降低费率的期限至2019年4月30日。具体方案由各省（区、市）研究确定。三是自2018年5月1日起，在保持八类费率总体稳定的基础上，工伤保险基金累计结余可支付月数在18（含）至23个月的统筹地区，可以现行费率为基础下调20%；累计结余可支付月数在24个月（含）以上的统筹地区，可以现行费率为基础下调50%。降低费率的期限暂执行至2019年4月30日。下调费率期间，统筹地区工伤保险基金累计结余达到合理支付月数范围的，停止下调。具体方案由各省（区、市）研究确定。

2019年4月1日，《国务院办公厅关于印发降低社会保险费率综合方案的通知》（国办发〔2019〕13号）规定，一是自2019年5月1日起，降低城镇职工基本养老保险（包括企业和机关事业单位基本养老保险，以下简称“养老保险”）单位缴费比例。各省、自治区、直辖市及新疆生产建设兵团（以下统称“省”）养老保险单位缴费比例高于16%的，可降至16%；目前低于16%的，要研究提出过渡办法。各省具体调整或过渡方案于2019年4月15日前报人力资源社会保障部、财政部备案。二是自2019年5月1日起，实施失业保险总费率 1% 的省，延长阶段性降低失业保险费率的期限至 2020 年 4 月 30 日。自 2019 年 5 月 1 日起，延长阶段性降低工伤保险费率的期限至 2020 年 4 月 30 日，工伤保险基金累计结余可支付月数在 18 至 23 个月的统筹地区可以现行费率为基础下调 20%，累计结余可支付月数在 24 个月以上的统筹地区可以现行费率为基础下调 50%。

2015 年职工五项社会保险总费率是 41%，之后经过六次下调，2019 年是下调幅度最大的一次，目前五项社会保险费率总水平降至 33.95%，其中单位费率降至 23.45%，六次降费共降低了 7.05%。据统计，2019 年企业职工基本养老保险、失业保险、工伤保险三个险种全年减费 4 252 亿元，超额完成了年初预计 3 100 亿元的目标。2015—2019 年社会保险减费近万亿元，减费规模超过预期。

2019 年 12 月 13 日，《国务院关于进一步做好稳就业工作的意见》（国发〔2019〕28 号）规定，阶段性降低失业保险费率、工伤保险费率的政策，实施期限延长至 2021 年 4 月 30 日。

2021 年 1 月 8 日，《人力资源社会保障部办公厅 财政部办公厅 国家税务总局办公厅关于 2021 年社会保险缴费有关问题的通知》（人社厅发〔2021〕2 号）规定，阶段性降低失业保险、工伤保险费率政策 2021 年 4 月 30 日到期后，延续实施 1 年至 2022 年 4 月 30 日。

2022 年 4 月 25 日，《人力资源社会保障部 财政部 国家税务总局关于做好失业保险稳岗位提技能防失业工作的通知》（人社部发〔2022〕23 号）规定，延续实施阶段性降低失业保险、工伤保险费率政策 1 年，执行期限至 2023 年 4 月 30 日。

2023 年 3 月 29 日，《人力资源社会保障部 财政部 国家税务总局关于阶段性降低失业保险、工伤保险费率有关问题的通知》（人社部发〔2023〕19 号）规定，一是自 2023 年 5 月 1 日起，继续实施阶段性降低失业保险费率至 1% 的政策，实施期限延长至 2024 年底。在省（区、市）行政区域内，单位及个人的费率应当统一，个人费率不得超过单位费率。二是自 2023 年 5 月 1 日起，按照《国务院办公厅关于印发降低社会保险费率综合方案的通知》（国办发〔2019〕13 号）有关实施条件，继续实施阶段性降低工伤保险费率政策，实施期限延长至 2024 年底。此次延续实施降费率预计年均减负约1 800亿元，不分企业性质、不分行业，包括中小微企业、个体工商户在内的各类市场主体将普遍受益。

总之，降低或阶段性降低社会保险费率政策是优化完善税费政策的重要组成部分，有利于减轻企业负担、增强企业活力、促进就业稳定。在政策实施过程中，各地需要加强社会保险基金运行分析，平衡好降费率与保发放之间的关系，既要落实降费率政策，也要确保参保人员待遇，按时足额发放，保障制度运行平稳安全可持续。

二、阶段性减免社保费

《社会保险法》第六十条规定，用人单位应当自行申报、按时足额缴纳社会保险费，非因不可抗力等法定事由不得缓缴、减免。

2020 年，为统筹做好疫情防控和经济社会发展工作，纾解企业困难，推动企业有序复工复产，支持稳定和扩大就业，按照党中央和国务院决策部署，阶段性减免企业养老、失业、工伤保险的单位缴费，以减轻疫情对企业特别是中小微企业的影响，使企业恢复生产后有一个缓冲期。2020 年，减免社保费 1.7 万亿元。

2020 年 2 月 20 日，《人力资源社会保障部 财政部 税务总局关于阶段性减免企业社会保险费的通知》（人社部发〔2020〕11 号）规定，一是自 2020 年 2 月起，各省、自治区、直辖市（除湖北省外）及新疆生产建设兵团（以下统称“省”）可根据受疫情影响情况和基金承受能力，免征中小微企业三项社会保险单位缴费部分，免征期限不超过 5 个月；对大型企业等其他参保单位（不含机关事业单位）三项社会保险单位缴费部分可减半征收，减征期限不超过 3 个月。二是自 2020 年 2 月起，湖北省可免征各类参保单位（不含机关事业单位）三项社会保险单位缴费部分，免征期限不超过 5 个月。

2020 年 6 月 22 日，为进一步帮助企业特别是中小微企业应对风险、渡过难关，减轻企业和低收入参保人员的缴费负担，《人力资源社会保障部 财政部 税务总局关于延长阶段性减免企业社会保险费政策实施期限等问题的通知》（人社部发〔2020〕49 号）规定，各省、自治区、直辖市及新疆生产建设兵团（以下统称“省”）对中小微企业三项社会保险单位缴费部分免征的政策，延长执行到 2020 年 12 月底。各省（除湖北省外）对大型企业等其他参保单位（不含机关事业单位，下同）三项社会保险单位缴费部分减半征收的政策，延长执行到2020年6月底。湖北省对大型企业等其他参保单位三项社会保险单位缴费部分免征的政策，继续执行到2020年6月底。

2021年1月8日，《人力资源社会保障部办公厅 财政部办公厅 国家税务总局办公厅关于2021年社会保险缴费有关问题的通知》（人社厅发〔2021〕2号）规定，2021年1月1日起，不再实施阶段性减免和缓缴企业养老保险、失业保险、工伤保险费政策，各项社会保险缴费按相关规定正常征收。

2020年2月21日，《国家医保局 财政部 税务总局关于阶段性减征职工基本医疗保险费的指导意见》（医保发〔2020〕6号）规定，一是自2020年2月起，各省、自治区、直辖市及新疆生产建设兵团（以下统称“省”）可指导统筹地区根据基金运行情况和实际工作需要，在确保基金收支中长期平衡的前提下，对职工医保单位缴费部分实行减半征收，减征期限不超过5个月。二是原则上，统筹基金累计结存可支付月数大于6个月的统筹地区，可实施减征；可支付月数小于6个月但确有必要减征的统筹地区，由各省指导统筹考虑安排。缓缴政策可继续执行，缓缴期限原则上不超过6个月，缓缴期间免收滞纳金。

三、缓缴

（一）一般性缓缴

《社会保险法》第六十条规定，用人单位应当自行申报、按时足额缴纳社会保险费，非因不可抗力等法定事由不得缓缴、减免。

《实施〈中华人民共和国社会保险法〉若干规定》第二十一条、二十二条、二十三条对缓缴业务进行具体规定：

第二十一条　用人单位因不可抗力造成生产经营出现严重困难的，经省级人民政府社会保险行政部门批准后，可以暂缓缴纳一定期限的社会保险费，期限一般不超过一年。暂缓缴费期间，免收滞纳金。到期后，用人单位应当缴纳相应的社会保险费。

第二十二条　用人单位按照社会保险法第六十三条的规定，提供担保并与社会保险费征收机构签订缓缴协议的，免收缓缴期间的滞纳金。

第二十三条　用人单位按照此规定第二十一条、第二十二条缓缴社会保险费期间，不影响其职工依法享受社会保险待遇。

（二）阶段性缓缴

2020年2月20日，《人力资源社会保障部 财政部 税务总局关于阶段性减免企业社会保险费的通知》（人社部发〔2020〕11号）规定，受疫情影响生产经营出现严重困难的企业，可申请缓缴社会保险费，缓缴期限原则上不超过6个月，缓缴期间免收滞纳金。

2020年6月22日，《人力资源社会保障部 财政部 税务总局关于延长阶段性减免企业社会保险费政策实施期限等问题的通知》（人社部发〔2020〕49号）规定，受疫情影响生产经营出现严重困难的企业，可继续缓缴社会保险费至2020年12月底，缓缴期间免收滞纳金。

2022年，党中央、国务院统筹推进疫情防控和经济社会发展，对生产经营遇到特殊困难行业进行精准支持帮扶，出台了特困行业阶段性实施缓缴养老保险、失业保险和工伤保险费政策。

2022年4月25日，《人力资源社会保障部办公厅 国家税务总局办公厅关于特困行业阶段性实施缓缴企业社会保险费政策的通知》（人社厅发〔2022〕16号）规定，对餐饮、零售、旅游、民航、公路水路铁路运输五个特困行业企业（以单位方式参加社会保险的有雇工的个体工商户以及其他单位）的企业职工基本养老保险费、失业保险费、工伤保险费的单位应缴纳部分实施阶段性缓缴。企业职工基本养老保险费缓缴费款所属期为2022年4月至6月。失业保险费、工伤保险费缓缴费款所属期为2022年4月至2023年3月，在此期间，企业可申请不同期限的缓缴。已缴纳所属期为2022年4月费款的企业，可从5月起申请缓缴，缓缴月份相应顺延一个月，也可以申请退回4月费款。缓缴期间免收滞纳金。企业原则上应在缓缴期满后的一个月内补缴缓缴的失业保险、工伤保险费款；缓缴的企业职工基本养老保险费最迟于2022年底前补缴到位，期间免收滞纳金，税务部门应及时提醒企业补缴。在缓缴期限内，企业可根据自身经营状况向社会保险登记部门申请缓缴三项社保费。

在缓缴期限内，企业可根据自身经营状况向社会保险登记部门申请缓缴三项社保费。新开办企业可自参保当月起申请缓缴；企业行业类型变更为上述行业的，可自变更当月起申请缓缴。

2022年5月31日，《人力资源社会保障部 国家发展改革委 财政部 税务总局关于扩大阶段性缓缴社会保险费政策实施范围等问题的通知》（人社部发〔2022〕31 号）规定，一是扩大实施缓缴政策的困难行业范围。在对餐饮、零售、旅游、民航、公路水路铁路运输等 5 个特困行业实施阶段性缓缴三项社保费政策的基础上，以产业链供应链受疫情影响较大、生产经营困难的制造业企业为重点，进一步扩大实施范围（农副食品加工业；纺织业；纺织服装、服饰业；造纸和纸制品业；印刷和记录媒介复制业；医药制造业；化学纤维制造业；橡胶和塑料制品业；通用设备制造业；汽车制造业；铁路、船舶、航空航天和其他运输设备制造业；仪器仪表制造业；社会工作；广播、电视、电影和录音制作业；文化艺术业；体育；娱乐业）。缓缴扩围行业所属困难企业，可申请缓缴三项社保费单位缴费部分，其中养老保险费缓缴实施期限到 2022 年年底，工伤、失业保险费缓缴期限不超过 1 年。原明确的 5 个特困行业缓缴养老保险费期限相应延长至 2022 年年底。缓缴期间免收滞纳金。二是对受疫情影响较大、生产经营困难的中小微企业实施缓缴政策。受疫情影响严重地区生产经营出现暂时困难的所有中小微企业、以单位方式参保的个体工商户，可申请缓缴三项社保费单位缴费部分，缓缴实施期限到 2022 年年底，期间免收滞纳金。参加企业职工基本养老保险的事业单位及社会团体、基金会、社会服务机构、律师事务所、会计师事务所等社会组织参照执行。

2022 年 9 月 19 日，《人力资源社会保障部办公厅 国家发展改革委办公厅 财政部办公厅 国家税务总局办公厅关于进一步做好阶段性缓缴社会保险费政策实施工作有关问题的通知》（人社厅发〔2022〕50 号）规定，一是自 2022 年 9 月起，各省、自治区、直辖市及新疆生产建设兵团（以下统称“地区”）可根据本地区受疫情影响情况和社会保险基金状况，进一步扩大缓缴政策实施范围，覆盖本地区所有受疫情影响较大、生产经营困难的中小微企业、以单位方式参保的个体工商户、参加企业职工基本养老保险的事业单位及各类社会组织，使阶段性缓缴社会保险费政策惠及更多市场主体。二是阶段性缓缴社会保险费政策到期后，可允许企业在 2023 年底前采取分期或逐月等方式补缴缓缴的社会保险费。补缴期间免收滞纳金。

2022 年 6 月 30 日，《国家医保局 国家发展改革委 财政部 税务总局关于阶段性缓缴职工基本医疗保险单位缴费的通知》（医保发〔2022〕21 号）规定，对中小微企业实施阶段性缓缴职工医保单位缴费政策。统筹基金累计结存可支付月数大于6个月的统筹地区，自2022年7月起，对中小微企业、以单位方式参保的个体工商户缓缴3个月职工医保单位缴费，缓缴期间免收滞纳金。社会团体、基金会、社会服务机构、律师事务所、会计师事务所等社会组织参照执行。全面推行“免申即享”经办模式，符合条件的中小微企业无须提出缓缴申请即可享受缓缴单位缴费政策。

（三）灵活就业人员缓缴

2020年6月22日，《人力资源社会保障部 财政部 税务总局关于延长阶段性减免企业社会保险费政策实施期限等问题的通知》（人社部发〔2020〕49号）规定，以个人身份参加企业职工基本养老保险的个体工商户和各类灵活就业人员，2020年缴纳基本养老保险费确有困难的，可自愿暂缓缴费。2021年可继续缴费，缴费年限累计计算；对2020年未缴费月度，可于2021年年底前进行补缴，缴费基数在2021年当地个人缴费基数上下限范围内自主选择。

2021年1月8日，《人力资源社会保障部办公厅 财政部办公厅 国家税务总局办公厅关于2021年社会保险缴费有关问题的通知》（人社厅发〔2021〕2号）规定，灵活就业人员可在本省规定的个人缴费基数上下限范围内选择适当的缴费基数，选择按月、按季、按半年、按年缴费对2020年自愿暂缓缴费月度可于2021年年底前进行补缴，缴费基数在2021年当地个人缴费基数上下限范围内自主选择。

2022年4月25日，《人力资源社会保障部办公厅 国家税务总局办公厅关于特困行业阶段性实施缓缴企业社会保险费政策的通知》（人社厅发〔2022〕16号）规定，以个人身份参加企业职工基本养老保险的个体工商户和各类灵活就业人员，2022年缴纳费款有困难的，可自愿暂缓缴费，2022年未缴费月度可于2023年年底前进行补缴，缴费基数在2023年当地个人缴费基数上下限范围内自主选择，缴费年限累计计算。

四、调整缴费基数口径

缴费基数是影响企业和个人社保缴费负担的重要参数。长期以来，各地普遍使用城镇非私营单位就业人员平均工资核定社保个人缴费基数上下限。

2019 年 4 月 1 日，《国务院办公厅关于印发降低社会保险费率综合方案的通知》（国办发〔2019〕13 号）规定，一是调整就业人员平均工资计算口径。各省应以本省城镇非私营单位就业人员平均工资和城镇私营单位就业人员平均工资加权计算的全口径城镇单位就业人员平均工资，核定社保个人缴费基数上下限，合理降低部分参保人员和企业的社保缴费基数。调整就业人员平均工资计算口径后，各省要制定基本养老金计发办法的过渡措施，确保退休人员待遇水平平稳衔接。二是完善个体工商户和灵活就业人员缴费基数政策。个体工商户和灵活就业人员参加企业职工基本养老保险，可以在本省全口径城镇单位就业人员平均工资的 60% 至 300% 之间选择适当的缴费基数。

全口径城镇单位就业人员平均工资，比原政策规定的非私营单位在岗职工平均工资，能够更合理地反映参保人员实际平均工资水平，以此来核定个人缴费基数上下限，工资水平较低的职工缴费基数可相应降低，缴费负担减轻。部分企业，特别是部分小微企业或劳动密集型企业，不少职工按照缴费基数下限缴费，企业缴费负担也可进一步减轻，能更多受益。对个体工商户和灵活就业人员而言，政策调整后，不仅平均工资口径调整、标准降低，选择范围也变大，选择低基数的可以进一步减轻缴费负担，收入较高的人员也可以选择较高的缴费基数，来提高自己退休后的养老金水平。

2020 年 6 月 22 日，《人力资源社会保障部 财政部 税务总局关于延长阶段性减免企业社会保险费政策实施期限等问题的通知》（人社部发〔2020〕49 号）规定：各省 2020 年社会保险个人缴费基数下限可继续执行 2019 年个人缴费基数下限标准，个人缴费基数上限按规定正常调整。

2021 年 1 月 8 日，《人力资源社会保障部办公厅 财政部办公厅 国家税务总局办公厅关于 2021 年社会保险缴费有关问题的通知》（人社厅发〔2021〕2 号）规定，各省 2021 年社会保险个人缴费基数上下限原则上根据 2020 年本省全口径城镇单位就业人员平均工资（以下简称“全口径平均工资”）确定。个人缴费基数下限增长过快、2021 年当年调整到位确有困难的省份，个人缴费基数下限可分两年过渡，2021 年个人缴费基数下限可根据 2019 年全口径平均工资和 2020 年全口径平均工资的算术平均值确定，2022 年个人缴费基数下限按 2021 年全口径平均工资确定，过渡方案报人力资源社会保障部、财政部、国家税务总局同意后公布执行；个人缴费基数上限按规定正常调整。

五、就业补助资金

《财政部 人力资源社会保障部关于印发就业补助资金管理办法的通知》(财社〔2017〕164号) 规定，就业补助资金对个人和单位的补贴资金用于职业培训补贴、职业技能鉴定补贴、社会保险补贴、公益性岗位补贴、创业补贴、就业见习补贴、求职创业补贴等支出。其中，享受社会保险补贴的人员范围包括：符合《就业促进法》规定的就业困难人员和高校毕业生。

社会保险补贴用于以下方面：

(一) 就业困难人员社会保险补贴。对招用就业困难人员并缴纳社会保险费的单位，以及通过公益性岗位安置就业困难人员并缴纳社会保险费的单位，按其为就业困难人员实际缴纳的基本养老保险费、基本医疗保险费和失业保险费给予补贴，不包括就业困难人员个人应缴纳的部分。对就业困难人员灵活就业后缴纳的社会保险费，给予一定数额的社会保险补贴，补贴标准原则上不超过其实际缴费的2/3。就业困难人员社会保险补贴期限，除对距法定退休年龄不足5年的就业困难人员可延长至退休外，其余人员最长不超过3年(以初次核定其享受社会保险补贴时年龄为准)。

(二) 高校毕业生社会保险补贴。对招用毕业年度高校毕业生，与之签订1年以上劳动合同并为其缴纳社会保险费的小微企业，给予最长不超过1年的社会保险补贴，不包括高校毕业生个人应缴纳的部分。对离校1年内未就业的高校毕业生灵活就业后缴纳的社会保险费，给予一定数额的社会保险补贴，补贴标准原则上不超过其实际缴费的2/3，补贴期限最长不超过2年。

社会保险补贴实行“先缴后补”，并根据资金具体用途分别遵循以下要求：

(一) 招用就业困难人员的单位和招用毕业年度高校毕业生的小微企业，申请社会保险补贴应向当地人社部门提供以下材料：符合条件人员名单、《就业创业证》复印件或毕业证书复印件、劳动合同复印件、社会保险费征缴机构出具的社会保险缴费明细账（单）等。

(二) 灵活就业的就业困难人员和灵活就业的离校1年内高校毕业生，申请社会保险补贴应向当地人社部门提供以下材料：《就业创业证》复印件或毕业证书复印件、灵活就业证明材料、社会保险费征缴机构出具的社会保险缴费明细账（单）等。

（三）通过公益性岗位安置就业困难人员的单位，申请社会保险补贴应向当地人社部门提供以下材料：《就业创业证》复印件、享受社会保险补贴年限证明材料、社会保险费征缴机构出具的社会保险缴费明细账（单）等。

上述资金经人社部门审核后，按规定将补贴资金支付到单位在银行开立的基本账户或申请者本人个人银行账户。

第二部分　自测练习题

一、单选题

1. 2015 年，首先降低费率的社会保险是（　　）。

A. 基本养老保险　　B. 基本医疗保险

C. 失业保险　　D. 工伤保险

【参考答案】C

【解析】2015 年 2 月 27 日，《人力资源和社会保障部 财政部关于调整失业保险费率有关问题的通知》（人社部发〔2015〕24 号）规定，从 2015 年 3 月 1 日起，失业保险费率暂由现行条例规定的 3% 降至 2%，单位和个人缴费的具体比例由各省、自治区、直辖市人民政府确定。在省、自治区、直辖市行政区域内，单位及职工的费率应当统一。在五项社会保险中，之所以选择首先降低失业保险费率，主要原因在于失业保险基金的当期结余和历史结余比较多，有下调的空间。调整失业保险费率，有利于减轻企业和个人负担，促进就业稳定。

2. 自（　　）起，各行业工伤风险类别对应的全国工伤保险行业基准费率为，一类至八类分别控制在该行业用人单位职工工资总额的相应比例。

A. 2015 年 1 月 1 日　　B. 2015 年 5 月 1 日

C. 2015 年 7 月 1 日　　D. 2015 年 10 月 1 日

【参考答案】D

【解析】2015 年 7 月 22 日，《人力资源社会保障部 财政部关于调整工伤保险费率政策的通知》（人社部发〔2015〕71 号）规定自 2015 年 10 月 1 日起，调整现行工伤保险费率政策。各行业工伤风险类别对应的全国工伤保险行业基准费率为，一类至八类分别控制在该行业用人单位职工工资总额的

0.2%、0.4%、0.7%、0.9%、1.1%、1.3%、1.6%、1.9%左右。

3. 自2015年10月1日起，生育保险基金累计结余超过9个月的统筹地区，应将生育保险基金费率调整到用人单位职工工资总额的（　　）以内。

A. 0.1%　　B. 0.5%　　C. 0.7%　　D. 1%

【参考答案】B

【解析】2015年7月27日，《人力资源社会保障部 财政部关于适当降低生育保险费率的通知》（人社部发〔2015〕70号）规定，自2015年10月1日起，生育保险基金累计结余超过9个月的统筹地区，应将生育保险基金费率调整到用人单位职工工资总额的0.5%以内，具体费率应按照“以支定收、收支平衡”的原则，根据近年来生育保险基金的收支和结余情况确定。

4. 从2016年5月1日起，企业职工基本养老保险单位缴费比例为20%且2015年年底企业职工基本养老保险基金累计结余可支付月数高于9个月的省（区、市），可以阶段性将单位缴费比例降低至（　　），降低费率的期限暂按两年执行。

A. 19%　　B. 18%　　C. 17%　　D. 16%

【参考答案】A

【解析】2016年4月14日，《人力资源社会保障部 财政部关于阶段性降低社会保险费率的通知》（人社部发〔2016〕36号）规定，一是从2016年5月1日起，企业职工基本养老保险单位缴费比例超过20%的省（区、市），将单位缴费比例降至20%；单位缴费比例为20%且2015年年底企业职工基本养老保险基金累计结余可支付月数高于9个月的省（区、市），可以阶段性将单位缴费比例降低至19%，降低费率的期限暂按两年执行。具体方案由各省（区、市）确定。

5. 自2017年1月1日起，失业保险总费率为（　　）的省（区、市），可以将总费率降至1%。

A. 3%　　B. 2.5%　　C. 2%　　D. 1.5%

【参考答案】D

【解析】2017年2月16日，《人力资源社会保障部 财政部关于阶段性降低失业保险费率有关问题的通知》（人社部发〔2017〕14号）规定，自2017年1月1日起，失业保险总费率为1.5%的省（区、市），可以将总费率降至1%，降低费率的期限执行至2018年4月30日。在省（区、市）行政区域内，单位及个人的费率应当统一，个人费率不得超过单位费率。

6. 自（　　）起，在保持八类费率总体稳定的基础上，工伤保险基金累计结余可支付月数在 18（含）至 23 个月的统筹地区，可以现行费率为基础下调 20%。

A. 2018 年 1 月 1 日　　B. 2018 年 5 月 1 日

C. 2018 年 7 月 1 日　　D. 2018 年 10 月 1 日

【参考答案】B

【解析】2018 年 4 月 20 日，《人力资源社会保障部 财政部关于阶段性降低失业保险费率的通知》（人社部发〔2018〕25 号）规定，自 2018 年 5 月 1 日起，在保持八类费率总体稳定的基础上，工伤保险基金累计结余可支付月数在 18（含）至 23 个月的统筹地区，可以现行费率为基础下调 20%；累计结余可支付月数在 24 个月（含）以上的统筹地区，可以现行费率为基础下调 50%。降低费率的期限暂执行至 2019 年 4 月 30 日。下调费率期间，统筹地区工伤保险基金累计结余达到合理支付月数范围的，停止下调。具体方案由各省（区、市）研究确定。

7. 自（　　）日起，各省城镇职工基本养老保险（包括企业和机关事业单位基本养老保险）单位缴费比例高于 16% 的，可降至 16%

A. 2018 年 4 月 1 日　　B. 2019 年 1 月 1 日

C. 2019 年 4 月 1 日　　D. 2019 年 5 月 1 日

【参考答案】D

【解析】2019 年 4 月 1 日，《国务院办公厅关于印发降低社会保险费率综合方案的通知》（国办发〔2019〕13 号）规定，自 2019 年 5 月 1 日起，降低城镇职工基本养老保险（包括企业和机关事业单位基本养老保险，以下简称“养老保险”）单位缴费比例。各省、自治区、直辖市及新疆生产建设兵团（以下统称“省”）养老保险单位缴费比例高于 16% 的，可降至 16%；目前低于 16% 的，要研究提出过渡办法。各省具体调整或过渡方案于 2019 年 4 月 15 日前报人力资源社会保障部、财政部备案。

8. 自 2023 年 5 月 1 日起，继续实施阶段性降低失业保险费率至 1% 的政策，实施期限延长至（　　）。

A. 2023 年 12 月底　　B. 2024 年 4 月底

C. 2024 年 12 月底　　D. 2025 年 4 月底

【参考答案】C

【解析】2023 年 3 月 29 日，《人力资源社会保障部 财政部 国家税务总局关于阶段性降低失业保险、工伤保险费率有关问题的通知》（人社部发〔2023〕19 号）规定，自 2023 年 5 月 1 日起，继续实施阶段性降低失业保险费率至 1% 的政策，实施期限延长至 2024 年年底。在省（区、市）行政区域内，单位及个人的费率应当统一，个人费率不得超过单位费率。

9. 2020 年，各省、自治区、直辖市及新疆生产建设兵团对中小微企业三项社会保险单位缴费部分免征的政策，执行费款所属期为（　　）。

A. 2020 年 1—6 月　　B. 2020 年 2—6 月

C. 2020 年 1—12 月　　D. 2020 年 2—12 月

【参考答案】D

【解析】2020 年 2 月 20 日，《人力资源社会保障部 财政部 税务总局关于阶段性减免企业社会保险费的通知》（人社部发〔2020〕11 号）规定，自 2020 年 2 月起，各省、自治区、直辖市（除湖北省外）及新疆生产建设兵团（以下统称“省”）可根据受疫情影响情况和基金承受能力，免征中小微企业三项社会保险单位缴费部分，免征期限不超过 5 个月。

2020 年 6 月 22 日，《人力资源社会保障部 财政部 税务总局关于延长阶段性减免企业社会保险费政策实施期限等问题的通知》（人社部发〔2020〕49 号）规定，各省、自治区、直辖市及新疆生产建设兵团（以下统称“省”）对中小微企业三项社会保险单位缴费部分免征的政策，延长执行到 2020 年 12 月底。

10. 2020 年，各省、自治区、直辖市及新疆生产建设兵团对大型企业等其他参保单位（不含机关事业单位）三项社会保险单位缴费部分减半征收的政策，执行费款所属期为（　　）。

A. 2020 年 1—6 月　　B. 2020 年 2—6 月

C. 2020 年 2—4 月　　D. 2020 年 2—12 月

【参考答案】B

【解析】2020 年 2 月 20 日，《人力资源社会保障部 财政部 税务总局关于阶段性减免企业社会保险费的通知》（人社部发〔2020〕11 号）规定，自 2020 年 2 月起，各省、自治区、直辖市（除湖北省外）及新疆生产建设兵团可根据受疫情影响情况和基金承受能力，对大型企业等其他参保单位（不含机关事业单位）三项社会保险单位缴费部分可减半征收，减征期限不超过3个月。湖北省可免征各类参保单位（不含机关事业单位）三项社会保险单位缴费部分，免征期限不超过5个月。

2020年6月22日，《人力资源社会保障部 财政部 税务总局关于延长阶段性减免企业社会保险费政策实施期限等问题的通知》（人社部发〔2020〕49号）规定，各省（除湖北省外）对大型企业等其他参保单位（不含机关事业单位，下同）三项社会保险单位缴费部分减半征收的政策，延长执行到2020年6月底。湖北省对大型企业等其他参保单位三项社会保险单位缴费部分免征的政策，继续执行到2020年6月底。

11. 自（　　）起，不再实施阶段性减免企业养老保险、失业保险、工伤保险费政策，各项社会保险缴费按相关规定正常征收。

A. 2021年1月1日　　B. 2021年5月1日

C. 2022年1月1日　　D. 2022年5月1日

【参考答案】A

【解析】2021年1月8日，《人力资源社会保障部办公厅 财政部办公厅 国家税务总局办公厅关于2021年社会保险缴费有关问题的通知》（人社厅发〔2021〕2号）规定，2021年1月1日起，不再实施阶段性减免企业养老保险、失业保险、工伤保险费政策，各项社会保险缴费按相关规定正常征收。

12. 用人单位因不可抗力造成生产经营出现严重困难的，经省级人民政府社会保险行政部门批准后，可以暂缓缴纳一定期限的社会保险费，期限一般不超过（　　）。

A. 3个月　　B. 6个月　　C. 9个月　　D. 1年

【参考答案】D

【解析】《实施〈中华人民共和国社会保险法〉若干规定》第二十一条规定，用人单位因不可抗力造成生产经营出现严重困难的，经省级人民政府社会保险行政部门批准后，可以暂缓缴纳一定期限的社会保险费，期限一般不超过一年。

13. 2020年，按照国家有关规定，受疫情影响生产经营出现严重困难的企业，可申请缓缴社会保险费，缓缴期限最晚可以到（　　）。

A. 2020年6月底　　B. 2020年12月底

C. 2021年6月底　　D. 2021年12月底

【参考答案】B

【解析】2020 年 2 月 20 日，《人力资源社会保障部 财政部 税务总局关于阶段性减免企业社会保险费的通知》（人社部发〔2020〕11 号）规定，受疫情影响生产经营出现严重困难的企业，可申请缓缴社会保险费，缓缴期限原则上不超过 6 个月，缓缴期间免收滞纳金。

2020 年 6 月 22 日，《人力资源社会保障部 财政部 税务总局关于延长阶段性减免企业社会保险费政策实施期限等问题的通知》（人社部发〔2020〕49 号）规定，受疫情影响生产经营出现严重困难的企业，可继续缓缴社会保险费至 2020 年 12 月底，缓缴期间免收滞纳金。

14. 自 2022 年（　　）起，各省、自治区、直辖市及新疆生产建设兵团（以下统称“地区”）可进一步扩大缓缴政策实施范围，覆盖本地区所有受疫情影响较大、生产经营困难的中小微企业、以单位方式参保的个体工商户、参加企业职工基本养老保险的事业单位及各类社会组织，使阶段性缓缴社会保险费政策惠及更多市场主体。

A. 6 月　　B. 7 月　　C. 8 月　　D. 9 月

【参考答案】D

【解析】2022 年 9 月 19 日，《人力资源社会保障部办公厅 国家发展改革委办公厅 财政部办公厅 国家税务总局办公厅关于进一步做好阶段性缓缴社会保险费政策实施工作有关问题的通知》（人社厅发〔2022〕50 号）规定，自 2022 年 9 月起，各省、自治区、直辖市及新疆生产建设兵团（以下统称“地区”）可根据本地区受疫情影响情况和社会保险基金状况，进一步扩大缓缴政策实施范围，覆盖本地区所有受疫情影响较大、生产经营困难的中小微企业、以单位方式参保的个体工商户、参加企业职工基本养老保险的事业单位及各类社会组织，使阶段性缓缴社会保险费政策惠及更多市场主体。

15. 2022 年阶段性缓缴社会保险费政策到期后，可允许企业在（　　）前采取分期或逐月等方式补缴缓缴的社会保险费。

A. 2022 年底　　B. 2023 年 1 月底

C. 2023 年 6 月底　　D. 2023 年年底

【参考答案】D

【解析】2022 年 9 月 19 日，《人力资源社会保障部办公厅 国家发展改革委办公厅 财政部办公厅 国家税务总局办公厅关于进一步做好阶段性缓缴社会保险费政策实施工作有关问题的通知》（人社厅发〔2022〕50号）规定，阶段性缓缴社会保险费政策到期后，可允许企业在2023年底前采取分期或逐月等方式补缴缓缴的社会保险费。

16. 2022年，受疫情影响严重地区生产经营出现暂时困难的所有中小微企业、以单位方式参保的个体工商户，可申请缓缴三项社保费单位缴费部分，缓缴实施期限到（　　）。

A. 2022年年底　　B. 2023年年底

C. 2023年6月底　　D. 2023年4月底

【参考答案】A

【解析】2022年5月31日，《人力资源社会保障部 国家发展改革委 财政部 税务总局关于扩大阶段性缓缴社会保险费政策实施范围等问题的通知》（人社部发〔2022〕31号）规定，对受疫情影响较大、生产经营困难的中小微企业实施缓缴政策。受疫情影响严重地区生产经营出现暂时困难的所有中小微企业、以单位方式参保的个体工商户，可申请缓缴三项社保费单位缴费部分，缓缴实施期限到2022年年底，期间免收滞纳金。参加企业职工基本养老保险的事业单位及社会团体、基金会、社会服务机构、律师事务所、会计师事务所等社会组织参照执行。

17. 2022年，5个特困行业企业和缓缴扩围17个行业所属困难企业，可申请缓缴养老保险费单位缴费部分，缓缴实施期限到（　　）。

A. 2022年年底　　B. 2023年年底

C. 2023年6月底　　D. 2023年4月底

【参考答案】A

【解析】2022年5月31日，《人力资源社会保障部 国家发展改革委 财政部 税务总局关于扩大阶段性缓缴社会保险费政策实施范围等问题的通知》（人社部发〔2022〕31号）规定，一是扩大实施缓缴政策的困难行业范围。在对餐饮、零售、旅游、民航、公路水路铁路运输等5个特困行业实施阶段性缓缴三项社保费政策的基础上，以产业链供应链受疫情影响较大、生产经营困难的制造业企业为重点，进一步扩大实施范围（17个行业名单）。缓缴扩围行业所属困难企业，可申请缓缴三项社保费单位缴费部分，其中养老保险费缓缴实施期限到2022年年底。原明确的5个特困行业缓缴养老保险费期限相应延长至2022年年底。缓缴期间免收滞纳金。

18. 2022 年，自（　　）起，按照国家有关规定，统筹基金累计结存可支付月数大于 6 个月的统筹地区，对中小微企业实施阶段性缓缴职工医保单位缴费政策。

A. 2 月　　B. 6 月　　C. 7 月　　D. 9 月

【参考答案】C

【解析】2022 年 6 月 30 日，《国家医保局 国家发展改革委 财政部 税务总局关于阶段性缓缴职工基本医疗保险单位缴费的通知》（医保发〔2022〕21 号）规定，统筹基金累计结存可支付月数大于 6 个月的统筹地区，自 2022 年 7 月起，对中小微企业实施阶段性缓缴职工医保单位缴费政策。

19. 2022 年，按照国家有关规定，统筹基金累计结存可支付月数大于 6 个月的统筹地区，对中小微企业实施阶段性缓缴职工医保单位缴费政策，缓缴期限为（　　）。

A. 3 个月　　B. 6 个月　　C. 9 个月　　D. 1 年

【参考答案】A

【解析】2022 年 6 月 30 日，《国家医保局 国家发展改革委 财政部 税务总局关于阶段性缓缴职工基本医疗保险单位缴费的通知》（医保发〔2022〕21 号）规定，统筹基金累计结存可支付月数大于 6 个月的统筹地区，自 2022 年 7 月起，对中小微企业、以单位方式参保的个体工商户缓缴 3 个月职工医保单位缴费，缓缴期间免收滞纳金。

20. 2022 年，对中小微企业实施阶段性缓缴职工医保单位缴费政策，全面推行（　　）经办模式。

A. “即申即享”　　B. “免申即享”

C. “依申请审批后即享”　　D. “备案后即享”

【参考答案】B

【解析】2022 年 6 月 30 日，《国家医保局 国家发展改革委 财政部 税务总局关于阶段性缓缴职工基本医疗保险单位缴费的通知》（医保发〔2022〕21 号）规定，对中小微企业实施阶段性缓缴职工医保单位缴费政策，全面推行“免申即享”经办模式，符合条件的中小微企业无须提出缓缴申请即可享受缓缴单位缴费政策。

21. 将核定社保个人缴费基数上下限的就业人员平均工资计算口径调整为全口径城镇单位就业人员平均工资的文件是（　　）。

A.《国务院关于进一步做好稳就业工作的意见》（国发〔2019〕28 号）

B.《人力资源社会保障部 财政部关于阶段性降低社会保险费率的通知》（人社部发〔2016〕36 号）

C.《国务院办公厅关于印发降低社会保险费率综合方案的通知》（国办发〔2019〕13 号）

D.《人力资源社会保障部办公厅 财政部办公厅 国家税务总局办公厅关于 2021 年社会保险缴费有关问题的通知》（人社厅发〔2021〕2 号）

【参考答案】C

【解析】2019 年 4 月 1 日，《国务院办公厅关于印发降低社会保险费率综合方案的通知》（国办发〔2019〕13 号）规定，各省应以本省城镇非私营单位就业人员平均工资和城镇私营单位就业人员平均工资加权计算的全口径城镇单位就业人员平均工资，核定社保个人缴费基数上下限，合理降低部分参保人员和企业的社保缴费基数。

22. 对灵活就业人员 2022 年自愿暂缓缴费月度可于（　　）前进行补缴。缴费基数在（　　）当地个人缴费基数上下限范围内自主选择。

A. 2022 年年底，2021 年

B. 2022 年年底，2022 年

C. 2022 年 4 月 30 日，2023 年

D. 2023 年年底，2023 年

【参考答案】D

【解析】2022 年 4 月 25 日，《人力资源社会保障部办公厅 国家税务总局办公厅关于特困行业阶段性实施缓缴企业社会保险费政策的通知》（人社厅发〔2022〕16 号）规定，以个人身份参加企业职工基本养老保险的个体工商户和各类灵活就业人员，2022 年缴纳费款有困难的，可自愿暂缓缴费，2022 年未缴费月度可于 2023 年年底前进行补缴，缴费基数在 2023 年当地个人缴费基数上下限范围内自主选择，缴费年限累计计算。

23. 关于各省 2020 年社会保险个人缴费基数上下限有关规定，表述正确的是（　　）。

A. 可继续执行 2019 年个人缴费基数上下限标准

B. 可继续执行 2019 年个人缴费基数下限标准，个人缴费基数上限按规定正常调整

C. 可执行2019年和2020年个人缴费基数下限平均数标准，个人缴费基数上限按规定正常调整

D. 可执行2019年和2020年个人缴费基数上下限平均数标准

【参考答案】B

【解析】2020年6月22日，《人力资源社会保障部 财政部 税务总局关于延长阶段性减免企业社会保险费政策实施期限等问题的通知》（人社部发〔2020〕49号）规定，各省2020年社会保险个人缴费基数下限可继续执行2019年个人缴费基数下限标准，个人缴费基数上限按规定正常调整。

24. 各省2021年社会保险（　　）原则上根据2020本省全口径城镇单位就业人员平均工资确定。

A. 个人缴费基数下限　　B. 个人缴费基数上限

C. 个人缴费基数上下限　　D. 个人缴费基数

【参考答案】C

【解析】2021年1月8日，《人力资源社会保障部办公厅 财政部办公厅 国家税务总局办公厅关于2021年社会保险缴费有关问题的通知》（人社厅发〔2021〕2号）规定，各省2021年社会保险个人缴费基数上下限原则上根据2020本省全口径城镇单位就业人员平均工资确定。

25. 关于个体工商户和灵活就业人员参加企业职工基本养老保险的缴费基数，说法正确的是（　　）。

A. 可以在本省城镇非私营单位就业人员平均工资的80%至300%之间选择适当的缴费基数

B. 可以在本省城镇非私营单位就业人员平均工资的60%至300%之间选择适当的缴费基数

C. 可以在本省全口径城镇单位就业人员平均工资的60%至300%之间选择适当的缴费基数

D. 可以在本省全口径城镇单位就业人员平均工资的80%至300%之间选择适当的缴费基数

【参考答案】C

【解析】2019年4月1日，《国务院办公厅关于印发降低社会保险费率综合方案的通知》（国办发〔2019〕13号）规定，个体工商户和灵活就业人员参加企业职工基本养老保险，可以在本省全口径城镇单位就业人员平均工资

的 60% 至 300% 之间选择适当的缴费基数。

26. 2022 年，在社保费缓缴期限内，企业可根据自身经营状况向（　　）申请缓缴三项社保费。

A. 社会保险登记部门　　B. 税务部门

C. 财政部门　　D. 医疗保障部门

【参考答案】A

【解析】2022 年 4 月 25 日，《人力资源社会保障部办公厅 国家税务总局办公厅关于特困行业阶段性实施缓缴企业社会保险费政策的通知》（人社厅发〔2022〕16 号）规定，在缓缴期限内，企业可根据自身经营状况向社会保险登记部门申请缓缴三项社保费。

27. 对 2022 年缓缴的社保费，到期后，由（　　）提醒企业补缴。

A. 社会保险登记部门　　B. 税务部门

C. 财政部门　　D. 医疗保障部门

【参考答案】B

【解析】2022 年 4 月 25 日，《人力资源社会保障部办公厅 国家税务总局办公厅关于特困行业阶段性实施缓缴企业社会保险费政策的通知》（人社厅发〔2022〕16 号）规定，税务部门应及时提醒企业补缴。

二、多选题

1. 现行实施阶段性降低工伤保险费率政策正确的包括（　　）。

A. 工伤保险基金累计结余可支付月数在 20 个月的统筹地区可以现行费率为基础下调 20%

B. 工伤保险基金累计结余可支付月数在 22 个月的统筹地区可以现行费率为基础下调 20%

C. 工伤保险基金累计结余可支付月数在 24 个月的统筹地区可以现行费率为基础下调 50%

D. 工伤保险基金累计结余可支付月数在 26 个月的统筹地区可以现行费率为基础下调 50%

【参考答案】ABCD

【解析】2023 年 3 月 29 日，《人力资源社会保障部 财政部 国家税务总局关于阶段性降低失业保险、工伤保险费率有关问题的通知》（人社部发〔2023〕

19 号）规定，自 2023 年 5 月 1 日起，按照《国务院办公厅关于印发降低社会保险费率综合方案的通知》（国办发〔2019〕13 号）有关实施条件，继续实施阶段性降低工伤保险费率政策，实施期限延长至 2024 年底。

2019 年 4 月 1 日，《国务院办公厅关于印发降低社会保险费率综合方案的通知》（国办发〔2019〕13 号）规定，自 2019 年 5 月 1 日起，延长阶段性降低工伤保险费率的期限至 2020 年 4 月 30 日，工伤保险基金累计结余可支付月数在 18 至 23 个月的统筹地区可以现行费率为基础下调 20%，累计结余可支付月数在 24 个月以上的统筹地区可以现行费率为基础下调 50%。

2. 2020 年，各省、自治区、直辖市及新疆生产建设兵团对中小微企业三项社会保险单位缴费部分免征的政策，三项社会保险包括（　　）。

A. 企业职工基本养老保险　　B. 失业保险

C. 职工基本医疗保险　　D. 工伤保险

【参考答案】ABD

【解析】《人力资源社会保障部 财政部 税务总局关于阶段性减免企业社会保险费的通知》（人社部发〔2020〕11 号）规定，三项社会保险是指企业职工基本养老保险、失业保险、工伤保险。

3.《社会保险法》规定，用人单位应当自行申报、按时足额缴纳社会保险费，非因不可抗力等法定事由不得（　　）。

A. 缓缴　　B. 退费　　C. 少缴　　D. 减免

【参考答案】AD

【解析】《社会保险法》第六十条规定，用人单位应当自行申报、按时足额缴纳社会保险费，非因不可抗力等法定事由不得缓缴、减免。

4. 2022 年，按照国家有关规定，对（　　）等 5 个特困行业实施阶段性缓缴三项社保费政策。

A. 餐饮、零售　　B. 旅游、民航

C. 广播电视电影和录音制作　　D. 公路水路铁路运输

【参考答案】ABD

【解析】2022 年 4 月 25 日，《人力资源社会保障部办公厅 国家税务总局办公厅关于特困行业阶段性实施缓缴企业社会保险费政策的通知》（人社厅发〔2022〕16 号）规定，对餐饮、零售、旅游、民航、公路水路铁路运输五个特困行业企业（以单位方式参加社会保险的有雇工的个体工商户以及其他单位）的企业职工基本养老保险费、失业保险费、工伤保险费的单位应缴纳部分实施阶段性缓缴。

5. 甲公司为小微企业，该公司2020年可享受的有关社保费优惠政策正确的包括（　　）。

   A. 在2020年5月，甲公司享受免征失业保险、工伤保险单位缴费部分的优惠政策

   B. 在2020年6月，甲公司享受免征基本养老保险单位缴费部分和个人缴费部分的优惠政策

   C. 在2020年7月，甲公司享受免征基本养老保险、失业保险、工伤保险单位缴费部分的优惠政策

   D. 在2020年8月，甲企业享受免征基本养老保险、医疗保险单位缴费部分的优惠政策

   【参考答案】AC

   【解析】2020年2月20日，《人力资源社会保障部 财政部 税务总局关于阶段性减免企业社会保险费的通知》（人社部发〔2020〕11号）规定，一是自2020年2月起，各省、自治区、直辖市（除湖北省外）及新疆生产建设兵团可根据受疫情影响情况和基金承受能力，免征中小微企业三项社会保险（基本养老保险、失业保险、工伤保险）单位缴费部分，免征期限不超过5个月。

2020年6月22日，《人力资源社会保障部 财政部 税务总局关于延长阶段性减免企业社会保险费政策实施期限等问题的通知》（人社部发〔2020〕49号）规定，各省、自治区、直辖市及新疆生产建设兵团对中小微企业三项社会保险单位缴费部分免征的政策，延长执行到2020年12月底。

6. 甲省W市2020年职工基本医疗保险统筹基金累计结存可支付月数为7个月，该市Q公司（小微企业）可享受的有关医保费优惠政策不正确的包括（　　）。

   A. 在2020年3月，Q公司享受免征基本医疗保险单位缴费部分的优惠政策

   B. 在2020年4月，Q公司享受免征基本医疗保险单位缴费部分和个人缴费部分的优惠政策

   C. 在2020年5月，Q公司享受减半征收基本医疗保险单位缴费部分的优

惠政策

D. 在2020年6月，Q企业享受减半征收基本医疗保险单位缴费部分和个人缴费部分的优惠政策

【参考答案】ABD

【解析】2020年2月21日，《国家医保局 财政部 税务总局关于阶段性减征职工基本医疗保险费的指导意见》（医保发〔2020〕6号）规定，一是自2020年2月起，各省、自治区、直辖市及新疆生产建设兵团（以下统称“省”）可指导统筹地区根据基金运行情况和实际工作需要，在确保基金收支中长期平衡的前提下，对职工医保单位缴费部分实行减半征收，减征期限不超过5个月。二是原则上，统筹基金累计结存可支付月数大于6个月的统筹地区，可实施减征；可支付月数小于6个月但确有必要减征的统筹地区，由各省指导统筹考虑安排。

7. 下列关于2021年社会保险缴费的表述，正确的包括（　　）。

A. 不再实施阶段性减免和缓缴企业养老保险、失业保险、工伤保险费政策

B. 灵活就业人员可选择按月、按季、按半年、按年缴费

C. 各省2021年社会保险个人缴费基数上下限原则上应根据2021年本省全口径城镇单位就业人员平均工资确定

D. 各地可以根据实际情况出台降低缴费比例或缴费基数、减免社会保险费等政策

【参考答案】AB

【解析】2021年1月8日，《人力资源社会保障部办公厅 财政部办公厅 国家税务总局办公厅关于2021年社会保险缴费有关问题的通知》（人社厅发〔2021〕2号）规定，2021年1月1日起，不再实施阶段性减免和缓缴企业养老保险、失业保险、工伤保险费政策，各项社会保险缴费按相关规定正常征收。各省2021年社会保险个人缴费基数上下限原则上应根据2020年本省全口径城镇单位就业人员平均工资确定。灵活就业人员可在本省规定的个人缴费基数上下限范围内选择适当的缴费基数，选择按月、按季、按半年、按年缴费。

8. 甲省某企业符合申请失业保险稳岗返还的条件。假设其上年度企业及职工实际缴纳社会保险费100万元，其中养老保险费40万元、医疗保险费30

万元、失业保险费 10 万元。那么 2022 年 9 月该企业按政策可以享受失业保险稳岗返还金额正确的有（　　）。

A. 30 万元　　B. 12 万元　　C. 9 万元　　D. 5 万元

【参考答案】CD

【解析】2022 年 4 月，《人力资源社会保障部 财政部 国家税务总局关于做好失业保险稳岗位提技能防失业工作的通知》（人社部发〔2022〕23 号）规定，参保企业上年度未裁员或裁员率不高于上年度全国城镇调查失业率控制目标，30 人（含）以下的参保企业裁员率不高于参保职工总数 20% 的，可以申请失业保险稳岗返还。大型企业仍按不超过企业及其职工上年度实际缴纳失业保险费的 30% 返还，中小微企业返还比例从 60% 最高提至 90%。

2022 年 5 月，《人力资源社会保障部 国家发展改革委 财政部 税务总局关于扩大阶段性缓缴社会保险费政策实施范围等问题的通知》（人社部发〔2022〕31 号）规定，加大稳岗返还支持力度，将大型企业稳岗返还比例由 30% 提至 50%。

题干中未说明某企业是大型企业还是中小微企业，所以答案中，以大型企业和中小微企业计算稳岗返还金额的，均正确。

9. 甲省一家大型旅游企业，2020—2022 年受疫情影响，该企业可以享受的社保费阶段性缓缴政策不正确的有（　　）。

A. 该企业 2022 年可以申请缓缴工伤保险费期限最长到 2023 年 12 月 31 日

B. 该企业 2020 年可以申请缓缴工伤保险费期限最长到 2020 年 12 月 31 日

C. 该企业 2021 年可以申请缓缴工伤保险费期限到 2021 年 12 月 31 日

D. 该企业从 2022 年 4 月起，可以申请缓缴工伤保险费最长期限到 2022 年 12 月 31 日

【参考答案】ACD

【解析】2020 年 6 月 22 日，《人力资源社会保障部 财政部 税务总局关于延长阶段性减免企业社会保险费政策实施期限等问题的通知》（人社部发〔2020〕49 号）规定，受疫情影响生产经营出现严重困难的企业，可继续缓缴社会保险费至 2020 年 12 月底，缓缴期间免收滞纳金。

2021 年 1 月 8 日，《人力资源社会保障部办公厅 财政部办公厅 国家税务

总局办公厅关于2021年社会保险缴费有关问题的通知》（人社厅发〔2021〕2号）规定，2021年1月1日起，不再实施阶段性减免和缓缴企业养老保险、失业保险、工伤保险费政策，各项社会保险缴费按相关规定正常征收。

2022年4月25日，《人力资源社会保障部办公厅 国家税务总局办公厅关于特困行业阶段性实施缓缴企业社会保险费政策的通知》（人社厅发〔2022〕16号）规定，对餐饮、零售、旅游、民航、公路水路铁路运输五个特困行业企业（以单位方式参加社会保险的有雇工的个体工商户以及其他单位）的企业职工基本养老保险费、失业保险费、工伤保险费的单位应缴纳部分实施阶段性缓缴。企业职工基本养老保险费缓缴费款所属期为2022年4月至6月。失业保险费、工伤保险费缓缴费款所属期为2022年4月至2023年3月，在此期间，企业可申请不同期限的缓缴。

10. 假设2018年度某省社会平均工资为5 000元/月，2019年度省社会平均工资为6 000元/月，则关于2020年灵活就业人员缴费基数上下限描述正确的有（　　）。

A. 上限18 000元　　B. 上限15 000元

C. 下限3 000元　　D. 下限3 600元

【参考答案】AC

【解析】《人力资源社会保障部 财政部 税务总局关于延长阶段性减免企业社会保险费政策实施期限等问题的通知》规定，各省2020年度社会保险个人缴费基数下限可继续执行2019年度个人缴费基数下限标准，个人缴费基数上限按规定正常调整。

根据题意，2020年灵活就业人员缴费基数上限按2019年度省平工资的300%确定，即6 000元×300% =18 000元。2020年灵活就业人员缴费基数下限可继续执行2019年度个人缴费基数下限标准（2018年省社会平均工资的60%），2019年度个人缴费基数下限标准为5 000元×60% =3 000元。

11. 下列符合2022年阶段性缓缴职工基本医疗保险费政策适用条件的单位包括（　　）。

A. 某行政单位

B. 某社会团体

C. 某会计师事务所

D. 某以单位方式参保的个体工商户

【参考答案】BCD

【解析】2022 年 6 月 30 日，《国家医保局 国家发展改革委 财政部 税务总局关于阶段性缓缴职工基本医疗保险单位缴费的通知》（医保发〔2022〕21 号）规定，自 2022 年 7 月起，对中小微企业、以单位方式参保的个体工商户缓缴 3 个月职工医保单位缴费，缓缴期间免收滞纳金。社会团体、基金会、社会服务机构、律师事务所、会计师事务所等社会组织参照执行。

12. 下列不符合 2020 年阶段性免征职工基本养老保险费政策适用条件的包括（　　）。

A. 某无雇工个体工商户　　B. 某小型事业单位

C. 某大型企业　　D. 某中型企业

【参考答案】CD

【解析】2020 年 2 月 20 日，《人力资源社会保障部 财政部 税务总局关于阶段性减免企业社会保险费的通知》（人社部发〔2020〕11 号）规定，一是自 2020 年 2 月起，各省、自治区、直辖市（除湖北省外）及新疆生产建设兵团（以下统称“省”）可根据受疫情影响情况和基金承受能力，免征中小微企业三项社会保险单位缴费部分，免征期限不超过 5 个月；对大型企业等其他参保单位（不含机关事业单位）三项社会保险单位缴费部分可减半征收，减征期限不超过 3 个月。

13. 下列符合 2023 年阶段性降低失业保险费率政策适用条件的包括（　　）。

A. 某以单位方式参保的个体工商户

B. 某事业单位

C. 某大型企业

D. 某中型企业

【参考答案】ABCD

【解析】2023 年 3 月 29 日，《人力资源社会保障部 财政部 国家税务总局关于阶段性降低失业保险、工伤保险费率有关问题的通知》（人社部发〔2023〕19 号）规定，自 2023 年 5 月 1 日起，继续实施阶段性降低失业保险费率至 1% 的政策，实施期限延长至 2024 年年底。在省（区、市）行政区域内，单位及个人的费率应当统一，个人费率不得超过单位费率。此次延续实施降费率，不分企业性质、不分行业，包括中小微企业、个体工商户在内的各类市场主体将普遍受益。

14. 小王为某省灵活就业人员，按照国家政策，下列说法正确的有（　　）。

A. 2019 年缴纳基本养老保险费确有困难的，可自愿暂缓缴费并于 2020 年年底前进行补缴

B. 2020 年缴纳基本养老保险费确有困难的，可自愿暂缓缴费并于 2021 年年底前进行补缴

C. 2021 年缴纳基本养老保险费确有困难的，可自愿暂缓缴费并于 2022 年年底前进行补缴

D. 2022 年缴纳基本养老保险费确有困难的，可自愿暂缓缴费并于 2023 年年底前进行补缴

【参考答案】BD

【解析】2020 年 6 月 22 日，《人力资源社会保障部 财政部 税务总局关于延长阶段性减免企业社会保险费政策实施期限等问题的通知》（人社部发〔2020〕49 号）规定，以个人身份参加企业职工基本养老保险的个体工商户和各类灵活就业人员，2020 年缴纳基本养老保险费确有困难的，可自愿暂缓缴费。2021 年可继续缴费，缴费年限累计计算；对 2020 年未缴费月度，可于 2021 年底前进行补缴，缴费基数在 2021 年当地个人缴费基数上下限范围内自主选择。

2021 年 1 月 8 日，《人力资源社会保障部办公厅 财政部办公厅 国家税务总局办公厅关于 2021 年社会保险缴费有关问题的通知》（人社厅发〔2021〕2 号）规定，灵活就业人员可在本省规定的个人缴费基数上下限范围内选择适当的缴费基数，选择按月、按季、按半年、按年缴费对 2020 年自愿暂缓缴费月度可于 2021 年年底前进行补缴，缴费基数在 2021 年当地个人缴费基数上下限范围内自主选择。

2022 年 4 月 25 日，《人力资源社会保障部办公厅 国家税务总局办公厅关于特困行业阶段性实施缓缴企业社会保险费政策的通知》（人社厅发〔2022〕16 号）规定，以个人身份参加企业职工基本养老保险的个体工商户和各类灵活就业人员，2022 年缴纳费款有困难的，可自愿暂缓缴费，2022 年未缴费月度可于 2023 年年底前进行补缴，缴费基数在 2023 年当地个人缴费基数上下限范围内自主选择，缴费年限累计计算。

15. 假设某机关事业单位 2019 年共有正式在编人员 100 人，人均月缴费基数为 7 000 元。下列说法正确的有（　　）。

A. 2019 年 1 月，该单位机关事业单位养老保险单位部分应缴费额为

140 000元

B. 2019 年 3 月，该单位机关事业单位养老保险个人部分应缴费额为 112 000元

C. 2019 年 5 月，该单位机关事业单位养老保险单位部分应缴费额为 112 000元

D. 2019 年 7 月，该单位机关事业单位养老保险个人部分应缴费额为 56 000元

【参考答案】ACD

【解析】机关事业单位养老保险单位部分应缴费额为：

1—4 月每月：$7\,000 \times 100 \times 20\% = 140\,000$（元）

5—12 月每月：$7\,000 \times 100 \times 16\% = 112\,000$（元）

机关事业养老保险个人部分每月应缴费额为：

$7\,000 \times 100 \times 8\% = 56\,000$（元）

三、判断题

1. 用人单位经批准暂缓缴纳一定期限的社会保险费，暂缓缴费期间，免收滞纳金。（　　）

【参考答案】√

【解析】《实施〈中华人民共和国社会保险法〉若干规定》第二十一条规定，用人单位因不可抗力造成生产经营出现严重困难的，经省级人民政府社会保险行政部门批准后，可以暂缓缴纳一定期限的社会保险费，期限一般不超过一年。暂缓缴费期间，免收滞纳金。到期后，用人单位应当缴纳相应的社会保险费。

2. 2022 年阶段性缓缴工伤保险费期限内，职工享受工伤保险待遇，企业应先为其补齐缓缴的工伤保险费。（　　）

【参考答案】×

【解析】2022 年 4 月 25 日，《人力资源社会保障部办公厅 国家税务总局办公厅关于特困行业阶段性实施缓缴企业社会保险费政策的通知》（人社厅发〔2022〕16 号）规定，缓缴工伤保险费不影响企业享受阶段性降低工伤保险费率政策和职工享受工伤保险待遇。

3. 2022 年阶段性缓缴养老保险费期限内，职工申领养老保险待遇的，企业应先为其补齐缓缴的企业职工基本养老保险费。（ ）

【参考答案】√

【解析】2022 年 4 月 25 日，《人力资源社会保障部办公厅 国家税务总局办公厅关于特困行业阶段性实施缓缴企业社会保险费政策的通知》（人社厅发〔2022〕16 号）规定，缓缴期限内，职工申领养老保险待遇的，企业应先为其补齐缓缴的企业职工基本养老保险费。

4. 2022 年阶段性缓缴社会保险费政策到期后，企业应在到期后一个月内补缴缓缴的社会保险费。（ ）

【参考答案】×

【解析】2022 年 9 月 19 日，《人力资源社会保障部办公厅 国家发展改革委办公厅 财政部办公厅 国家税务总局办公厅关于进一步做好阶段性缓缴社会保险费政策实施工作有关问题的通知》（人社厅发〔2022〕50 号）规定，阶段性缓缴社会保险费政策到期后，可允许企业在 2023 年年底前采取分期或逐月等方式补缴缓缴的社会保险费。

5. 企业可根据实际需要，提前申报缴纳 2022 年阶段性缓缴社会保险费款的，税务部门应及时征收。（ ）

【参考答案】√

【解析】2022 年 4 月 25 日，《人力资源社会保障部办公厅 国家税务总局办公厅关于特困行业阶段性实施缓缴企业社会保险费政策的通知》（人社厅发〔2022〕16 号）规定，企业可根据实际需要，提前申报缴纳缓缴的费款，税务部门应及时征收。

6. 假设某单位 2019 年职工养老保险年缴费基数为 100 万元，则该单位 2019 年职工基本养老保险单位部分应缴费额为 16 万元。（ ）

【参考答案】×

【解析】2019 年 4 月 1 日，《国务院办公厅关于印发降低社会保险费率综合方案的通知》（国办发〔2019〕13 号）规定，自 2019 年 5 月 1 日起，降低城镇职工基本养老保险（包括企业和机关事业单位基本养老保险，以下简称“养老保险”）单位缴费比例。各省、自治区、直辖市及新疆生产建设兵团（以下统称“省”）养老保险单位缴费比例高于 16% 的，可降至 16%。该题需要考虑 2019 年 5 月 1 日前后的养老保险单位缴费比例问题。

7. 假设某中型餐饮公司，2020 年 7 月职工基本养老保险缴费基数为 100 万元，则该公司 2020 年 7 月职工基本养老保险单位部分应缴费额为 16 万元。　（　　）

【参考答案】×

【解析】2020 年 2 月 20 日，《人力资源社会保障部 财政部 税务总局关于阶段性减免企业社会保险费的通知》（人社部发〔2020〕11 号）规定，自 2020 年 2 月起，各省可根据受疫情影响情况和基金承受能力，免征中小微企业三项社会保险单位缴费部分，免征期限不超过 5 个月。2020 年 6 月 22 日，《人力资源社会保障部 财政部 税务总局关于延长阶段性减免企业社会保险费政策实施期限等问题的通知》（人社部发〔2020〕49 号）规定，各省对中小微企业三项社会保险单位缴费部分免征的政策，延长执行到 2020 年 12 月底。该题需要考虑 2020 年的阶段性减免问题。

8. 假设某小型运输公司，2020 年职工基本养老保险年缴费基数为 100 万元，则该公司 2020 年职工基本养老保险单位部分应缴费额为 0 元。　（　　）

【参考答案】×

【解析】2020 年 2 月 20 日，《人力资源社会保障部 财政部 税务总局关于阶段性减免企业社会保险费的通知》（人社部发〔2020〕11 号）规定，自 2020 年 2 月起，各省可根据受疫情影响情况和基金承受能力，免征中小微企业三项社会保险单位缴费部分，免征期限不超过 5 个月。2020 年 6 月 22 日，《人力资源社会保障部 财政部 税务总局关于延长阶段性减免企业社会保险费政策实施期限等问题的通知》（人社部发〔2020〕49 号）规定，各省对中小微企业三项社会保险单位缴费部分免征的政策，延长执行到 2020 年 12 月底。该题需要考虑 2020 年 1 月没有阶段性减免政策问题，需计算 2020 年 1 月职工基本养老保险单位部分的应缴费额。

9. 2020 年，享受阶段性减免社保费政策的企业，不再享受阶段性缓缴社保费政策。　（　　）

【参考答案】×

【解析】可以同时享受阶段性减免社保费政策和阶段性缓缴社保费政策。

10. 参加企业职工基本养老保险的事业单位不得享受 2022 年阶段性缓缴职工基本养老保险费政策。　（　　）

【参考答案】×

【解析】2022年9月19日，《人力资源社会保障部办公厅 国家发展改革委办公厅 财政部办公厅国家税务总局办公厅关于进一步做好阶段性缓缴社会保险费政策实施工作有关问题的通知》（人社厅发〔2022〕50号）规定，自2022年9月起，各省、自治区、直辖市及新疆生产建设兵团（以下统称“地区”）可根据本地区受疫情影响情况和社会保险基金状况，进一步扩大缓缴政策实施范围，覆盖本地区所有受疫情影响较大、生产经营困难的中小微企业、以单位方式参保的个体工商户、参加企业职工基本养老保险的事业单位及各类社会组织，使阶段性缓缴社会保险费政策惠及更多市场主体。

11. 新开办企业可自参保次月起申请2022年阶段性缓缴社保费政策。（　　）

【参考答案】×

【解析】2022年4月25日，《人力资源社会保障部办公厅 国家税务总局办公厅关于特困行业阶段性实施缓缴企业社会保险费政策的通知》（人社厅发〔2022〕16号）规定，新开办企业可自参保当月起申请缓缴。

12. 2022年，阶段性缓缴职工基本医疗保险费期间，用人单位仍需申报职工个人部分医保费。（　　）

【参考答案】√

【解析】2022年6月30日，《国家医保局 国家发展改革委 财政部 税务总局关于阶段性缓缴职工基本医疗保险单位缴费的通知》（医保发〔2022〕21号）规定，缓缴期限内，中小微企业应依法履行代扣代缴职工个人缴费的义务，正常申报职工医保费信息，确保职工连续参保，个人权益连续记录。

13. 从2015年1月1日起，失业保险费率暂由现行条例规定的3%降至2%。（　　）

【参考答案】×

【解析】《人力资源和社会保障部 财政部关于调整失业保险费率有关问题的通知》（人社部发〔2015〕24号）规定，从2015年3月1日起，失业保险费率暂由现行条例规定的3%降至2%，单位和个人缴费的具体比例由各省、自治区、直辖市人民政府确定。

14. 失业保险个人费率不超过单位费率。（　　）

【参考答案】√

【解析】2023年3月29日，《人力资源社会保障部 财政部 国家税务总局关于阶段性降低失业保险、工伤保险费率有关问题的通知》（人社部发〔2023〕

19 号）规定，自 2023 年 5 月 1 日起，继续实施阶段性降低失业保险费率至 1% 的政策，实施期限延长至 2024 年年底。在省（区、市）行政区域内，单位及个人的费率应当统一，个人费率不得超过单位费率。

15. 缓缴社保费期间仅对本金加收滞纳金。（　　）

【参考答案】×

【解析】《实施〈中华人民共和国社会保险法〉若干规定》第二十一条规定，暂缓缴费期间，免收滞纳金。

2020 年 2 月 20 日，《人力资源社会保障部 财政部 税务总局关于阶段性减免企业社会保险费的通知》（人社部发〔2020〕11 号）规定，缓缴期间免收滞纳金。

2020 年 6 月 22 日，《人力资源社会保障部 财政部 税务总局关于延长阶段性减免企业社会保险费政策实施期限等问题的通知》（人社部发〔2020〕49 号）规定，缓缴期间免收滞纳金。

2022 年 4 月 25 日，《人力资源社会保障部办公厅 国家税务总局办公厅关于特困行业阶段性实施缓缴企业社会保险费政策的通知》（人社厅发〔2022〕16 号）规定，缓缴期间免收滞纳金。

2022 年 5 月 31 日，《人力资源社会保障部 国家发展改革委 财政部 税务总局关于扩大阶段性缓缴社会保险费政策实施范围等问题的通知》（人社部发〔2022〕31 号）规定，缓缴期间免收滞纳金。

2022 年 9 月 19 日，《人力资源社会保障部办公厅 国家发展改革委办公厅 财政部办公厅 国家税务总局办公厅关于进一步做好阶段性缓缴社会保险费政策实施工作有关问题的通知》（人社厅发〔2022〕50 号）规定，阶段性缓缴社会保险费政策到期后，可允许企业在 2023 年年底前采取分期或逐月等方式补缴缓缴的社会保险费。补缴期间免收滞纳金。

16. 2020 年，为市场主体减负超过 2.6 万亿元，其中减免社保费 1.7 万亿元。（　　）

【参考答案】√

【解析】参见《2021 年政府工作报告》。

17. 2021 年，各省 2021 年社会保险个人缴费基数上下限必须根据 2020 年本省全口径城镇单位就业人员平均工资确定。（　　）

【参考答案】×

【解析】2021 年 1 月 8 日，《人力资源社会保障部办公厅 财政部办公厅 国家税务总局办公厅关于 2021 年社会保险缴费有关问题的通知》（人社厅发〔2021〕2 号）规定，各省 2021 年社会保险个人缴费基数上下限原则上根据 2020 年本省全口径城镇单位就业人员平均工资（以下简称“全口径平均工资”）确定。个人缴费基数下限增长过快、2021 年当年调整到位确有困难的省份，个人缴费基数下限可分两年过渡，2021 年个人缴费基数下限可根据 2019 年全口径平均工资和 2020 年全口径平均工资的算术平均值确定，2022 年个人缴费基数下限按 2021 年全口径平均工资确定，过渡方案报人力资源社会保障部、财政部、国家税务总局同意后公布执行；个人缴费基数上限按规定正常调整。

18. 2022 年，各省 2022 年社会保险个人缴费基数上下限根据 2021 年本省全口径城镇单位就业人员平均工资确定。（　　）

【参考答案】√

【解析】2022 年，各省 2022 年社会保险个人缴费基数上下限根据 2021 年本省全口径城镇单位就业人员平均工资确定。

19. 2022 年，按国家政策，各省阶段性缓缴养老、医疗、失业、工伤保险费。（　　）

【参考答案】√

【解析】2022 年，按国家政策，各省阶段性缓缴养老、医疗、失业、工伤保险费。

20. 2023 年 3 月，阶段性缓缴社会保险费政策均已到期，需要企业按规定补缴。（　　）

【参考答案】×

【解析】阶段性缓缴失业保险、工伤保险费政策一年，还未全部到期。

四、简答题

1. 请简述减税降费的重大意义。

【参考答案与解析】

减税降费是深化供给侧结构性改革的重要举措，对减轻企业负担、激发微观主体活力、促进经济增长具有重要作用。近年来，党中央、国务院部署实施了一系列力度大、内容实、范围广的减税降费政策措施，有力促进了创业创新，有效推动了经济社会发展。继续加大减税降费力度特别是加大对小微企业和实体经济的税收支持力度，关系到经济持续平稳运行和社会就业稳定，对进一步把握好重要战略机遇期，实现经济高质量发展具有重要意义。

近年来，各级税务机关按照党中央、国务院决策部署，认真落实各项减税降费政策，持续改进纳税服务，为释放减税降费政策红利、不断优化税收营商环境作出了积极努力，取得了积极成效。但也要看到，当前我国经济下行压力加大，特别是实体经济发展仍面临较多困难，全社会对进一步加大减税降费力度还有很多期盼。民之所盼，政之所向。要切实把思想和行动统一到党中央、国务院的决策部署上来，从讲政治的高度，从保持经济持续健康发展和社会大局稳定的高度，进一步增强落实好减税降费措施的政治责任感和工作主动性，确保各项政策措施不折不扣落实到位，确保企业和人民群众有实实在在的获得感。

2. 2022 年为扎实稳住经济，保就业保民生，社会保险方面实施了“降缓返补”一揽子政策，请简述这一揽子政策内容。

【参考答案与解析】

延续实施阶段性降低失业、工伤保险费率政策；

对餐饮、零售、旅游、民航、公路水路铁路运输等 5 个特困行业和通用设备制造、汽车制造业等 17 个困难行业企业，以及受疫情影响严重地区生产经营出现暂时困难的所有中小微企业、个体工商户，阶段性缓缴养老、失业、工伤三项社会保险费；

提高失业保险稳岗返还标准，将中小微企业的返还比例由 60% 最高提至 90%，大企业由 30% 提至 50%；

新增失业保险留工补助政策，支持中高风险疫情地区和五个特困行业的参保企业稳岗拓岗。

第七章　社会保险费征收管理专题

第一部分　知识架构

一、社会保险费征收管理政策概述

《社会保险法》《社会保险费征缴暂行条例》明确了社会保险登记、申报、征收、管理等要求，是社会保险费征收管理工作的主要依据。

二、社会保险登记

社会保险登记标志着社会保险关系的建立，是社会保险费征管工作的首要环节。

社会保险登记可分为用人单位社会保险登记和个人社会保险登记。国家建立全国统一的个人社会保障号码。个人社会保障号码为公民身份号码。

（一）用人单位及其职工社会保险登记

简言之，用人单位（企业除外）应当自用工之日起 30 日内、自变更之日起 30 日内、自终止之日起 30 日内办理社会保险登记、变更登记、注销登记。

1. 办理登记

《社会保险法》第五十七条规定，用人单位应当自成立之日起三十日内凭营业执照、登记证书或者单位印章，向当地社会保险经办机构申请办理社会保险登记。社会保险经办机构应当自收到申请之日起十五日内予以审核，发放社会保险登记证件。

提示：《社会保险费征缴暂行条例》第八条规定，企业在办理登记注册时，同步办理社会保险登记。前款规定以外的缴费单位应当自成立之日起30日内，向当地社会保险经办机构申请办理社会保险登记。

《关于加快推进“五证合一、一照一码”登记制度改革的通知》（国办发〔2016〕53号）规定，从2016年10月1日起正式实施“五证合一、一照一码”。即工商营业执照、组织机构代码证、税务登记证、社会保险登记证、统计登记证“五证合一，一照一码”。

2. 登记内容

《社会保险费征缴暂行条例》第七条规定，缴费单位必须向当地社会保险经办机构办理社会保险登记，参加社会保险。登记事项包括：单位名称、住所、经营地点、单位类型、法定代表人或者负责人、开户银行账号以及国务院劳动保障行政部门规定的其他事项。

3. 变更或注销登记

用人单位的社会保险登记事项发生变更或者用人单位依法终止的，应当自变更或者终止之日起三十日内，到社会保险经办机构办理变更或者注销社会保险登记。

市场监督管理部门、民政部门和机构编制管理机关应当及时向社会保险经办机构通报用人单位的成立、终止情况，公安机关应当及时向社会保险经办机构通报个人的出生、死亡以及户口登记、迁移、注销等情况。

4. 职工登记

《社会保险法》第五十八条规定，用人单位应当自用工之日起三十日内为其职工向社会保险经办机构申请办理社会保险登记。未办理社会保险登记的，由社会保险经办机构核定其应当缴纳的社会保险费。参保的险种一般为职工基本养老保险（包括企业职工基本养老保险和机关事业单位基本养老保险）、职工基本医疗保险（含生育保险）、失业保险、工伤保险及各类补充社会保险。参保地点一般为属地管理。

5. 未办理登记的处理规定

《社会保险法》第八十四条规定，用人单位不办理社会保险登记的，由社会保险行政部门责令限期改正；逾期不改正的，对用人单位处应缴社会保险费数额1倍以上3倍以下的罚款，对其直接负责的主管人员和其他直接责任人员处500元以上3 000元以下的罚款。《社会保险费征缴暂行条例》第二十三条规定，缴费单位未按照规定办理社会保险登记、变更登记或者注销登记，由劳动保障行政部门责令限期改正；情节严重的，对直接负责的主管人员和其他直接责任人员可以处1 000元以上5 000元以下的罚款；情节特别严重的，对直接负责的主管人员和其他直接责任人员可以处5 000元以上10 000元以下的罚款。

（二）个人社会保险登记

1. 以个人身份参保人员登记

自愿参加社会保险的无雇工的个体工商户、未在用人单位参加社会保险的非全日制从业人员以及其他灵活就业人员，应当向社会保险经办机构申请办理社会保险登记。参保的险种一般为企业职工基本养老保险、职工基本医疗保险。灵活就业人员参保地点一般在户籍地，目前正在放开其在就业地参保的户籍限制。2021年7月16日，《人力资源社会保障部 国家发展改革委 交通运输部 应急部 市场监管总局 国家医保局 最高人民法院 全国总工会关于维护新就业形态劳动者劳动保障权益的指导意见》（人社部发〔2021〕56号）规定，完善基本养老保险、医疗保险相关政策，各地要放开灵活就业人员在就业地参加基本养老、基本医疗保险的户籍限制，个别超大型城市难以一步实现的，要结合本地实际，积极创造条件逐步放开。

2. 城乡居民参保登记

自愿参加社会保险的城乡居民，向社会保险经办机构申请办理参保登记。参保的险种一般为城乡居民基本养老保险、城乡居民基本医疗保险。城乡居民一般在户籍地参加城乡居民基本养老保险，在户籍地或经常居住地参加城乡居民基本医疗保险。在校学生可以以学校为单位，由学校统一办理城乡居民医疗保险参保登记。

三、社会保险费申报缴费

（一）一般规定

《社会保险法》第六十条规定，用人单位应当自行申报、按时足额缴纳社会保险费，非因不可抗力等法定事由不得缓缴、减免。

《社会保险费征缴暂行条例》第十条规定，缴费单位必须按月向社会保险经办机构申报应缴纳的社会保险费数额，经社会保险经办机构核定后，在规定的期限内缴纳社会保险费。

1. 用人单位自行申报缴费

（1）申报。

用人单位在办理好社会保险登记之后，应当每月按时自行向社会保险经办机构申报应当缴纳的社会保险费数额。申报的主要内容是用人单位的工资总额、职工人数以及每位职工的缴费基数、应缴纳社会保险费数额等。部分地区用人单位每月按时自行向社会保险费征收机构申报应当缴纳的社会保险费数额。

（2）核定。

社会保险经办机构据此核定用人单位的缴费基数、应当缴纳的社会保险费数额等。用人单位每月按时自行向社会保险费征收机构申报的，相关业务不需要经过社会保险经办机构核定。

（3）缴费。

用人单位完成社会保险费申报工作后，应当按照社会保险经办机构核定的或向社会保险费征收机构申报的应当缴纳社会保险费的数额，按时足额向社会保险费征收机构缴纳社会保险费。职工应当缴纳的社会保险费由用人单位代扣代缴，职工本人无须亲自到社会保险费征收机构缴纳社会保险费，用人单位应当按月将缴纳社会保险费的明细情况告知本人。

2. 灵活就业人员申报缴费

《社会保险法》第六十条规定，无雇工的个体工商户、未在用人单位参加社会保险的非全日制从业人员以及其他灵活就业人员，可以直接向社会保险费征收机构缴纳社会保险费。灵活就业人员可按月缴费申报，也可按季、半年、年度合并缴纳，具体执行各地区政策规定。

3. 城乡居民申报缴费

城乡居民可以通过自主选择缴费标准的方式申报缴纳城乡居民基本养老保险费，按年缴费，一般为自然年度；可以根据固定的缴费标准申报缴纳城乡居民基本医疗保险费，按年缴费，年度起止时间由各统筹地区规定。

4. 工程项目工伤保险申报缴费

建筑施工承包单位以建设项目为单位参加建筑业工伤保险，一般向项目所在地社会保险经办机构申请办理社会保险登记，向社会保险费征收机构申报缴费。

（二）未按规定申报时的处理规定

1. 先确定应缴费额后申报结算

《社会保险法》第六十二条规定，用人单位未按规定申报应当缴纳的社会保险费数额的，按照该单位上月缴费额的百分之一百一十确定应当缴纳数额；缴费单位补办申报手续后，由社会保险费征收机构按照规定结算。

《社会保险费征缴暂行条例》第十条规定，缴费单位不按规定申报应缴纳的社会保险费数额的，由社会保险经办机构暂按该单位上月缴费数额的110%确定应缴数额；没有上月缴费数额的，由社会保险经办机构暂按该单位的经营状况、职工人数等有关情况确定应缴数额。缴费单位补办申报手续并按核定数额缴纳社会保险费后，由社会保险经办机构按照规定结算。

实践中，一般根据缴费单位申报的部门来确定结算部门。

2. 责令限期改正和处罚

《社会保险费征缴暂行条例》第二十三条规定，缴费单位未按照规定申报应缴纳的社会保险费数额的，由劳动保障行政部门责令限期改正；情节严重的，对直接负责的主管人员和其他直接责任人员可以处 1 000 元以上 5 000 元以下的罚款；情节特别严重的，对直接负责的主管人员和其他直接责任人员可以处5 000元以上10 000元以下的罚款。

（三）征收时间

1. 申报征收期限

申报征收期限是指根据相关规定，缴费人申报缴纳社会保险费款的时限。目前，各省市之间征收期限规定不一致。

2. 费款所属期限

费款所属期限是指缴费人缴纳社会保险费款的所属期限，一般期限为月份或年度。目前，各省市之间征收期限规定不一致。

（四）缴费方式

《社会保险费征缴暂行条例》第十二条规定，缴费单位和缴费个人应当以货币形式全额缴纳社会保险费。

根据方便、快捷、安全的原则，社会保险费征收机构主要采取“线上”和“线下”两类方式征收社会保险费。在推广和鼓励网上缴费的同时，保留现金缴费方式。

2021年6月底，税务部门已实现企业所有缴费业务全部能“网上办”，个人缴费业务基本能“掌上办”。在缴费渠道上，企业可自行选择电子税务局、单位客户端等网上渠道或批量扣费等方式办理社保缴费业务，个人可通过税务APP、手机银行或者第三方支付等掌上渠道办理社保缴费业务。在缴费事项上，在实现社保申报、缴费、查询等基本事项“网上办”“掌上办”的基础上，将扣款协议签订、凭证打印、通知提醒等关联事项也纳入“网上办”“掌上办”内容。据统计，目前全国企业和个人社保缴费“网上办”“掌上办”业务量占比均达到90%以上。同时，税务部门会同人社、医保等部门，统筹调配服务资源，通过人员共驻、人员互派等方式，推进社保缴费和经办业务“一厅联办”。试点社保缴费和经办业务“一网通办”，将线下“一厅联办”转向线上。

《国家税务总局关于开展2023年“便民办税春风行动”的意见》（税总

纳服发〔2023〕1号）和《国家税务总局关于接续推出2023年“便民办税春风行动”第二批措施的通知》（税总纳服函〔2023〕13号）推出了一系列便民税费服务措施，其中涉及社会保险方面的主要有：依托各地政务服务平台，持续推行社会保险经办和缴费业务线上“一网通办”；推进职业伤害保障制度试点工作，优化征管流程，提升缴费服务。

（五）未按时足额缴费时的处理规定

1.《社会保险法》第六十三条规定，用人单位未按时足额缴纳社会保险费的，由社会保险费征收机构责令其限期缴纳或者补足。用人单位逾期仍未缴纳或者补足社会保险费的，社会保险费征收机构可以向银行和其他金融机构查询其存款账户；并可以申请县级以上有关行政部门作出划拨社会保险费的决定，书面通知其开户银行或者其他金融机构划拨社会保险费。用人单位账户余额少于应当缴纳的社会保险费的，社会保险费征收机构可以要求该用人单位提供担保，签订延期缴费协议。用人单位未足额缴纳社会保险费且未提供担保的，社会保险费征收机构可以申请人民法院扣押、查封、拍卖其价值相当于应当缴纳社会保险费的财产，以拍卖所得抵缴社会保险费。

2.《社会保险法》第八十六条规定，用人单位未按时足额缴纳社会保险费的，由社会保险费征收机构责令限期缴纳或者补足，并自欠缴之日起，按日加收万分之五的滞纳金；逾期仍不缴纳的，由有关行政部门处欠缴数额一倍以上三倍以下的罚款。

3.《实施〈中华人民共和国社会保险法〉若干规定》第二十条规定，职工应当缴纳的社会保险费由用人单位代扣代缴。用人单位未依法代扣代缴的，由社会保险费征收机构责令用人单位限期代缴，并自欠缴之日起向用人单位按日加收万分之五的滞纳金。用人单位不得要求职工承担滞纳金。

4.《社会保险费征缴暂行条例》第二十四条规定，缴费单位违反有关财务、会计、统计的法律、行政法规和国家有关规定，伪造、变造、故意毁灭有关账册、材料，或者不设账册，致使社会保险费缴费基数无法确定的，除依照有关法律、行政法规的规定给予行政处罚、纪律处分、刑事处罚外，依照本条例第十条的规定征缴；迟延缴纳的，由劳动保障行政部门或者税务机关依照本条例第十三条的规定决定加收滞纳金，并对直接负责的主管人员和其他直接责任人员处5 000元以上20 000元以下的罚款。

四、社会保障协定

为免除在外短暂就业人员的双重社会保险缴费义务，我国与相关国家启动了中外双边社会保障协定的谈判工作。社会保障协定的签署和实施，深化了社会保障领域的国际合作，便利了国际经贸往来和人员交往，有效保障了我国出境工作人员的社会保障权益，切实减轻了我国企业在境外的社会保险缴费负担，为服务我国对外开放大局发挥了重要作用。在已谈签的中外社会保障协定中，互免险种主要是养老保险、失业保险，免缴人员主要是派往对方国家的人员。目前，我国与德国、韩国、丹麦、芬兰、加拿大、瑞士、荷兰、法国、西班牙、卢森堡、日本、塞尔维亚 12 个国家正式签署了社会保障协定。其中，11 个已先后生效。

五、社会保险争议处理

《社会保险法》第八十二条规定，任何组织或者个人有权对违反社会保险法律、法规的行为进行举报、投诉。社会保险行政部门、卫生行政部门、社会保险经办机构、社会保险费征收机构和财政部门、审计机关对属于本部门、本机构职责范围的举报、投诉，应当依法处理；对不属于本部门、本机构职责范围的，应当书面通知并移交有权处理的部门、机构处理。有权处理的部门、机构应当及时处理，不得推诿。

第八十三条规定，用人单位或者个人认为社会保险费征收机构的行为侵害自己合法权益的，可以依法申请行政复议或者提起行政诉讼。用人单位或者个人对社会保险经办机构不依法办理社会保险登记、核定社会保险费、支付社会保险待遇、办理社会保险转移接续手续或者侵害其他社会保险权益的行为，可以依法申请行政复议或者提起行政诉讼。个人与所在用人单位发生社会保险争议的，可以依法申请调解、仲裁，提起诉讼。用人单位侵害个人社会保险权益的，个人也可以要求社会保险行政部门或者社会保险费征收机构依法处理。

六、社会保险领域社会信用体系建设

2018年11月29日，为加快推进社会信用体系建设，健全跨部门失信联合惩戒机制，打击社会保险领域违法失信行为，国家发展改革委、人民银行、人力资源社会保障部、中央组织部、中央宣传部、中央编办、中央文明办、中央网信办、工业和信息化部、财政部、自然资源部、住房城乡建设部、交通运输部、水利部、商务部、卫生健康委、应急管理部、国资委、海关总署、税务总局、市场监管总局、国际发展合作署、医保局、银保监会、证监会、民航局、外汇局、铁路总公司等部门联合签署了《关于对社会保险领域严重失信企业及其有关人员实施联合惩戒的合作备忘录》（发改财金〔2018〕1704号），明确了联合惩戒的对象、信息共享与联合惩戒的实施方式、惩戒措施等内容，对拒不缴纳社保费、骗保等9种情形进行32项联合惩戒。

联合惩戒的对象是指人力资源社会保障部、税务总局和医疗保障局会同有关部门确定的违反社会保险相关法律、法规和规章的企事业单位及其有关人员，其严重失信、失范行为主要包括以下情形：用人单位未按相关规定参加社会保险且拒不整改的；用人单位未如实申报社会保险缴费基数且拒不整改的；应缴纳社会保险费却拒不缴纳的；隐匿、转移、侵占、挪用社会保险费款、基金或者违规投资运营的；以欺诈、伪造证明材料或者其他手段参加、申报社会保险和骗取社会保险基金支出或社会保险待遇的；非法获取、出售或变相交易社会保险个人权益数据的；社会保险服务机构违反服务协议或相关规定的；拒绝协助社会保险行政部门、经办机构对事故和问题进行调查核实的；拒绝接受或协助税务部门对社会保险实施监督检查，不如实提供与社会保险相关各项资料的；其他违反法律法规规定的。

第二部分　自测练习题

一、单选题

1. 2018年3月，《深化党和国家机构改革方案》明确，为提高社会保险资金征管效率，将各项社会保险费交由（　　）统一征收。

   A. 社会保险行政部门　　　　B. 社会保险经办机构

C. 税务部门　　　　D. 财政部门

【参考答案】C

【解析】2018 年 3 月，《深化党和国家机构改革方案》明确，为提高社会保险资金征管效率，将基本养老保险费、基本医疗保险费、失业保险费等各项社会保险费交由税务部门统一征收。

2.（　　）标志着社会保险关系的建立，是社会保险费征管工作的首要环节。

A. 社会保险登记　　　　B. 社会保险缴费申报

C. 税务主体登记　　　　D. 签订劳动合同

【参考答案】A

【解析】社会保险登记标志着社会保险关系的建立，是社会保险费征管工作的首要环节。

3. 企业应当办理社会保险登记的时间为（　　）。

A. 办理登记注册时　　　　B. 成立之日起 30 日内

C. 登记注册之日起 30 日内　　　　D. 自用工之日起 30 日内

【参考答案】A

【解析】《社会保险费征缴暂行条例》第八条规定，企业在办理登记注册时，同步办理社会保险登记。

4. 企业以外的用人单位应当办理社会保险登记的时间为（　　）。

A. 办理登记注册时　　　　B. 成立之日起 30 日内

C. 登记注册之日起 30 日内　　　　D. 自用工之日起 30 日内

【参考答案】B

【解析】注意和第三题的比较。《社会保险法》第五十七条规定，用人单位应当自成立之日起三十日内凭营业执照、登记证书或者单位印章，向当地社会保险经办机构申请办理社会保险登记。

《社会保险费征缴暂行条例》第八条规定，企业在办理登记注册时，同步办理社会保险登记。前款规定以外的缴费单位应当自成立之日起 30 日内，向当地社会保险经办机构申请办理社会保险登记。

5. 企业应当自用工之日起（　　）日内为其职工办理社会保险登记。

A. 7　　　　B. 15　　　　C. 30　　　　D. 60

【参考答案】C

【解析】《社会保险法》第五十八条规定，用人单位应当自用工之日起三十日内为其职工向社会保险经办机构申请办理社会保险登记。未办理社会保险登记的，由社会保险经办机构核定其应当缴纳的社会保险费。

6. 用人单位不办理社会保险登记的，由（　　）责令限期改正。

A. 税务部门　　B. 社会保险行政部门

C. 社会保险经办机构　　D. 市场监督管理部门

【参考答案】B

【解析】《社会保险法》第八十四条规定，用人单位不办理社会保险登记的，由社会保险行政部门责令限期改正；逾期不改正的，对用人单位处应缴社会保险费数额一倍以上三倍以下的罚款，对其直接负责的主管人员和其他直接责任人员处五百元以上三千元以下的罚款。

7. 用人单位应当（　　）、按时足额缴纳社会保险费。

A. 按核定申报　　B. 自行申报

C. 按时申报　　D. 全责申报

【参考答案】B

【解析】《社会保险法》第六十条规定，用人单位应当自行申报、按时足额缴纳社会保险费，非因不可抗力等法定事由不得缓缴、减免。

《社会保险费征缴暂行条例》第十条规定，缴费单位必须按月向社会保险经办机构申报应缴纳的社会保险费数额，经社会保险经办机构核定后，在规定的期限内缴纳社会保险费。

8. 用人单位未按规定申报应当缴纳的社会保险费数额的，按照该单位上月缴费额的（　　）确定应当缴纳数额。

A. 百分之六十　　B. 百分之一百

C. 百分之一百一十　　D. 百分之一百二十

【参考答案】C

【解析】《社会保险法》第六十二条规定，用人单位未按规定申报应当缴纳的社会保险费数额的，按照该单位上月缴费额的百分之一百一十确定应当缴纳数额；缴费单位补办申报手续后，由社会保险费征收机构按照规定结算。

9. 用人单位未按时足额缴纳社会保险费的，由（　　）责令其限期缴纳或者补足。

A. 社会保险费征收机构　　B. 社会保险行政部门

C. 社会保险经办机构　　D. 人民法院

【参考答案】A

【解析】《社会保险法》第六十三条规定，用人单位未按时足额缴纳社会保险费的，由社会保险费征收机构责令其限期缴纳或者补足。

10. 缴费单位未按照规定申报应缴纳的社会保险费数额的，由（　　）责令限期改正。

A. 社会保险费征收机构

B. 社会保险行政部门（劳动保障行政部门）

C. 社会保险经办机构

D. 人民法院

【参考答案】B

【解析】《社会保险费征缴暂行条例》第二十三条规定，缴费单位未按照规定申报应缴纳的社会保险费数额的，由劳动保障行政部门责令限期改正。

11. 税务部门社保“一网通办”是指（　　）。

A. 纳税和缴费“一网通办”

B. 减税和降费“一网通办”

C. 社保缴费和经办业务“一网通办”

D. 社保申报和缴费业务“一网通办”

【参考答案】C

【解析】税务部门社保“一网通办”是指社保缴费和经办业务线上“一网通办”。

12. 税务部门社保“一厅联办”是指（　　）。

A. 纳税和缴费“一厅联办”

B. 减税和降费“一厅联办”

C. 社保缴费和经办业务“一厅联办”

D. 社保申报和缴费业务“一厅联办”

【参考答案】C

【解析】税务部门社保“一厅联办”是指社保缴费和经办业务“一厅联办”。

13. 用人单位未按时足额缴纳社会保险费的，自欠缴之日起，按日加收（　　）的滞纳金。

A. 千分之二　　　　B. 万分之二

C. 千分之五　　　　　　　　　　D. 万分之五

【参考答案】D

【解析】注意滞纳金加收的时间和比例。

《社会保险费征缴暂行条例》第十三条规定，缴费单位未按规定缴纳和代扣代缴社会保险费的，由劳动保障行政部门或者税务机关责令限期缴纳；逾期仍不缴纳的，除补缴欠缴数额外，从欠缴之日起，按日加收千分之二的滞纳金。滞纳金并入社会保险基金。

《社会保险法》第八十六条规定，用人单位未按时足额缴纳社会保险费的，由社会保险费征收机构责令限期缴纳或者补足，并自欠缴之日起，按日加收万分之五的滞纳金；逾期仍不缴纳的，由有关行政部门处欠缴数额一倍以上三倍以下的罚款。

《实施〈中华人民共和国社会保险法〉若干规定》（人力资源和社会保障部令第 13 号）第二十九条规定规定，2011 年 7 月 1 日后对用人单位未按时足额缴纳社会保险费的处理，按照社会保险法和本规定执行；对 2011 年 7 月 1 日前发生的用人单位未按时足额缴纳社会保险费的行为，按照国家和地方人民政府的有关规定执行。

14. 用人单位未依法代扣代缴职工应当缴纳的社会保险费的，其欠缴滞纳金处理原则是（　　）。

A. 用人单位及其职工共同承担

B. 用人单位承担

C. 职工承担

D. 用人单位承担，可向职工约定承担比例

【参考答案】B

【解析】《实施〈中华人民共和国社会保险法〉若干规定》第二十条规定，职工应当缴纳的社会保险费由用人单位代扣代缴。用人单位未依法代扣代缴的，由社会保险费征收机构责令用人单位限期代缴，并自欠缴之日起向用人单位按日加收万分之五的滞纳金。用人单位不得要求职工承担滞纳金。

15. 工程项目工伤保险以（　　）为单位参保缴费。

A. 建设项目　　　　　　　　　　B. 用人单位

C. 职工　　　　　　　　　　　　D. 工程造价额度

【参考答案】A

【解析】建筑施工承包单位以建设项目为单位参加建筑业工伤保险，向项目所在地社会保险经办机构和征收机构申请办理参保登记、核定和申报缴费。

16. 城乡居民按（　　）缴费。

A. 年　　B. 月　　C. 季　　D. 半年

【参考答案】A

【解析】城乡居民可以通过自主选择缴费标准的方式申报缴纳城乡居民基本养老保险费，按年缴费，一般为自然年度；可以根据固定的缴费标准申报缴纳城乡居民基本医疗保险费，按年缴费，年度起止时间由各统筹地区规定。

17. 2001 年我国与（　　）签署首部社会保障协定。

A. 德国　　B. 荷兰　　C. 美国　　D. 加拿大

【参考答案】A

【解析】2001 年我国与德国签署首部社会保障协定。

18. 我国与（　　）签署社会保险法出台后第一个社会保障协定。

A. 德国　　B. 荷兰　　C. 法国　　D. 丹麦

【参考答案】D

【解析】2013 年 12 月 9 日，我国与丹麦签署社会保险法出台后第一个社会保障协定。

19. 骗取社会保险待遇的，责令退回骗取社会保险金，处骗取金额二倍以上五倍以下的罚款。实施处罚的责任机关是（　　）。

A. 社会保险行政部门　　B. 社会保险费征收机构

C. 社会保险经办机构　　D. 财政部门

【参考答案】A

【解析】《社会保险法》第八十八条规定，以欺诈、伪造证明材料或者其他手段骗取社会保险待遇的，由社会保险行政部门责令退回骗取的社会保险金，处骗取金额二倍以上五倍以下的罚款。

20. 用人单位未按时足额缴纳社会保险费的，由社会保险费征收机构责令限期缴纳或者补足，并自欠缴之日起，按日加收万分之五的滞纳金；逾期仍不缴纳的，由有关行政部门处欠缴数额（　　）的罚款。

A. 一倍以上三倍以下　　B. 一倍以上五倍以下

C. 二倍以上五倍以下　　D. 二倍以上三倍以下

【参考答案】A

【解析】《社会保险法》第八十六条规定，用人单位未按时足额缴纳社会保险费的，由社会保险费征收机构责令限期缴纳或者补足，并自欠缴之日起，按日加收万分之五的滞纳金；逾期仍不缴纳的，由有关行政部门处欠缴数额一倍以上三倍以下的罚款。

21. 2021 年，将《社会保险费行政处罚决定书》中“违法事实”修改为“（　　）”，进一步优化税务执法方式、规范税务执法。

A. 事实　　B. 违法事实及证据

C. 涉嫌事实　　D. 违法事件

【参考答案】B

【解析】《国家税务总局关于修订部分税务执法文书的公告》（国家税务总局公告 2021 年第 23 号）将《税务行政处罚决定书》《不予税务行政处罚决定书》《社会保险费行政处罚决定书》中“违法事实”修改为“违法事实及证据”，进一步优化税务执法方式、规范税务执法。

22. 社会保险经办机构应当根据《外国人社会保障号码编制规则》，为外国人（　　），并发放中华人民共和国社会保障卡。

A. 建立社会保障登记　　B. 建立社会保障档案

C. 建立社会保障号码　　D. 建立社会保障序列号

【参考答案】C

【解析】社会保险经办机构应当根据《外国人社会保障号码编制规则》，为外国人建立社会保障号码，并发放中华人民共和国社会保障卡。

23. 商业银行和信用社采取（　　）汇总后缴入国库。

A. 财政专户　　B. 过渡专户

C. 社会保险费收入专户　　D. 待报解社会保险费专户

【参考答案】D

【解析】商业银行和信用社采取“待报解社会保险费”专户汇总后缴入国库。

24. 缴费单位和缴费个人应当以（　　）全额缴纳社会保险费。

A. 货币形式

B. 货币和实物形式

C. 货币、实物和服务形式

D. 货币、实物、服务、债权等形式

【参考答案】A

【解析】《社会保险费征缴暂行条例》第十二条规定，缴费单位和缴费个人应当以货币形式全额缴纳社会保险费。

25. 下列不属于社会保险费“跨省通办”的项目是（　　）。

A. 社会保险费退费审核

B. 单位社会保险费申报

C. 灵活就业人员社会保险费申报

D. 社会保险费特殊缴费申报

【参考答案】A

【解析】《国务院办公厅关于扩大政务服务“跨省通办”范围进一步提升服务效能的意见》（国办发〔2022〕34号）附件《全国政务服务“跨省通办”新增任务清单》规定，退还误收多缴保险费申请属于，审核不属于。

二、多选题

1. 社会保险登记是法定义务，下列主体应当向当地社会保险经办机构申请办理社会保险登记的有（　　）。

A. 用人单位　　B. 职工

C. 灵活就业人员　　D. 城乡居民

【参考答案】AC

【解析】《社会保险法》第五十七条规定，用人单位应当自成立之日起三十日内凭营业执照、登记证书或者单位印章，向当地社会保险经办机构申请办理社会保险登记。

第五十八条规定，用人单位应当自用工之日起三十日内为其职工向社会保险经办机构申请办理社会保险登记。自愿参加社会保险的无雇工的个体工商户、未在用人单位参加社会保险的非全日制从业人员以及其他灵活就业人员，应当向社会保险经办机构申请办理社会保险登记。

2. 用人单位社会保险登记的对象包括（　　）。

A. 企业及其职工　　B. 机关事业单位及其工作人员

C. 有雇工的个体工商户及其雇工　　D. 城乡居民

【参考答案】ABC

【解析】用人单位包括各类机关事业单位、企业、社会团体组织等，有雇工的个体工商户以单位形式参保。无雇工的个体工商户及各类灵活就业人员、城乡居民以个人身份参保，不属于用人单位社会保险登记范畴。

3. 关于重复参保处理措施，下列说法正确的有（　　）。

A. 重复参加职工医保的，原则上保留就业地参保关系

B. 重复参加居民医保的，原则上保留常住地参保关系

C. 学生重复参保，原则上保留户籍地参保关系

D. 参保人在同一年度内同时参加职工养老保险和城乡居民养老保险的，其重复缴费时段（按月计算）只计算职工养老保险缴费年限

【参考答案】ABD

【解析】《国家医保局财政部国家税务总局关于加强和改进基本医疗保险参保工作的指导意见》（医保发〔2020〕33号）规定，大中专学生原则上应在学籍地参加居民医保。因入学形成的重复参保，学籍地医疗保障部门应依托全国信息平台参保功能模块，及时通知原参保地医疗保障部门终止参保关系。

4. “五证合一、一照一码”中的“五证”包括税务登记证、社会保险登记证和（　　）。

A. 工商营业执照　　B. 组织机构代码证

C. 卫生健康登记证　　D. 统计登记证

【参考答案】ABD

【解析】《关于加快推进“五证合一、一照一码”登记制度改革的通知》（国办发〔2016〕53号）规定，从2016年10月1日起正式实施“五证合一、一照一码”。即工商营业执照、组织机构代码证、税务登记证、社会保险登记证、统计登记证“五证合一，一照一码”。

5. 缴费单位不按规定申报应缴纳的社会保险费数额的，由社会保险经办机构暂按该单位上月缴费数额的110%确定应缴数额；没有上月缴费数额的，由社会保险经办机构暂按（　　）等有关情况确定应缴数额。

A. 该单位经营状况

B. 同类同规模单位上月缴费数额

C. 该单位职工人数

D. 同行业上月平均缴费额

【参考答案】AC

【解析】《社会保险费征缴暂行条例》第十条规定，缴费单位不按规定申报应缴纳的社会保险费数额的，由社会保险经办机构暂按该单位上月缴费数额的110%确定应缴数额；没有上月缴费数额的，由社会保险经办机构暂按该单位的经营状况、职工人数等有关情况确定应缴数额。

6. 用人单位未足额缴纳社会保险费且未提供担保的，社会保险费征收机构可以申请人民法院（　　）其价值相当于应当缴纳社会保险费的财产，以拍卖所得抵缴社会保险费。

A. 扣押　　B. 查封　　C. 冻结　　D. 拍卖

【参考答案】ABD

【解析】《社会保险法》第六十三条规定，用人单位未足额缴纳社会保险费且未提供担保的，社会保险费征收机构可以申请人民法院扣押、查封、拍卖其价值相当于应当缴纳社会保险费的财产，以拍卖所得抵缴社会保险费。

7. 国家深入实施全民参保计划，自2021年参保年度起，全国医保参保信息实现的目标有（　　）和统一标准。

A. 互联互通　　B. 动态更新

C. 实时查询　　D. 适度公开

【参考答案】ABCD

【解析】《国家医保局 财政部 国家税务总局关于加强和改进基本医疗保险参保工作的指导意见》（医保发〔2020〕33号）规定，自2021年参保年度起，全国参保信息实现的目标有互联互通、动态更新、实时查询、适度公开、统一标准。

8. 用人单位未按规定申报时缴费基数的确定说法正确的有（　　）。

A. 缴费单位不按规定申报应缴纳的社会保险费数额的，暂按上月缴费数额核定。

B. 缴费单位不按规定申报应缴纳的社会保险费数额的，由社会保险经办机构暂按该单位上月缴费数额的百分之一百一十确定应缴数额。

C. 没有上月缴费数额的，由社会保险经办机构暂按该单位的经营状况、职工人数等有关情况确定应缴数额。

D. 缴费单位补办申报手续并按核定数额缴纳社会保险费后，由社会保险行政部门按规定结算。

【参考答案】BC

【解析】注意《社会保险法》和《社会保险费征缴暂行条例》表述的区别。

《社会保险法》第六十二条规定，用人单位未按规定申报应当缴纳的社会保险费数额的，按照该单位上月缴费额的百分之一百一十确定应当缴纳数额；缴费单位补办申报手续后，由社会保险费征收机构按照规定结算。

《社会保险费征缴暂行条例》第十条规定，缴费单位不按规定申报应缴纳的社会保险费数额的，由社会保险经办机构暂按该单位上月缴费数额的百分之一百一十确定应缴数额；没有上月缴费数额的，由社会保险经办机构暂按该单位的经营状况、职工人数等有关情况确定应缴数额。缴费单位补办申报手续并按核定数额缴纳社会保险费后，由社会保险经办机构按照规定结算。

9. 在已谈签的中外社会保障协定中，互免险种主要是（　　）。

A. 养老保险　　B. 医疗保险

C. 失业保险　　D. 工伤保险

【参考答案】AC

【解析】在已谈签的中外社会保障协定中，互免险种主要是养老保险、失业保险。

10. 灵活就业人员按（　　）缴费申报。

A. 年　　B. 月　　C. 季　　D. 半年

【参考答案】ABCD

【解析】灵活就业人员可以按月、季、半年、年缴费申报。

11. 2023 年“便民办税春风行动”中，涉及社会保险费方面的内容主要有（　　）。

A. 持续推行社会保险经办和缴费业务线上“一网通办”

B. 实现企业社保缴费“网上办”，个人社保缴费“掌上办”

C. 发布社保费缴费事项清单，明确事项办理流程、办理方式、办理时限以及需提交的资料

D. 推进职业伤害保障制度试点工作，优化征管流程，提升缴费服务

【参考答案】AD

【解析】《国家税务总局关于开展 2023 年“便民办税春风行动”的意见》（税总纳服发〔2023〕1 号）和《国家税务总局关于接续推出 2023 年“便民办税春风行动”第二批措施的通知》（税总纳服函〔2023〕13 号）推出了一

系列便民税费服务措施，其中涉及社会保险方面的主要有：依托各地政务服务平台，持续推行社会保险经办和缴费业务线上“一网通办”；推进职业伤害保障制度试点工作，优化征管流程，提升缴费服务。

12. 以下属于已和中国签订双边社会保障协定的国家有（　　）。

A. 德国　　B. 荷兰　　C. 美国　　D. 加拿大

【参考答案】ABD

【解析】参见中国和相关国家签订的社会保障协定文本。

13. 用人单位或者个人认为社会保险费征收机构的行为侵害自己合法权益的，可以依法（　　）。

A. 申请行政复议　　B. 提起行政诉讼

C. 申请调解　　D. 申请仲裁

【参考答案】AB

【解析】《社会保险法》第八十三条规定，用人单位或者个人认为社会保险费征收机构的行为侵害自己合法权益的，可以依法申请行政复议或者提起行政诉讼。

14. 个人与所在用人单位发生社会保险争议的，可以依法（　　）。

A. 申请复议　　B. 提起诉讼

C. 申请调解　　D. 申请仲裁

【参考答案】BCD

【解析】《社会保险法》第八十三条规定，个人与所在用人单位发生社会保险争议的，可以依法申请调解、仲裁、提起诉讼。

15. 下列关于社会保险争议的说法正确的有（　　）。

A. 社会保险争议涉事主体的单一性

B. 社会保险争议发生在劳动关系存续期间或劳动关系终止之后，以及社会保险事务管理关系之中

C. 社会保险争议由社会保险经办机构独立处置

D. 社会保险争议的内容与当事人的法定社会保险权利和义务相关

【参考答案】BD

【解析】社会保险争议涉事主体多样性、时间跨度较长、利益相关性强，涉及多个业务环节和多个部门，需要联合处置，分类处置。

16. 用人单位或者个人可以依法申请行政复议或提起行政诉讼的情形包括（　　）。

A. 社会保险经办机构不依法办理社会保险登记

B. 社会保险经办机构不依法核定社会保险费

C. 社会保险经办机构不依法支付社会保险待遇

D. 社会保险经办机构不依法办理社会保险转移接续手续

【参考答案】ABCD

【解析】《社会保险法》第八十三条规定，用人单位或者个人对社会保险经办机构不依法办理社会保险登记、核定社会保险费、支付社会保险待遇、办理社会保险转移接续手续或者侵害其他社会保险权益的行为，可以依法申请行政复议或者提起行政诉讼。

17. 个人在依法缴纳社会保险费后享有的权利包括（　　）。

A. 查询个人权益记录

B. 依法享受社会保险待遇

C. 查询个人缴费记录

D. 要求社会保险经办机构提供社会保险咨询等相关服务

【参考答案】ABCD

【解析】《社会保险法》第七十四条规定，社会保险经办机构通过业务经办、统计、调查获取社会保险工作所需的数据，有关单位和个人应当及时、如实提供。社会保险经办机构应当及时为用人单位建立档案，完整、准确地记录参加社会保险的人员、缴费等社会保险数据，妥善保管登记、申报的原始凭证和支付结算的会计凭证。社会保险经办机构应当及时、完整、准确地记录参加社会保险的个人缴费和用人单位为其缴费，以及享受社会保险待遇等个人权益记录，定期将个人权益记录单免费寄送本人。用人单位和个人可以免费向社会保险经办机构查询、核对其缴费和享受社会保险待遇记录，要求社会保险经办机构提供社会保险咨询等相关服务。

18. 2021 年，调整《社会保险费行政处罚决定书（简易）》简易处罚标准，下列说法正确的包括（　　）。

A. 将简易处罚标准提高到公民 200 元

B. 将简易处罚标准提高到法人或者其他组织 3 000 元

C. 将简易处罚标准提高到公民 300 元

D. 将简易处罚标准提高到法人或者其他组织 2 000 元

【参考答案】AB

【解析】《国家税务总局关于修订部分税务执法文书的公告》（国家税务总局公告 2021 年第 23 号）调整《税务行政处罚决定书（简易）》《社会保险费行政处罚决定书（简易）》简易处罚标准，将标准分别提高到公民 200 元，法人或者其他组织 3 000 元。

19. 下列社会保险费文书中，属于执法类文书的包括（　　）。

A. 评估（检查）通知书

B. 提供担保通知书

C. 征收决定书

D. 社会保险费缴费申报表

【参考答案】BC

【解析】《关于发布〈社会保险费及其他基金规费文书式样〉的公告》（国家税务总局公告 2015 年第 98 号）共有 33 张文书，分为四个部分：第一部分是登记类（编号简称 DJ）文书，共 5 张，包含缴费登记、变更登记、注销登记表等。第二部分是申报类（编号简称 SB），文书共 8 张，包含社会保险费缴费申报表、申报明细报表、申报结算表、残疾人就业保障金类申报表等。第三部分是检查类（编号简称 JC）文书，共 3 张，包括评估（检查）通知书、约谈通知书、实地核查通知书等。第四部分是执法类（编号简称 ZF）文书，共 18 张，包括限期缴纳通知书、提供担保通知书、征收决定书、处罚决定书等。

20. 2018 年 3 月，《深化党和国家机构改革方案》明确，为提高社会保险资金征管效率，将（　　）等各项社会保险费交由税务部门统一征收。

A. 基本养老保险费

B. 基本医疗保险费

C. 失业保险费

D. 企业年金

【参考答案】ABC

【解析】2018 年 3 月，《深化党和国家机构改革方案》明确，为提高社会保险资金征管效率，将基本养老保险费、基本医疗保险费、失业保险费等各项社会保险费交由税务部门统一征收。

21. 社会保险领域严重失信、失范行为的情形包括（　　）。

A. 用人单位未按相关规定参加社会保险且拒不整改的

B. 用人单位未如实申报社会保险缴费基数且拒不整改的

C. 拒绝接受或协助税务部门对社会保险实施监督检查，不如实提供与社

会保险相关各项资料的

D. 应缴纳社会保险费却拒不缴纳的

【参考答案】ABCD

【解析】《关于对社会保险领域严重失信企业及其有关人员实施联合惩戒的合作备忘录》(发改财金〔2018〕1704号)规定，违反社会保险相关法律、法规和规章的企事业单位及其有关人员，其严重失信、失范行为主要包括以下情形：用人单位未按相关规定参加社会保险且拒不整改的；用人单位未如实申报社会保险缴费基数且拒不整改的；应缴纳社会保险费却拒不缴纳的；隐匿、转移、侵占、挪用社会保险费款、基金或者违规投资运营的；以欺诈、伪造证明材料或者其他手段参加、申报社会保险和骗取社会保险基金支出或社会保险待遇的；非法获取、出售或变相交易社会保险个人权益数据的；社会保险服务机构违反服务协议或相关规定的；拒绝协助社会保险行政部门、经办机构对事故和问题进行调查核实的；拒绝接受或协助税务部门对社会保险实施监督检查，不如实提供与社会保险相关各项资料的；其他违反法律法规规定的。

22. 对灵活就业人员、城乡居民征收社会保险费，可以实行的征收方式包括(　　)。

A. 简并征期　　B. 简易申报

C. 委托征收　　D. 委托社保经办机构代收

【参考答案】ABC

【解析】对灵活就业人员、城乡居民征收社会保险费，可以实行简并征期、简易申报、委托征收等方式。

23. 在中国境内就业的外国人，是指依法获得(　　)等就业证件和外国人居留证件，以及持有《外国人永久居留证》，在中国境内合法就业的非中国国籍的人员。

A. 《外国人就业证》　　B. 《外国专家证》

C. 《外国常驻记者证》　　D. 《外国人社会保障证》

【参考答案】ABC

【解析】《在中国境内就业的外国人参加社会保险暂行办法》第二条规定，在中国境内就业的外国人，是指依法获得《外国人就业证》《外国专家证》《外国常驻记者证》等就业证件和外国人居留证件，以及持有《外国人永久居留证》，在中国境内合法就业的非中国国籍的人员。

24. 外国人参加中国社会保险，其社会保障号码由外国人（　　）组成。

A. 所在国家或地区代码　　B. 有效证件号码

C. 参加中国社会保险时间　　D. 参加中国社会保险序列号

【参考答案】AB

【解析】《外国人社会保障号码编制规则》规定，外国人参加中国社会保险，其社会保障号码由外国人所在国家或地区代码、有效证件号码组成。

25. 个人社会保险登记的对象包括（　　）。

A. 无雇工的个体工商户　　B. 灵活就业人员

C. 城乡居民　　D. 小微企业职工

【参考答案】ABC

【解析】个人社会保险登记的对象包括自愿参加社会保险的无雇工的个体工商户、未在用人单位参加社会保险的非全日制从业人员以及其他灵活就业人员、城乡居民。

26. 下列有关社会保险注销登记的说法错误的有（　　）。

A. 用人单位依法终止的，应当自终止前，办理注销社会保险登记

B. 参保单位发生营业执照注销或吊销、被批准解散、撤销、终止、跨统筹范围转出等情形而终止的，应自终止之日起十五日内，向社会保险经办机构申请办理注销登记

C. 参保人在发生出国定居或死亡等情形的，应办理注销登记，终止原参保关系

D. 用人单位社会保险注销登记流程按照人社部《社会保险登记管理暂行办法》执行

【参考答案】ABD

【解析】用人单位依法终止的，应当自终止之日起 30 日内，办理注销社会保险登记。

2019 年 4 月 30 日，人社部印发关于废止《社会保险登记管理暂行办法》的决定。

为了推进“多证合一、一照一码”登记制度改革，根据《国务院办公厅关于加快推进与政务服务“一网通办”不相适应的法规规章修订等工作的通知》要求，人力资源社会保障部决定，对《社会保险登记管理暂行办法》予

以废止，决定公布之日起生效。参保单位发生营业执照注销或吊销、被批准解散、撤销、终止、跨统筹范围转出等情形而终止的，应自终止之日起三十日内，向社会保险经办机构申请办理注销登记。

三、判断题

1. 灵活就业人员、城乡居民按自愿原则参保，无强制性时限要求。（　　）

【参考答案】√

【解析】灵活就业人员、城乡居民按自愿原则参保，无强制性时限要求，但应当办理社会保险登记。

2. 灵活就业人员必须在户籍地参加基本养老、基本医疗保险。（　　）

【参考答案】×

【解析】2021 年 7 月 16 日，《人力资源社会保障部 国家发展改革委 交通运输部 应急部 市场监管总局 国家医保局 最高人民法院 全国总工会关于维护新就业形态劳动者劳动保障权益的指导意见》（人社部发〔2021〕56 号）规定，完善基本养老保险、医疗保险相关政策，各地要放开灵活就业人员在就业地参加基本养老、基本医疗保险的户籍限制，个别超大型城市难以一步实现的，要结合本地实际，积极创造条件逐步放开。

3. 无雇工的个体工商户、未在用人单位参加社会保险的非全日制从业人员以及其他灵活就业人员，可以直接向社会保险费征收机构缴纳社会保险费。（　　）

【参考答案】√

【解析】《社会保险法》第六十条规定，无雇工的个体工商户、未在用人单位参加社会保险的非全日制从业人员以及其他灵活就业人员，可以直接向社会保险费征收机构缴纳社会保险费。

4. 社会保险费征收机构应当依法按时足额征收社会保险费，并将缴费情况定期告知用人单位和个人。（　　）

【参考答案】√

【解析】《社会保险法》第六十一条规定，社会保险费征收机构应当依法按时足额征收社会保险费，并将缴费情况定期告知用人单位和个人。

5. 2021 年 6 月底，税务部门实现企业所有缴费业务全部能“网上办”，个人缴费业务基本能“掌上办”。（　　）

【参考答案】√

【解析】2021年6月底，税务部门实现企业所有缴费业务全部能“网上办”，个人缴费业务基本能“掌上办”。

6. 企业办理加载统一社会信用代码的营业执照后，需到社会保险经办机构办理社会保险登记，社会保险经办机构核发社会保险登记证。（　　）

【参考答案】×

【解析】按照“五证合一、一照一码”登记制度改革规定，企业申请注册登记时，由市场监督管理部门直接核发统一社会信用代码的营业执照，作为企业主体身份的唯一合法凭证。企业无须再到社会保险经办机构办理社会保险登记，社会保险经办机构也不再核发社会保险登记证，企业登记的相关信息由市场监督管理部门传递给社会保险部门。

7. 企业在试用期可以不为职工缴纳社会保险费。（　　）

【参考答案】×

【解析】《劳动合同法》规定，试用期应包括在劳动合同期中。因此，企业在试用期也必须为职工缴纳社保。

8. 用人单位经职工同意，可以支付现金，由职工自行缴纳社保费。（　　）

【参考答案】×

【解析】《社会保险法》第六十条规定，职工应当缴纳的社会保险费由用人单位代扣代缴，用人单位应当按月将缴纳社会保险费的明细情况告知本人。代扣代缴社会保险费是用人单位的法定义务，不得改变缴费方式。

9. 用人单位可以基本工资或最低工资标准作为缴费基数缴纳社保费。（　　）

【参考答案】×

【解析】《社会保险法》规定，用人单位缴纳社保费的基数是本单位职工工资总额。职工应当按照国家规定的本人工资作为缴费基数缴纳社会保险费。用人单位应按规定为职工缴纳社保费，不得少缴。

10. 用人单位与职工可以签订书面承诺，为职工增加现金收入直接支付给职工，放弃缴纳社保费。（　　）

【参考答案】×

【解析】为劳动者参加社会保险并依法缴纳社会保险费是用人单位的法定义务，该项义务不能由用人单位和劳动者通过约定而变更或放弃。

11. 根据方便、快捷、安全的原则，社会保险费征收机构主要采取“线上”和“线下”两类方式征收社会保险费，不再保留现金缴费方式。（　　）

【参考答案】×

【解析】根据方便、快捷、安全的原则，社会保险费征收机构主要采取“线上”和“线下”两类方式征收社会保险费。在推广和鼓励网上缴费的同时，保留现金缴费方式。

12. 缴费单位和缴费个人应当以货币形式全额缴纳社会保险费。（　　）

【参考答案】√

【解析】《社会保险费征缴暂行条例》第十二条规定，缴费单位和缴费个人应当以货币形式全额缴纳社会保险费。

13. 税务部门会同人社、医保等部门，统筹调配服务资源，通过人员共驻、人员互派等方式，推进社保缴费和经办业务“一网通办”。（　　）

【参考答案】×

【解析】税务部门会同人社、医保等部门，统筹调配服务资源，通过人员共驻、人员互派等方式，推进社保缴费和经办业务“一厅联办”。

14. 个人社会保障号码为公民身份号码。（　　）

【参考答案】√

【解析】《社会保险法》第五十八条规定，国家建立全国统一的个人社会保障号码。个人社会保障号码为公民身份号码。

15. 社会保险费退费申请一般由社会保险经办机构受理。（　　）

【参考答案】×

【解析】社会保险费退费申请一般由社会保险费征收机构受理。

16. 社会保险费直接缴入社会保障基金财政专户。（　　）

【参考答案】×

【解析】社会保险费先缴入中国人民银行国库，再划转至社会保障基金财政专户。

17. 社会保险登记业务办理主要依据是《社会保险登记管理暂行办法》。（　　）

【参考答案】×

【解析】2019 年 4 月 28 日，为了推进“多证合一、一照一码”登记制度改革，根据《国务院办公厅关于加快推进与政务服务“一网通办”不相适应的法规规章修订等工作的通知》（国办函〔2018〕69号）要求，人力资源社会保障部决定，对《社会保险登记管理暂行办法》（劳动和社会保障部令第1号）予以废止。

18. 社会保险费申报缴纳业务办理的主要依据之一是《社会保险费申报缴纳管理规定》。（　　）

【参考答案】×

【解析】2021年12月22日，为贯彻落实党中央、国务院深化“放管服”改革决策部署，持续优化营商环境，落实社会保险费征收体制改革要求，人力资源社会保障部决定，对《社会保险费申报缴纳管理规定》（人力资源社会保障部令第20号）予以废止。本决定自公布之日起生效。

19.《社会保险费行政处罚事项告知书》中听证提出时间为“行政机关告知后五日内提出”。（　　）

【参考答案】√

【解析】《行政处罚法》第六十三条规定，当事人要求听证的，应当在行政机关告知后五日内提出。

20. 社会保险经办机构应当根据《外国人社会保障号码编制规则》，为外国人建立社会保障号码，并发放中华人民共和国社会保障卡。（　　）

【参考答案】√

【解析】《在中国境内就业的外国人参加社会保险暂行办法》第六条规定，社会保险经办机构应当根据《外国人社会保障号码编制规则》，为外国人建立社会保障号码，并发放中华人民共和国社会保障卡。

21. 对用人单位2010—2020年未按时足额缴纳社会保险费的处理，一律按照《社会保险法》规定执行。（　　）

【参考答案】×

【解析】《实施〈中华人民共和国社会保险法〉若干规定》第二十九条规定，2011年7月1日后对用人单位未按时足额缴纳社会保险费的处理，按照《社会保险法》和本规定执行；对2011年7月1日前发生的用人单位未按时足额缴纳社会保险费的行为，按照国家和地方人民政府的有关规定执行。

22. 职工应当缴纳的社会保险费由用人单位代扣代缴，职工本人无须亲自到社会保险费征收机构缴纳社会保险费。（　　）

【参考答案】√

【解析】《社会保险费征缴暂行条例》第十二条规定，缴费个人应当缴纳的社会保险费，由所在单位从其本人工资中代扣代缴。

23. 税务机关调查社会保险费征缴违法案件时，有关部门、单位应当给予支持、协助。 （ ）

【参考答案】√

【解析】《社会保险费征缴暂行条例》第十九条规定，税务机关调查社会保险费征缴违法案件时，有关部门、单位应当给予支持、协助。

24. 财税库银税收收入电子缴库横向联网是指财政部门、税务机关、国库、商业银行（含信用社）利用信息网络技术，通过电子网络系统办理税收收入征缴入库等业务，税款直接缴入国库，实现税款征缴信息共享的缴库模式。社会保险费不适用。 （ ）

【参考答案】×

【解析】《财税库银税收收入电子缴库横向联网管理暂行办法》第四十六条规定，税务机关通过横向联网系统征收或代征的教育费附加、文化事业建设费、税务登记证工本费、发票工本费、社会保险基金及矿区使用费等收入，适用本办法。

25. 财税库银税收收入电子缴库横向联网简称“税银系统”，用于征收社会保险费。 （ ）

【参考答案】×

【解析】“税银系统”是指税务机关和商业银行（含信用社）之间利用信息网络技术，建立的缴款渠道。

四、简答题

1. 假设某企业 2022 年 7 月企业职工养老单位部分应缴费额 100 万元，个人部分 50 万元。该企业一直未在 2022 年 7 月 15 日限缴日期前（假设当地申报缴费期限为每月 15 日前）进行申报缴费。该企业的主管税务机关拟依法采取相关处理措施。请根据上述案例，请依据《社会保险法》有关规定提出处理措施。

【参考答案与解析】

《社会保险法》第六十三条和八十六条有关规定。

《社会保险法》第六十三条规定，用人单位未按时足额缴纳社会保险费的，由社会保险费征收机构责令其限期缴纳或者补足。用人单位逾期仍未缴纳或者补足社会保险费的，社会保险费征收机构可以向银行和其他金融机构查询其存款账户；并可以申请县级以上有关行政部门作出划拨社会保险费的决定，书面通知其开户银行或者其他金融机构划拨社会保险费。用人单位账户余额少于应当缴纳的社会保险费的，社会保险费征收机构可以要求该用人单位提供担保，签订延期缴费协议。用人单位未足额缴纳社会保险费且未提供担保的，社会保险费征收机构可以申请人民法院扣押、查封、拍卖其价值相当于应当缴纳社会保险费的财产，以拍卖所得抵缴社会保险费。

《社会保险法》第八十六规定，用人单位未按时足额缴纳社会保险费的，由社会保险费征收机构责令限期缴纳或补足，并自欠缴之日起，按日加收万分之五的滞纳金，逾期仍不缴纳的，由有关行政部门处欠缴数额 1 倍以上 3 倍以下的罚款。

2. 简述企业及其员工自行向社会保险费征收机构申报模式下的法律法规规定。

【参考答案与解析】

《社会保险法》第六十条规定，用人单位应当自行申报、按时足额缴纳社会保险费，非因不可抗力等法定事由不得缓缴、减免。

用人单位每月按时自行向社会保险费征收机构申报工资总额、职工人数以及每位职工的缴费基数、应缴纳社会保险费数额等信息，并按照向社会保险费征收机构申报的应当缴纳社会保险费的数额，按时足额向社会保险费征收机构缴纳社会保险费。职工应当缴纳的社会保险费由用人单位代扣代缴，职工本人无须亲自到社会保险费征收机构缴纳社会保险费，用人单位应当按月将缴纳社会保险费的明细情况告知本人。

《社会保险法》第六十二条规定，用人单位未按规定申报应当缴纳的社会保险费数额的，按照该单位上月缴费额的 110% 确定应当缴纳数额；缴费单位补办申报手续后，由社会保险费征收机构按照规定结算。

3. 简述目前社会保险费征收机构采取的缴费服务举措。

【参考答案与解析】

根据方便、快捷、安全的原则，社会保险费征收机构主要采取“线上”和“线下”两类方式征收社会保险费。在推广和鼓励网上缴费的同时，保留现金缴费方式。2021 年 6 月底，税务部门已实现企业所有缴费业务全部能“网上办”，个人缴费业务基本能“掌上办”。在缴费渠道上，企业可自行选择电子税务局、单位客户端等网上渠道或批量扣费等方式办理社保缴费业务，个人可通过税务APP、手机银行或者第三方支付等掌上渠道办理社保缴费业务。在缴费事项上，在实现社保申报、缴费、查询等基本事项“网上办”“掌上办”的基础上，将扣款协议签订、凭证打印、通知提醒等关联事项也纳入“网上办”“掌上办”内容。据统计，目前全国企业和个人社保缴费“网上办”“掌上办”业务量占比均达到90%以上。同时，税务部门会同人社、医保等部门，统筹调配服务资源，通过人员共驻、人员互派等方式，推进社保缴费和经办业务“一厅联办”。开展社保缴费和经办业务“一网通办”，将线下“一厅联办”转向线上。

《国家税务总局关于开展2023年“便民办税春风行动”的意见》（税总纳服发〔2023〕1号）和《国家税务总局关于接续推出2023年“便民办税春风行动”第二批措施的通知》（税总纳服函〔2023〕13号）推出了一系列便民税费服务措施，其中涉及社会保险方面的主要有：依托各地政务服务平台，持续推行社会保险经办和缴费业务线上“一网通办”；推进职业伤害保障制度试点工作，优化征管流程，提升缴费服务。

第八章　社会保险基金专题

第一部分　知识架构

一、社会保险基金

（一）基本概念

社会保险基金是指为了保障参保对象的权益和社会保险待遇，根据国家法律法规规定，由单位和个人缴纳、政府补助以及通过其他合法方式筹集的专项资金。

（二）基金组成

《社会保险法》第六十四条规定，社会保险基金包括基本养老保险基金、基本医疗保险基金、工伤保险基金、失业保险基金和生育保险基金。各项社会保险基金按照社会保险险种分别建账，分账核算，执行国家统一的会计制度。除基本医疗保险基金与生育保险基金合并建账及核算外，其他各项社会保险基金按照社会保险险种分别建账，分账核算。社会保险基金执行国家统一的会计制度。

社会保险基金专款专用，任何组织和个人不得侵占或者挪用。

基本养老保险基金逐步实行全国统筹，其他社会保险基金逐步实行省级统筹，具体时间、步骤由国务院规定。

（三）基金管理模式

我国主要采取财政集中型集中管理模式，《社会保险法》第六十五条规定，社会保险基金通过预算实现收支平衡。县级以上人民政府在社会保险基金出现支付不足时，给予补贴。

（四）会计核算

社会保险基金财务管理和会计核算一般采用收付实现制，基本养老保险基金委托投资等部分经济业务或事项采用权责发生制。社会保险基金纳入社会保障基金财政专户（以下简称“财政专户”），实行“收支两条线”管理。基金按照险种及不同制度分别建账、分账核算、分别计息、专款专用。基金之间不得相互挤占和调剂，不得违规投资运营，不得用于平衡一般公共预算。

二、社会保险基金预算

（一）基本概念

社会保险基金预算是指根据国家预算管理和社会保险相关法律法规编制，经法定程序审批、具有法律效力的年度基金财务收支计划。基金预算由基金收入预算和基金支出预算组成。社会保险基金预算应当做到收支平衡。社会保险基金预算编制应按照《预算法》《社会保险法》《预算法实施条例》以及国务院有关规定执行。

（二）与其他预算的关系

《预算法》第五条规定，预算包括一般公共预算、政府性基金预算、国有资本经营预算、社会保险基金预算。一般公共预算、政府性基金预算、国有资本经营预算、社会保险基金预算应当保持完整、独立。政府性基金预算、国有资本经营预算、社会保险基金预算应当与一般公共预算相衔接。

（三）预算环节

预算环节包括预算编制、预算审批、预算执行、预算调整等。

（1）预算编制。

基金预算按险种、不同制度和统筹地区分别编制。年度终了前，统筹地区经办机构应按照规定表式、时间和编制要求，综合考虑本年度预算执行情况、下年度经济社会发展水平以及社会保险工作计划等因素，编制下年度基金预算草案，报本级社会保险行政部门审核汇总。由税务机关负责征收的险种，社会保险费收入预算草案由经办机构会同税务机关编制。

（2）预算审批。

财政部门负责审核并汇总编制社会保险年度基金预算草案，会同社会保险行政部门上报同级人民政府，经同级人大批准后，批复经办机构具体执行，并报上级财政部门和社会保险行政部门备案。由税务机关负责征收的险种，社会保险费收入预算批复税务机关和经办机构。

（3）预算执行。

经办机构严格按照批复预算执行，定期向同级财政部门和社会保险行政部门报告预算执行情况。财政部门和社会保险行政部门应逐级汇总上报预算执行情况，并加强基金运行监控，发现问题及时处置。由税务机关负责征收的险种，税务机关应严格按照批准的预算和规定的程序执行，定期向同级财政部门和社会保险行政部门报告。

（4）预算调整。

基金预算不得随意调整。执行中因特殊原因需要调整时，统筹地区经办机构应当编制预算调整方案，报同级社会保险行政部门审核汇总。统筹地区财政部门审核并汇总编制预算调整方案，会同社会保险行政部门上报同级人民政府，按要求经同级人大常务委员会批准后，批复经办机构执行，并报上级财政部门和社会保险行政部门备案。由税务机关负责征收的险种，社会保险费收入预算调整方案由经办机构会同税务机关提出，并批复税务机关和经办机构。税务机关应严格按照批准的预算和规定程序执行，定期向同级财政部门和社会保险行政部门报告。

（四）决算编制

年度终了，统筹地区经办机构应按照规定编制年度社会保险基金决算草案，报同级社会保险行政部门审核汇总。经统筹地区财政部门审核并汇总编制，会同社会保险行政部门报本级人民政府审定后，提交同级人大常务委员会审查和批准。

（五）决算审批

统筹地区社会保险基金决算草案经本级人大常委会审批后，由同级财政部门、社会保险行政部门分别报送上级财政部门和社会保险行政部门。省级社会保险基金决算草案经省级人大常委会审批后，由省级财政部门、社会保险行政部门分别上报财政部、人力资源社会保障部和国家卫生计生委。中央社会保险基金决算草案由人力资源社会保障部社会保险事业管理中心编制，报人力资源社会保障部审核汇总。经财政部审核并汇总编制，会同人力资源社会保障部报国务院审定后，提交全国人大常委会审查和批准。

三、社会保险基金筹集

（一）收入组成

社会保险基金收入包括社会保险费收入、财政补贴收入、集体补助收入、利息收入、委托投资收益、转移收入、上级补助收入、下级上解收入、其他收入等。上述基金收入项目按规定分别形成各项基金。

1. 社会保险费收入是指用人单位和个人按规定缴纳的社会保险费，或其他资金（含财政资金）代参保对象缴纳的社会保险费收入。

2. 财政补贴收入是指财政给予基金的补助、对参保人员的缴费补贴、对参保对象的待遇支出补助。

3. 集体补助收入是指村（社区）等集体经济组织对参保人的补助。

4. 利息收入是指社会保险基金在收入户、财政专户及支出户中银行存款产生的利息收入或社会保险基金购买国债取得的利息收入。

5. 委托投资收益是指社会保险基金按照国家有关规定委托国家授权的管理机构进行投资运营所取得的净收益或发生的净损失。

6. 转移收入是指参保对象跨统筹地区、或跨制度流动而划入的基金收入。

7. 上级补助收入是指下级接收上级拨付的补助收入。

8. 下级上解收入是指上级接收下级上解的基金收入。

9. 其他收入是指滞纳金、违约金，跨年度退回或追回的社会保险待遇，及公益慈善等社会经济组织和个人捐助，以及其他经统筹地区财政部门核准的收入。

（二）基本养老保险基金收入组成

1. 企业职工基本养老保险基金收入包括基本养老保险费收入、财政补贴收入、利息收入、委托投资收益、转移收入、上级补助收入、下级上解收入、其他收入。其中：基本养老保险费收入是指单位和个人按规定的缴费基数和缴费比例分别缴纳的基本养老保险费。

2. 城乡居民基本养老保险基金收入包括个人缴费收入、集体补助收入、财政补贴收入、利息收入、委托投资收益、转移收入、上级补助收入、下级上解收入、其他收入。其中：个人缴费收入是指参保城乡居民按照规定标准缴纳的城乡居民基本养老保险费收入，包括财政资金代参保对象缴纳的基本养老保险费收入。追回重复领取的城乡居民基本养老保险待遇并从企业职工基本养老保险待遇中抵扣的列其他收入。

3. 机关事业单位基本养老保险基金收入包括基本养老保险费收入、财政补贴收入、利息收入、委托投资收益、转移收入、上级补助收入、下级上解收入、其他收入。其中：基本养老保险费收入是指单位和个人按缴费基数的一定比例分别缴纳的基本养老保险费。

（三）基本医疗保险（含生育保险，下同）基金收入组成

职工基本医疗保险基金收入按规定分别计入职工基本医疗保险统筹基金收入和职工基本医疗保险个人账户收入。

1. 职工基本医疗保险统筹基金收入包括按规定计入统筹基金账户的医疗保险费收入、财政补贴收入、利息收入、上级补助收入、下级上解收入、其他收入。其中：医疗保险费收入是指用人单位和个人按照规定缴费基数和费率缴纳的医疗保险费以及其他资金资助参保对象缴纳的保费收入。

2. 职工基本医疗保险个人账户收入包括按规定计入个人账户的医疗保险费收入、利息收入、转移收入、上级补助收入、下级上解收入、其他收入。

3. 城乡居民基本医疗保险基金收入包括城乡居民基本医疗保险费收入、财政补贴收入、利息收入、上级补助收入、下级上解收入、其他收入。其中：城乡居民基本医疗保险费收入是指城乡居民按照规定缴费标准缴纳的保费收入，有条件的用人单位对职工家属参保缴费给予的资助，乡村集体经济组织对农民参保缴费给予的资助，以及城乡医疗救助基金等资助参保对象缴纳的保费收入。

（四）工伤保险基金收入组成

工伤保险基金收入包括工伤保险费收入、财政补贴收入、利息收入、上

级补助收入、下级上解收入、其他收入。其中：工伤保险费收入是指用人单位按照规定缴费基数和费率缴纳及难以直接按照工资总额计算缴纳工伤保险费的部分行业企业按规定方式缴纳的工伤保险费。

（五）失业保险基金收入组成

失业保险基金收入包括失业保险费收入、财政补贴收入、利息收入、转移收入、上级补助收入、下级上解收入、其他收入。其中：失业保险费收入是指用人单位和个人按照规定缴费基数和费率缴纳的失业保险费。

四、社会保险基金支出

（一）支出内容

基金支出包括社会保险待遇支出、转移支出、补助下级支出、上解上级支出、其他支出等。

1. 社会保险待遇支出是指按规定支付给社会保险对象的待遇支出，包括为特定人群缴纳社会保险费形成的支出。

2. 转移支出是指参保对象跨统筹地区或跨制度流动转出的基金支出。

3. 补助下级支出是指上级拨付下级的支出。

4. 上解上级支出是指下级上解上级的支出。

5. 其他支出是指经国务院批准或国务院授权省级人民政府批准开支的其他非社会保险待遇性质的支出。

（二）基本养老保险基金支出

1. 企业职工基本养老保险基金支出包括养老保险待遇支出、转移支出、补助下级支出、上解上级支出、其他支出。

养老保险待遇支出包括基本养老金、医疗补助金、丧葬补助金和抚恤金、病残津贴。

基本养老金包括基础养老金、个人账户养老金、过渡性养老金和支付给《国务院关于建立统一的企业职工养老保险制度的决定》（国发〔1997〕26 号）实施前已经离休、退休和退职人员的离休金、退休金、退职金、补贴。个人账户养老金包括按月支付的个人账户养老金支出以及个人账户一次性支出。个人账户一次性支出是指参加企业职工基本养老保险的个人由于死亡、出国（境）定居等情况下退还其本人个人账户资金额的支出。

医疗补助金是指按规定支付已纳入企业职工基本养老保险基金开支范围的离休、退休、退职人员的医疗费用。

丧葬补助金和抚恤金是指用于已纳入企业职工基本养老保险基金开支范围的参保人员因病或非因工死亡后的丧葬补助费用及其遗属的抚恤费用。

病残津贴是指按国家规定标准对未达到法定退休年龄时因病或非因工致残完全丧失劳动能力的参保人员发放的基本生活费。

从企业职工基本养老保险基金中抵扣重复领取的城乡居民基本养老保险待遇支出从其他支出中列支。

2. 城乡居民基本养老保险基金支出包括养老保险待遇支出、转移支出、补助下级支出、上解上级支出、其他支出。

养老保险待遇支出包括按规定支付给参保城乡居民的基础养老金和个人账户养老金，以及丧葬补助金。

基础养老金是指按规定计发标准，由各级财政为符合待遇领取条件的参保城乡居民全额予以补助的养老金待遇。

个人账户养老金是指参保城乡居民达到养老保险待遇领取条件时，按照个人账户全部储存额除以计发月数，支付给参保城乡居民的养老金待遇，以及个人账户一次性支出。个人账户一次性支出指参加城乡居民基本养老保险的个人由于死亡、出国（境）定居以及在企业职工基本养老保险和城乡居民基本养老保险重复缴费等情况下退还其本人个人账户存储额的支出。

丧葬补助金是指在建立丧葬补助金制度的地区，参保人死亡后，政府给予遗属用于丧葬的补助费用。

转移支出是指跨统筹地区或跨制度流动转出的个人账户资金额等。

3. 机关事业单位基本养老保险基金支出包括养老保险待遇支出、转移支出、补助下级支出、上解上级支出、其他支出。

养老保险待遇支出包括基本养老金、丧葬补助金和抚恤金、病残津贴。

基本养老金包括基础养老金、个人账户养老金、过渡性养老金，机关事业单位工作人员养老保险制度改革实施前已经退休、退职人员的退休（职）费和病退人员生活费，以及按照人力资源社会保障部、财政部关于贯彻落实

《国务院关于机关事业单位工作人员养老保险制度改革的决定》的通知（人社部发〔2015〕28号）规定在10年过渡期内退休人员按新老办法对比后的补差资金。个人账户养老金包括按月支付的个人账户养老金支出以及个人账户一次性支出。个人账户一次性支出是指参加机关事业单位基本养老保险的个人由于死亡、出国（境）定居等情况下退还其本人个人账户余额的支出。

丧葬补助金和抚恤金是指用于已纳入机关事业单位基本养老保险基金开支范围的参保人员因病或非因工死亡后的丧葬补助费用及其遗属的抚恤费用。

病残津贴是指按国家规定标准对未达到法定退休年龄时因病或非因工致残完全丧失劳动能力的参保人员发放的基本生活费。

（三）基本医疗保险基金支出

1. 职工基本医疗保险基金支出包括职工基本医疗保险待遇支出、转移支出、补助下级支出、上解上级支出、其他支出。

职工基本医疗保险待遇支出按规定分别计入职工基本医疗保险统筹基金待遇支出和职工基本医疗保险个人账户待遇支出。

职工基本医疗保险统筹基金待遇支出是指按规定在统筹基金支付范围以内，在起付标准以上、最高支付限额以下由统筹基金支付的医疗费补偿支出，包括住院费用支出、门诊大病和门诊统筹费用支出。生育保险与职工基本医疗保险合并实施的统筹地区，职工基本医疗保险统筹基金待遇支出中包含生育待遇支出。生育待遇支出包括生育医疗费用支出和生育津贴支出。

职工基本医疗保险个人账户待遇支出是指按规定由个人账户开支的支出，主要包括个人自付的门诊费用支出、住院费用支出、在定点零售药店发生的医药费支出。个人账户资金原则上不得用于非医疗支出。

职工基本医疗保险基金的补助下级支出、上解上级支出根据具体情况分别在统筹基金和个人账户基金中列支。

职工基本医疗保险基金的转移支出在个人账户基金中列支。

2. 城乡居民基本医疗保险基金支出包括城乡居民基本医疗保险待遇支出、划转用于城乡居民大病保险支出、补助下级支出、上解上级支出、其他支出。

城乡居民基本医疗保险待遇支出是指基金对参保城乡居民医疗费用的补偿支出，主要包括住院费用支出，门诊费用纳入基金支付范围的地区也包括门诊费用支出。

划转用于城乡居民大病保险支出是指按照规定从城乡居民基本医疗保险基金中划出一定比例或额度作为城乡居民大病保险的支出。

（四）工伤保险基金支出

工伤保险基金支出包括工伤保险待遇支出、劳动能力鉴定支出、工伤预防费用支出、补助下级支出、上解上级支出、其他支出。

工伤保险待遇支出是指经工伤认定后职工应享受由工伤保险基金负担的支出。具体包括工伤医疗待遇支出、伤残待遇支出和工亡待遇支出。其中，工伤医疗待遇支出是指治疗工伤的医疗费用、康复费用、安装配置伤残辅助器具所需费用、住院伙食补助费、到统筹地区以外就医的交通食宿费；伤残待遇支出是指经劳动能力鉴定委员会确认需要生活护理的工伤人员生活护理费、一次性伤残补助金、一至四级工伤职工按月领取的伤残津贴、五至十级伤残职工按规定领取的一次性工伤医疗补助金、由工伤保险基金支付的工伤职工达到退休年龄并办理退休手续后领取的养老保险待遇低于伤残津贴以及一至四级工伤职工伤残津贴实际额低于当地最低工资标准由工伤保险基金补充的差额部分；工亡待遇支出是指职工因工死亡后，由工伤保险基金支付给的丧葬补助金、供养亲属抚恤金和一次性工亡补助金。

劳动能力鉴定支出是指劳动能力鉴定委员会在进行劳动能力初次鉴定、再次鉴定、复查鉴定活动中及工伤职工辅助器具使用等确认工作中产生的，应由工伤保险基金负担的支出。

工伤预防费用支出指按规定用于工伤预防的宣传、培训等方面的支出。

（五）失业保险基金支出

失业保险基金支出包括失业保险待遇支出、稳定岗位补贴支出、技能提升补贴支出、转移支出、补助下级支出、上解上级支出、其他支出。其中：

失业保险待遇支出包括失业保险金支出、基本医疗保险费支出、丧葬补助金和抚恤金支出、职业培训和职业介绍补贴支出、其他费用支出。失业保险金支出是指按规定支付给失业人员的失业保险金。基本医疗保险费支出是指按规定为领取失业保险金人员参加职工基本医疗保险缴纳的基本医疗保险费支出，包括按规定支付给失业人员在领取失业保险金期间的医疗补助金支出。丧葬补助金和抚恤金支出是指按规定支付给在领取失业保险金期间死亡的失业人员的丧葬补助费用及由其供养的配偶、直系亲属的抚恤金支出。职业培训和职业介绍补贴支出是指按规定支付给失业人员在领取失业保险金期间接受职业培训、职业介绍的补贴支出。其他费用支出包括农民合同制工人一次性生活补助金和价格临时补贴支出及国家规定的其他费用。农民合同制工人一次性生活补助金支出是指按规定一次性支付给合同期满不再续订或者提前解除劳动合同的农民合同制工人的生活补助费支出。价格临时补贴支出指按规定给予领取失业保险金人员的价格临时补贴支出。

稳定岗位补贴支出是指按规定对稳定岗位的用人单位给予的补贴。

技能提升补贴支出是指按规定对符合条件的企业职工提升技能给予的补贴。

五、账户管理

《社会保险法》第六十八条规定，社会保险基金存入财政专户。

社会保险基金账户分为财政专户、收入户和支出户。

（一）财政专户

财政部门按照国家有关财政专户管理的规定设立财政专户。财政专户的主要用途是：接收税务机关或经办机构缴入的社会保险费收入；接收税务机关或收入户缴入的利息收入及其他收入；根据委托投资合同或有关计划接收和拨付投资运营基金；接收基金投资收益及支出户缴入的利息收入等；接收财政补贴收入；接收转移收入；接收上级财政专户划拨或下级财政专户上解基金；向上级或下级财政专户上缴或划拨基金；根据经办机构用款计划和预算向支出户拨付基金或按国家规定直接与有关机构办理基金结算；办理跨省异地就医结算业务；国家规定的其他用途。各级财政部门国库管理机构应当按月提供对账凭证，与社会保险经办机构核对账目。

财政专户发生的利息收入直接计入财政专户，收入户和支出户的利息收入定期缴入财政专户，且不得跨年。财政补贴收入由国库直接划入财政专户。

（二）收入户

收入户的主要用途是：暂存由经办机构征收的社会保险费收入；暂存上级经办机构下拨或下级经办机构上解的基金收入；暂存该账户利息收入；暂

存社会保险基金转移收入以及其他收入等。收入户除向财政专户划转基金、向上级经办机构缴拨基金、原渠道退回保险费收入、退回转移收入等情形外不得发生其他支付业务。

收入户原则上月末无余额。

（三）支出户

社会保险经办机构设立社会保险基金支出户。支出户除接受财政专户拨入的基金、上级经办机构拨付基金、暂存该账户利息收入、原渠道退回支付资金外，不得发生其他收入业务。

支出户的主要用途是：接受财政专户拨入基金；暂存社会保险支付费用及该账户利息收入；支付基金支出款项；向财政专户缴入该账户利息收入；上解上级经办机构基金或下拨下级经办机构基金。

六、社会保险基金会计制度

社会保险基金应当作为独立的会计主体进行核算。社会保险经办机构应当将经办的各类社会保险基金按照险种及不同制度分别建账、分别核算。

（一）会计核算

社会保险基金的会计核算一般采用收付实现制，基本养老保险基金委托投资等部分业务或者事项的会计核算应当采用权责发生制。社会保险基金的会计核算应当划分会计期间，分期结算账目和编制财务报表。会计期间的起讫日期采用公历制。

（二）会计要素

社会保险基金的会计要素包括资产、负债、净资产、收入和支出。

（三）会计记账方法

社会保险基金的会计记账采用借贷记账法。

具体内容参见《社会保险基金会计制度》（财会〔2017〕28 号）。

七、社会保险基金预算绩效管理

(一) 基本概念

社会保险基金预算绩效管理，是指在社会保险基金预算管理全过程中融入绩效理念和要求，通过合理确定绩效目标、全面实施绩效运行监控、科学开展绩效评价和切实强化结果应用，进一步改善政策实施效果、提升基金使用效益、促进基金精算平衡、防范基金运行风险的预算管理活动。

(二) 对象

预算绩效管理的对象是各项社会保险基金。

(三) 绩效目标

社会保险基金预算绩效目标按时间段分为总体目标和年度目标。总体目标主要结合党中央、国务院关于社会保险工作的总体部署，反映未来一定时期内社会保险政策预期实施效果。年度目标是实现总体目标的年度计划任务。

(四) 绩效指标

社会保险基金预算绩效指标是绩效目标的分解和细化，是衡量绩效目标实现程度的具体工具，采取定量与定性相结合的方式设定，涵盖决策、过程、产出、效益等方面。

1. 决策指标主要包括社会保险基金管理相关政策制定和调整完善等方面。

2. 过程指标主要包括社会保险基金管理相关政策执行、基金预算管理、风险防控等方面。

3. 产出指标主要包括基金收入和支出的数量、质量、时效、成本等方面。

4. 效益指标主要包括经济效益、社会效益、可持续发展、满意度等方面。

绩效指标选取应遵循可取、可比、可测、可用原则。

(五) 绩效运行监控

绩效运行监控是指在社会保险基金预算执行过程中，对社会保险基金绩效目标实现程度和预算执行进度进行跟踪、分析和监测的日常管理活动。内容包括：绩效目标完成、预算执行进度、风险防控、财务管理与核算等情况。重点关注社会保险费收入完成、一般公共预算安排的财政补助收入到位、社会保险待遇支付、社会保险基金收支结余等情况。主要采用目标比较法，运用定量分析和定性分析相结合的方式，定期将绩效实现情况与预期绩效目标进行比较分析。绩效监控包括及时性、合规性和有效性监控等。

（六）绩效评价、结果反馈及应用

绩效评价是在社会保险基金年度预算执行完毕后，按照相关要求，运用科学、合理的绩效评价指标、评价标准和方法，依据设定的绩效目标，对目标实现程度、政策产出效果等进行客观公正的测量、分析和评判，形成评价结果的活动。内容主要包括：社会保险基金预算管理工作开展、社会保险基金管理相关政策落实、社会保险基金可持续运行等情况。统筹地区自评和省级绩效评价采用定量与定性评价相结合的方式，具体评价方法以比较法为主。各统筹地区按要求分险种开展绩效自评工作，并于每年 5 月底前向省级层面报送上一年度绩效自评报告。各省按要求开展全省绩效评价工作，并于每年 7 月底前向中央层面报送上一年度本省绩效评价报告。

省级层面要结合各统筹地区自评结果开展省级绩效评价，对各统筹地区实际绩效情况进行分析评价，提出有针对性的建议措施，并及时将评价结果反馈相关统筹地区。要强化绩效评价结果应用，将绩效评价结果作为完善社会保险基金管理相关政策、改进管理的重要依据，逐步在资金安排中应用绩效评价结果。对绩效评价中发现的问题要及时整改。

八、社会保险基金监督

（一）人大监督

《社会保险法》第七十六条规定，各级人民代表大会常务委员会听取和审议本级人民政府对社会保险基金的收支、管理、投资运营以及监督检查情况的专项工作报告，组织对本法实施情况的执法检查等，依法行使监督职权。

（二）部门监督

1. 社会保险行政部门监督

《社会保险法》第七十七条规定，县级以上人民政府社会保险行政部门应当加强对用人单位和个人遵守社会保险法律、法规情况的监督检查。社会保险行政部门实施监督检查时，被检查的用人单位和个人应当如实提供与社会保险有关的资料，不得拒绝检查或者谎报、瞒报。

第七十九条规定，社会保险行政部门对社会保险基金的收支、管理和投资运营情况进行监督检查，发现存在问题的，应当提出整改建议，依法作出处理决定或者向有关行政部门提出处理建议。社会保险基金检查结果应当定期向社会公布。

社会保险行政部门对社会保险基金实施监督检查，有权采取下列措施：查阅、记录、复制与社会保险基金收支、管理和投资运营相关的资料，对可能被转移、隐匿或者灭失的资料予以封存；询问与调查事项有关的单位和个人，要求其对与调查事项有关的问题作出说明、提供有关证明材料；对隐匿、转移、侵占、挪用社会保险基金的行为予以制止并责令改正。

2. 相关部门监督

《社会保险法》第七十八条规定，财政部门、审计机关按照各自职责，对社会保险基金的收支、管理和投资运营情况实施监督。

（三）社会监督

《社会保险法》第八十条规定，统筹地区人民政府成立由用人单位代表、参保人员代表，以及工会代表、专家等组成的社会保险监督委员会，掌握、分析社会保险基金的收支、管理和投资运营情况，对社会保险工作提出咨询意见和建议，实施社会监督。

社会保险经办机构应当定期向社会保险监督委员会汇报社会保险基金的收支、管理和投资运营情况。社会保险监督委员会可以聘请会计师事务所对社会保险基金的收支、管理和投资运营情况进行年度审计和专项审计。审计结果应当向社会公开。

社会保险监督委员会发现社会保险基金收支、管理和投资运营中存在问题的，有权提出改正建议；对社会保险经办机构及其工作人员的违法行为，有权向有关部门提出依法处理建议。

第二部分　自测练习题

一、单选题

1. 社会保险基金执行（　　）的会计制度。

A. 国家统一　　B. 各统筹地区统一

C. 分社会保险项目统一　　D. 分统筹层次统一

【参考答案】A

【解析】《社会保险法》第六十四条规定，社会保险基金执行国家统一的会计制度。

2. 我国目前主要采取的基金管理模式是（　　）。

A. 财政集中型基金管理模式

B. 专门机构的集中基金管理模式

C. 信托集中基金管理模式

D. 多元分散型基金管理模式

【参考答案】A

【解析】我国目前主要采取的基金管理模式是财政集中型基金管理模式，社会保险基金通过预算实现收支平衡。

3. 全国社会保障基金由（　　）负责管理运营，在保证安全的前提下实现保值增值。

A. 全国社会保障基金管理运营机构　　B. 人力资源和社会保障部

C. 财政部　　D. 中国人民银行

【参考答案】A

【解析】《社会保险法》第七十一条规定，全国社会保障基金由全国社会保障基金管理运营机构负责管理运营，在保证安全的前提下实现保值增值。

4. 现行《社会保险基金财务制度》于 2017 年 8 月修订，自（　　）起施行。

A. 2017 年 9 月 1 日　　B. 2017 年 10 月 1 日

C. 2018 年 1 月 1 日　　D. 2018 年 7 月 1 日

【参考答案】C

【解析】《社会保险基金财务制度》由财政部、人力资源社会保障部、国家卫生计生委依据《中华人民共和国社会保险法》《中华人民共和国预算法》《中华人民共和国劳动法》等相关法律法规于 2017 年 8 月修订，自 2018 年 1 月 1 日起施行。

5. 社会保险基金通过（　　）实现收支平衡。

A. 财政补贴　　B. 预算

C. 宏观调控　　D. 投资运营

【参考答案】B

【解析】《社会保险法》第六十五条规定，社会保险基金通过预算实现收支平衡。

6. 县级以上人民政府在社会保险基金出现支付不足时，（　　）。

A. 给予补贴　　B. 调整预算

C. 减少支出　　D. 增加收入

【参考答案】A

【解析】《社会保险法》第六十五条规定，县级以上人民政府在社会保险基金出现支付不足时，给予补贴。

7. 社会保险基金按照（　　）设立预算。

A. 社会保险项目　　B. 基金类别

C. 统筹层次　　D. 省（市、自治区）

【参考答案】C

【解析】《社会保险法》第六十六条规定，社会保险基金按照统筹层次设立预算。

8. 社会保险基金预算按照（　　）分别编制。

A. 社会保险项目　　B. 基金类别

C. 统筹层次　　D. 省（市、自治区）

【参考答案】A

【解析】《社会保险法》第六十六条规定，社会保险基金预算按照社会保险项目分别编制。

9. 社会保险基金预算应当与（　　）相衔接。

A. 一般公共预算　　B. 政府性基金预算

C. 国有资本经营预算　　D. 非税收入预算

【参考答案】A

【解析】《预算法》第五条规定，政府性基金预算、国有资本经营预算、社会保险基金预算应当与一般公共预算相衔接。

10. 社会保险基金存入（　　）。

A. 待报解专户　　B. 国库

C. 财政专户　　D. 支出户

【参考答案】C

【解析】《社会保险法》第六十八条规定，社会保险基金存入财政专户，具体管理办法由国务院规定。

11.（　　）应当定期向社会公布参加社会保险情况以及社会保险基金的收入、支出、结余和收益情况。

A. 社会保险行政部门　　B. 社会保险经办机构

C. 社会保险费征收机构　　D. 财政部门

【参考答案】B

【解析】《社会保险法》第七十条规定，社会保险经办机构应当定期向社会公布参加社会保险情况以及社会保险基金的收入、支出、结余和收益情况。

12. 社会保险基金财务管理和会计核算一般采用（　　），基本养老保险基金委托投资等部分经济业务或事项采用（　　）。

A. 收付实现制，权责发生制　　B. 收付实现制，收付实现制

C. 权责发生制，收付实现制　　D. 权责发生制，权责发生制

【参考答案】A

【解析】社会保险基金财务管理和会计核算一般采用收付实现制，基本养老保险基金委托投资等部分经济业务或事项采用权责发生制。

13. 城乡居民基本养老保险基金收入与企业职工基本养老保险基金收入、机关事业单位基本养老保险基金收入相比，收入组成中独有的是（　　）。

A. 财政补贴收入　　B. 利息收入

C. 集体补助收入　　D. 委托投资收益

【参考答案】C

【解析】企业职工基本养老保险基金收入包括基本养老保险费收入、财政补贴收入、利息收入、委托投资收益、转移收入、上级补助收入、下级上解

收入、其他收入。其中：基本养老保险费收入是指单位和个人按规定的缴费基数和缴费比例分别缴纳的基本养老保险费。

城乡居民基本养老保险基金收入包括个人缴费收入、集体补助收入、财政补贴收入、利息收入、委托投资收益、转移收入、上级补助收入、下级上解收入、其他收入。其中：个人缴费收入是指参保城乡居民按照规定标准缴纳的城乡居民基本养老保险费收入，包括财政资金代参保对象缴纳的基本养老保险费收入。追回重复领取的城乡居民基本养老保险待遇并从企业职工基本养老保险待遇中抵扣的其他收入。

机关事业单位基本养老保险基金收入包括基本养老保险费收入、财政补贴收入、利息收入、委托投资收益、转移收入、上级补助收入、下级上解收入、其他收入。其中：基本养老保险费收入是指单位和个人按缴费基数的一定比例分别缴纳的基本养老保险费。

14. 关于统计核算报表，下列说法正确的是（　　）。

A. 社会保险费收入月度快报可按月、季、年编报

B. 部门间收入数据比对分析表主要是税务部门与国库部门进行入库数据比对

C. 降费核算报表由各省、自治区、直辖市和计划单列市税务局按月向国家税务总局报送报表后汇总得出

D. 社会保险费征收情况分析表是对所有社会保险费收入进行分行业、分登记注册类型进行统计

【参考答案】C

【解析】社会保险费收入月度快报按月编报，内容包括分险种社会保险费收入当月情况、累计情况，分缴纳主体缴费情况、分地区社会保险费收入情况、各险种分地区收入情况、全国社会保险费总收入情况等。

部门间收入数据比对分析表是由各级税务部门和同级人力资源社会保障部门、医疗保障部门根据实际工作情况，协同开展社会保险费收入数据信息交换和比对分析。

降费核算报表是根据降费核算数据形成，由国家税务总局各省、自治区、直辖市和计划单列市税务局按月向国家税务总局报送报表后汇总得出。

社会保险费征收情况分析表是对部分社会保险费收入进行分行业、分登记注册类型进行统计，对部分险种缴费单位户数、缴费基数进行分行业、分

登记注册类型进行统计。

15. 不属于社会保险费分析评估类指标的是（　　）。

A. 征收质效　　B. 缴费负担

C. 分省比较　　D. 国家比较

【参考答案】C

【解析】分析评估类指标包括征收质效、缴费负担、国家比较。

16. 2018 年，中国社会科学院世界社保研究中心发布（　　），这是我国研究机构编制并公开发行的第一部社保精算报告。

A.《中国社会保险基金精算报告 2010—2015》

B.《中国养老金精算报告 2018—2022》

C.《世界主要经济体社保精算报告 2015—2020》

D.《中国养老保险基金精算报告 2016—2021》

【参考答案】B

【解析】2018 年，中国社会科学院世界社保研究中心发布《中国养老金精算报告 2018—2022》，这是我国研究机构编制并公开发行的第一部社保精算报告。

17. 社会保险统计指标体系中，反映某一方面特征如比率、速度、规模等的指标是（　　）。

A. 基础指标　　B. 统计指标

C. 分析指标　　D. 核算指标

【参考答案】C

【解析】社会保险统计指标体系分为基础指标和分析指标两大类，基础指标是指反映某一方面基本状况、数量的指标，分析指标是指反映某一方面特征如比率、速度、规模等的指标。

18. 假设某单位 2019 年 5 月企业职工基本养老保险缴费基数为 100 万元，该单位 2019 年 5 月基本养老保险降率政策减费额为（　　）。

A. 8 万元　　B. 6 万元　　C. 4 万元　　D. 3 万元

【参考答案】C

【解析】降率政策减费额 = 缴费基数 ×（降率前费率 − 实际执行费率）

19. 重点围绕当期和上期的各险种参保人数、缴费人数等指标，分地区、行业、类型、规模等维度，通过同比和环比分析人数变化情况，对费源费基变动情况进行分析，进而对经济形势进行研判的统计分析类型是（　　）。

A. 收入形势分析　　B. 基金运行分析

C. 其他费基费源分析　　D. 缴费人行为分析

【参考答案】C

【解析】重点围绕当期和上期的各险种参保人数、缴费人数等指标，分地区、行业、类型、规模等维度，通过同比和环比分析人数变化情况，对费源费基变动情况进行分析，进而对经济形势进行研判的统计分析类型是其他费基费源分析。

20. 某社会保险费征收机构根据当地城乡居民基本养老缴费人参保时间、缴费档次等情况进行分析，分析缴费人年龄、待遇发放以及缴费档次等因素间的关系，提出完善制度、合理设置缴费档次的建议。上述社会保险统计分析类型是（　　）。

A. 收入形势分析　　B. 基金运行分析

C. 其他费基费源分析　　D. 缴费人行为分析

【参考答案】D

【解析】缴费人行为分析是指对于城乡居民基本养老和基本医疗保险的缴费人选择参保时间、缴费档次等情况进行分析，分析缴费人年龄、待遇发放以及缴费档次等因素间的关系，根据区域内缴费人偏好、人口年龄结构测算城乡居民基本养老和基本医疗保险费收入变动趋势，提出完善制度、合理设置缴费档次的建议。

21. 用于统计分析社会保险费征收情况以及降费等因素对收入的影响的社会保险费台账是（　　）。

A. 新出台政策降费账

B. 社会保险费降费总账

C. 社会保险费收入总账

D. 企业养老保险基金及缴费基数账

【参考答案】C

【解析】社会保险费收入总账是用于统计分析社会保险费征收情况以及降费等因素对收入的影响，还原社会保险费理论收入，按地区和险种两个维度编制，分别开展比较分析。

22. 宏观缴费负担计算公式为（　　）。

A. 某地区（国家）报告期内社会保险费收入总额÷该地区（国家）报告期内地区生产总值（国内生产总值）×100%

B. 某地区（国家）报告期内社会保险基金收入总额÷该地区（国家）报告期内地区生产总值（国内生产总值）×100%

C. 某地区（国家）报告期内社会保险基金收入和支出总额÷该地区（国家）报告期内地区生产总值（国内生产总值）×100%

D. 某地区（国家）报告期内社会保险费收入总额÷该地区（国家）报告期内国民生产总值×100%

【参考答案】A

【解析】宏观缴费负担=某地区（国家）报告期内社会保险费收入总额÷该地区（国家）报告期内地区生产总值（国内生产总值）×100%

23. 下列属于社会保险费征收管理类统计指标中的实缴费款的是（　　）。

A. 实际缴纳并已计入国库的社会保险费金额

B. 实际补缴上年度末之前历年的欠费金额

C. 跨年度（跨季度）的预缴金额

D. 实际缴纳的滞纳金额

【参考答案】A

【解析】实缴费款是指报告期内参加各类社会保险的缴费单位和个人，实际缴纳并已计入国库或者财政专户的相应保险费金额，不包括实际补缴上年度末之前历年的欠费和跨年度（跨季度）的预缴金额。

24. 数理统计上的（　　）是社会保险精算的理论基础。

A. 成本分配精算　　B. 大数法则

C. 减因概率　　D. 平衡比率

【参考答案】B

【解析】数理统计上的大数法则是社会保险精算的理论基础。

25. （　　）应当将缴费情况定期告知用人单位和个人；（　　）应当定期向社会公布参加社会保险情况以及社会保险基金的收入、支出、结余和收益情况。

A. 社会保险费征收机构；社会保险费征收机构

B. 社会保险经办机构；社会保险经办机构

C. 社会保险费征收机构；社会保险经办机构

D. 社会保险经办机构；社会保险费征收机构

【参考答案】C

【解析】《社会保险法》六十一条规定，社会保险费征收机构应当将缴费情况定期告知用人单位和个人。第七十条规定，社会保险经办机构应当定期向社会公布参加社会保险情况以及社会保险基金的收入、支出、结余和收益情况。

二、多选题

1. 社会保险基金包括（　　）。

A. 基本养老保险基金　　B. 基本医疗保险基金

C. 工伤保险基金　　D. 生育保险基金

【参考答案】ABCD

【解析】《社会保险法》第六十四条规定，社会保险基金包括基本养老保险基金、基本医疗保险基金、工伤保险基金、失业保险基金和生育保险基金。

2. 除（　　）合并建账及核算外，其他各项社会保险基金按照社会保险险种分别建账，分账核算。

A. 基本养老保险基金　　B. 基本医疗保险基金

C. 工伤保险基金　　D. 生育保险基金

【参考答案】BD

【解析】《社会保险法》第六十四条规定，除基本医疗保险基金与生育保险基金合并建账及核算外，其他各项社会保险基金按照社会保险险种分别建账，分账核算。

3. 下列属于社会保险基金管理范围的有（　　）。

A. 筹集　　B. 财务管理

C. 预算　　D. 投资运营管理

【参考答案】ABCD

【解析】社会保险基金管理主要包括社会保险基金筹集和支付、财务管理、预算和决算管理以及投资运营管理等。

4. 社会保险基金管理的主要模式包括（　　）。

A. 财政集中型基金管理模式

B. 专门机构的集中基金管理模式

C. 信托集中基金管理模式

D. 多元分散型基金管理模式

【参考答案】ABD

【解析】社会保险基金管理，是指为实现社会保险的基本目标和制度的稳定运行，管理主体依法根据国家和个人的经济承受能力，开展的基金筹集、待遇支付、基金保值增值的行为和过程。社会保险基金管理的主要模式包括财政集中型基金管理模式、多元分散型基金管理模式、专门机构的集中基金管理模式。

5. 全国社会保障基金应当定期向社会公布收支、管理和投资运营的情况。国务院（　　）对全国社会保障基金的收支、管理和投资运营情况实施监督。

A. 社会保险行政部门　　B. 审计机关

C. 社会保险费征收机构　　D. 财政部门

【参考答案】ABD

【解析】《社会保险法》第七十一条规定，全国社会保障基金应当定期向社会公布收支、管理和投资运营的情况。国务院财政部门、社会保险行政部门、审计机关对全国社会保障基金的收支、管理和投资运营情况实施监督。

6. 社会保险基金账户分为（　　）。

A. 财政专户　　B. 待报解专户

C. 收入户　　D. 支出户

【参考答案】ACD

【解析】社会保险基金账户分为财政专户、收入户和支出户。

7. 预算包括（　　）。

A. 一般公共预算　　B. 政府性基金预算

C. 国有资本经营预算　　D. 社会保险基金预算

【参考答案】ABCD

【解析】预算包括一般公共预算、政府性基金预算、国有资本经营预算、社会保险基金预算。

8. 社会保险基金收入包括（　　）。

A. 社会保险费收入　　B. 转移收入

C. 集体补助收入　　D. 上级补助收入

【参考答案】ABCD

【解析】《社会保险基金财务制度》（财社〔2017〕144 号）第十三条规定，基金收入包括社会保险费收入、财政补贴收入、集体补助收入、利息收入、委托投资收益、转移收入、上级补助收入、下级上解收入、其他收入等。

9. 社会保险基金支出包括（　　）。

A. 社会保险费待遇支出　　B. 转移支出

C. 补助下级支出　　D. 补助上级支出

【参考答案】ABC

【解析】社会保险基金支出包括社会保险待遇支出、转移支出、补助下级支出、上解上级支出、其他支出等。

10. 社会保险基金的会计要素包括（　　）。

A. 资产　　B. 负债　　C. 净资产　　D. 费用

【参考答案】ABC

【解析】社会保险基金的会计要素包括资产、负债、净资产、收入和支出。

11. 社会保险基金预算绩效目标按时间段分为（　　）。

A. 总体目标　　B. 年度目标

C. 季度目标　　D. 月度目标

【参考答案】AB

【解析】社会保险基金预算绩效目标按时间段分为总体目标和年度目标。

12. 社会保险基金预算绩效指标是绩效目标的分解和细化，是衡量绩效目标实现程度的具体工具，采取定量与定性相结合的方式设定，涵盖（　　）等方面。

A. 决策　　B. 过程　　C. 产出　　D. 效益

【参考答案】ABCD

【解析】社会保险基金预算绩效指标是绩效目标的分解和细化，是衡量绩效目标实现程度的具体工具，采取定量与定性相结合的方式设定，涵盖决策、过程、产出、效益等方面。

13. 统筹地区人民政府成立由（　　）等组成的社会保险监督委员会，掌握、分析社会保险基金的收支、管理和投资运营情况，对社会保险工作提出咨询意见和建议，实施社会监督。

A. 用人单位代表　　B. 参保人员代表

C. 工会代表　　　　D. 专家

【参考答案】ABCD

【解析】《社会保险法》第八十条规定，统筹地区人民政府成立由用人单位代表、参保人员代表，以及工会代表、专家等组成的社会保险监督委员会，掌握、分析社会保险基金的收支、管理和投资运营情况，对社会保险工作提出咨询意见和建议，实施社会监督。

14. 职工基本医疗保险基金收入按规定分别计入（　　）。

A. 职工基本医疗保险统筹基金收入

B. 职工基本医疗保险基金收入

C. 生育保险基金收入

D. 职工基本医疗保险个人账户收入

【参考答案】AD

【解析】职工基本医疗保险基金收入按规定分别计入职工基本医疗保险统筹基金收入和职工基本医疗保险个人账户收入。

15. 养老保险待遇支出包括（　　）。

A. 基本养老金　　　　B. 医疗补助金

C. 丧葬补助金和抚恤金　　　　D. 病残津贴

【参考答案】ABCD

【解析】养老保险待遇支出包括基本养老金、医疗补助金、丧葬补助金和抚恤金、病残津贴。

16. 失业保险基金支出包括（　　）。

A. 失业保险待遇支出　　　　B. 稳定岗位补贴支出

C. 技能提升补贴支出　　　　D. 劳动能力鉴定支出

【参考答案】ABC

【解析】失业保险基金支出包括失业保险待遇支出、稳定岗位补贴支出、技能提升补贴支出、转移支出、补助下级支出、上解上级支出、其他支出。

17. 社会保险基金收入中的其他收入包括（　　）。

A. 滞纳金

B. 跨年度退回或追回的社会保险待遇

C. 公益慈善等社会经济组织和个人捐助

D. 违约金

【参考答案】ABCD

【解析】社会保险基金收入中的其他收入是指滞纳金、违约金，跨年度退回或追回的社会保险待遇，及公益慈善等社会经济组织和个人捐助，以及其他经统筹地区财政部门核准的收入。

18. 社会保险费收入预算草案由（　　）编制。

A. 社会保险行政部门　　B. 社会保险经办机构

C. 税务机关　　D. 财政部门

【参考答案】BC

【解析】社会保险费收入预算草案由经办机构会同税务机关编制。

19. 统筹地区社会保险费收入预算草案编制部门应按照规定表式、时间和编制要求，综合考虑（　　）等因素，编制下年度基金预算草案。

A. 本年度预算执行情况　　B. 下年度经济社会发展水平

C. 社会保险工作计划　　D. 其他统筹地区预算情况

【参考答案】ABC

【解析】统筹地区社会保险费收入预算草案编制部门应按照规定表式、时间和编制要求，综合考虑本年度预算执行情况、下年度经济社会发展水平以及社会保险工作计划等因素，编制下年度基金预算草案。

20. 社会保险基金预算审核过程中，除考虑整体的政策因素外，还应审核的内容包括（　　）。

A. 比对分析收入预算与本年度社会保险事业发展计划

B. 比对分析预算上年各指标执行数与当年预算数

C. 审核收入和支出增幅是否在合理区间

D. 分析参保人数、缴费人数、离退休人数、缴费比例、缴费基数、费率、平均待遇水平等指标变动是否异常

【参考答案】ABCD

【解析】社会保险基金预算审核过程中，除考虑整体的政策因素外，还应审核以下方面内容：比对分析收入预算与本年度社会保险事业发展计划；比对分析预算上年各指标执行数与当年预算数；审核收入和支出增幅是否在合理区间；审核财政补助收入和利息收入预算规范性；分析参保人数、缴费人数、离退休人数、缴费比例、缴费基数、费率、平均待遇水平等指标变动是否异常，以及基金收支之间的逻辑关系是否合理。

21. 全国社会保障基金于 2000 年 8 月设立，是国家社会保障战略储备基金，由（　　）筹集的资金构成。

A. 中央财政预算拨款　　B. 国有资本划转

C. 基金投资收益　　D. 国务院批准的其他方式

【参考答案】ABCD

【解析】全国社会保障基金于 2000 年 8 月设立，是国家社会保障战略储备基金，由中央财政预算拨款、国有资本划转、基金投资收益和国务院批准的其他方式筹集的资金构成。

22. 税务部门开展社会保险费统计核算的主要任务包括（　　）。

A. 服务基金运转　　B. 服务征收管理

C. 服务民生保障　　D. 服务改革发展

【参考答案】ABCD

【解析】税务部门开展社会保险费统计核算的主要任务有：服务基金运转、服务征收管理、服务民生保障、服务改革发展。

23. 社会保险费统计核算工作内容包括（　　）。

A. 统计核算报表　　B. 收入—降费台账

C. 社会保险费统计分析　　D. 收入—缓缴台账

【参考答案】ABC

【解析】社会保险费统计核算工作内容包括：统计核算报表、收入—降费台账、社会保险费统计分析

24. 社会保险费统计核算报表包括（　　）。

A. 社会保险费收入月度快报　　B. 社会保险费征收情况分析表

C. 部门间收入数据比对分析表　　D. 降费核算报表

【参考答案】ABCD

【解析】社会保险费统计核算报表包括社会保险费收入月度快报、部门间收入数据比对分析表、降费核算报表、社会保险费征收情况分析表。

25. 社会保险费统计核算中的收入—降费台账主要包括（　　）。

A. 新出台政策降费账

B. 社会保险费降费总账

C. 社会保险费收入总账

D. 企业养老保险基金及缴费基数账

【参考答案】ABCD

【解析】社会保险费统计核算中的收入—降费台账主要包括四本账：新出台政策降费账、社会保险费降费总账、社会保险费收入总账、企业养老保险基金及缴费基数账。

26. 社会保险费统计分析包括（　　）。

A. 收入形势分析　　B. 基金运行分析

C. 降费缓缴分析　　D. 缴费人行为分析

【参考答案】ABD

【解析】社会保险费统计分析包括收入形势分析、基金运行分析、其他费源费基分析、缴费人行为分析。

27. 社会保险费统计指标体系主要由（　　）指标构成。

A. 费源费基类　　B. 征收管理类

C. 社保费收入类　　D. 分析评估类

【参考答案】ABCD

【解析】社会保险费统计指标体系主要由费源费基类、征收管理类、社保费收入类、分析评估类指标构成。

28. 开展社会保险费降费核算时，可以根据政策具体内容，采取不同核算方式，主要包括（　　）。

A. 分户核算　　B. 分时核算

C. 分省核算　　D. 分险种核算

【参考答案】AC

【解析】开展社会保险费降费核算时，可以根据政策具体内容，采取分户核算和分省测算相结合的方式。

29. 社会保险费降费核算按照财政年度核算时，可以根据政策执行期分为（　　）。

A. 新出台政策　　B. 阶段性政策

C. 延续性政策　　D. 翘尾政策

【参考答案】ACD

【解析】社会保险费降费核算按照财政年度核算时，可以根据政策执行期分为新出台政策、延续性政策、翘尾政策等。

30. 为确保社会保险基金的偿付能力，必须对其财务状况进行测量评价。通常来说，常见的精算指标包括（　　）。

A. 现收现付费用率　　B. 准备金比例

C. 平衡比率　　D. 减因概率

【参考答案】ABC

【解析】为确保社会保险基金的偿付能力，必须对其财务状况进行测量评价。通常来说，常见的精算指标包括现收现付费用率、准备金比例、平衡比率。

三、判断题

1. 社会保险基金是指国家通过立法，为保证社会保险制度运转，保障劳动者在丧失劳动能力或者失去劳动机会时的基本生活而设立的，由单位和个人缴纳、政府补助以及通过其他方式筹集的专项资金。（　　）

【参考答案】√

【解析】社会保险基金是指国家通过立法，为保证社会保险制度运转，保障劳动者在丧失劳动能力或者失去劳动机会时的基本生活而设立的，由单位和个人缴纳、政府补助以及通过其他方式筹集的专项资金。

2. 基金按照险种及不同制度分别建账、分账核算、分别计息、专款专用。基金之间不得相互挤占和调剂，不得违规投资运营，可用于平衡一般公共预算。（　　）

【参考答案】×

【解析】基金按照险种及不同制度分别建账、分账核算、分别计息、专款专用。基金之间不得相互挤占和调剂，不得违规投资运营，不得用于平衡一般公共预算。

3. 一般公共预算、政府性基金预算、国有资本经营预算、社会保险基金预算应当保持完整、独立。政府性基金预算、国有资本经营预算、社会保险基金预算应当与一般公共预算相衔接。（　　）

【参考答案】√

【解析】一般公共预算、政府性基金预算、国有资本经营预算、社会保险基金预算应当保持完整、独立。政府性基金预算、国有资本经营预算、社会保险基金预算应当与一般公共预算相衔接。

4. 社会保险基金的会计核算应当划分会计期间，分期结算账目和编制财务报表。会计期间的起讫日期采用社会保险年度制。（　　）

【参考答案】×

【解析】社会保险基金的会计核算应当划分会计期间，分期结算账目和编制财务报表。会计期间的起讫日期采用公历制。

5. 社会保险基金的会计记账采用借贷记账法。（　　）

【参考答案】√

【解析】社会保险基金的会计记账采用借贷记账法。

6. 社会保险费收入是指用人单位和个人按规定缴纳的社会保险费，不包括其他资金（含财政资金）代参保对象缴纳的社会保险费收入。（　　）

【参考答案】×

【解析】社会保险费收入是指用人单位和个人按规定缴纳的社会保险费，或其他资金（含财政资金）代参保对象缴纳的社会保险费收入。

7. 城乡居民基本医疗保险费收入是指城乡居民按照规定缴费标准缴纳的保费收入，有条件的用人单位对职工家属参保缴费给予的资助，乡村集体经济组织对农民参保缴费给予的资助，以及城乡医疗救助基金等资助参保对象缴纳的保费收入。（　　）

【参考答案】√

【解析】城乡居民基本医疗保险费收入是指城乡居民按照规定缴费标准缴纳的保费收入，有条件的用人单位对职工家属参保缴费给予的资助，乡村集体经济组织对农民参保缴费给予的资助，以及城乡医疗救助基金等资助参保对象缴纳的保费收入。

8. 税务机关不设社会保险费收入户，基金及时划入财政专户。（　　）

【参考答案】√

【解析】税务机关不设社会保险费收入户，基金及时划入财政专户。

9. 由税务机关负责征收的险种，税务机关应严格按照批准的预算和规定的程序执行，定期向同级财政部门和社会保险行政部门报告。（　　）

【参考答案】√

【解析】由税务机关负责征收的险种，税务机关应严格按照批准的预算和规定的程序执行，定期向同级财政部门和社会保险行政部门报告。

10. 基金预算不得随意调整。执行中因特殊原因需要调整时，统筹地区社会保险行政部门应当编制预算调整方案，报同级财政部门审核汇总。（　　）

【参考答案】×

【解析】基金预算不得随意调整。执行中因特殊原因需要调整时，统筹地区经办机构应当编制预算调整方案，报同级社会保险行政部门审核汇总。

11. 社会保险经办机构和社会保险费征收机构设立社会保险基金支出户。（　　）

【参考答案】×

【解析】社会保险经办机构设立社会保险基金支出户。

12. 社会保险经办机构和税务机关不得接受现金和现金支票、远期票据、有价证券等形式的缴费，支付基金采取安全高效的方式，减少现金支付。（　　）

【参考答案】√

【解析】经办机构和税务机关不得接受现金和现金支票、远期票据、有价证券等形式的缴费，支付基金采取安全高效的方式，减少现金支付。

13. 由税务机关征收社会保险费，可使用税收缴款书、税收收入退还书、税收完税证明作为征收票据。（　　）

【参考答案】√

【解析】社会保险费由税务机关征收的，可使用税收缴款书、税收收入退还书、税收完税证明作为征收票据。

14. 社会保险基金的会计要素中，资产、负债、净资产能够反映资金的运动过程；收入、支出能够反映财务状况。（　　）

【参考答案】×

【解析】资产、负债、净资产能够反映财务状况；收入、支出能够反映资金的运动过程。

15. 社会保险基金投资把收益性放在首位。（　　）

【参考答案】×

【解析】社会保险基金投资必须把安全放在首位。

16. 社会保险费降费核算按照财政年度核算时，可以根据政策执行期分为新出台政策、延续性政策、翘尾政策等。（　　）

【参考答案】√

【解析】社会保险费降费核算按照财政年度核算时，可以根据政策执行期分为新出台政策、延续性政策、翘尾政策等。

17. 欠缴费款是指截止到报告期内尚未缴纳的按照规定的标准计算出来的应缴费款。欠缴费款又可分为累计发生欠费和往期欠费。（　　）

【参考答案】×

【解析】欠缴费款是指截止到报告期内尚未缴纳的按照规定的标准计算出来的应缴费款。欠缴费款又可分为本期新发生欠费和往期欠费。

18. 应征费款是指报告期内参加各类社会保险的缴费单位和个人，按照规定的标准计算出来的应缴纳的相应保险费金额，包括应补上年度末之前历年欠费。（　　）

【参考答案】×

【解析】应征费款是指报告期内参加各类社会保险的缴费单位和个人，按照规定的标准计算出来的应缴纳的相应保险费金额，不包括应补上年度末之前历年欠费。

19. 补缴费款是指报告期内缴纳的上年度末之前历年的欠费。（　　）

【参考答案】√

【解析】补缴费款是指报告期内缴纳的上年度末之前历年的欠费。

20. 实缴率 = 报告期内单位个人实缴费款合计 ÷ 报告期内单位个人应缴费款合计 × 100%。（　　）

【参考答案】√

【解析】实缴率 = 报告期内单位个人实缴费款合计 ÷ 报告期内单位个人应缴费款合计 × 100%。

21. 微观缴费负担 = 某缴费单位报告期内缴纳社会保险费总额 ÷ 该企业报告期内单位缴纳保险费的工资总额 × 100%。（　　）

【参考答案】×

【解析】微观缴费负担 = 某缴费单位报告期内缴纳社会保险费总额 ÷ 该企业报告期内单位及个人缴纳保险费的工资总额 × 100%。

22. 工资增长带来的增费额 = 当期人均缴费工资 × 当期缴费人数 × 上年同期费率 − 上年同期缴费金额。（　　）

【参考答案】×

【解析】工资增长带来的增费额 = 当期人均缴费工资 × 上年同期缴费人

数×上年同期费率－上年同期缴费金额。

23. 调整社会平均工资口径减费额=[缴费基数减少额（下限）+缴费基数减少额（上限）]×费率。费率为阶段性降率前的费率。（ ）

【参考答案】√

【解析】调整社会平均工资口径减费额=[缴费基数减少额（下限）+缴费基数减少额（上限）]×费率。费率为阶段性降率前的费率。

24. 社会保险费降费核算根据政策执行期分类中的新出台政策是指核算年度内新出台的政策，在以前年度未产生降费，只在本年内产生降费。（ ）

【参考答案】√

【解析】社会保险费降费核算根据政策执行期分类中的新出台政策是指核算年度内新出台的政策，在以前年度未产生降费，只在本年内产生降费。

25. 社会保险费降费核算根据政策执行期分类中的翘尾政策是指上一年度已执行的且在核算年度内仍然产生降费的政策，其按照财政年度核算降费总额与按照政策执行期核算的降费总额一致。（ ）

【参考答案】×

【解析】社会保险费降费核算根据政策执行期分类中的翘尾政策是指上一年度已执行的且在核算年度内仍然产生降费的政策。对于执行期未跨自然年度的政策，按照财政年度核算降费总额与按照政策执行期核算的降费总额一致。

四、简答题

1. 请简述社会保险基金预算的编制过程。

【参考答案及解析】

社会保险基金预算环节包括预算编制、预算审批、预算执行、预算调整等。

（1）预算编制。基金预算按险种、不同制度和统筹地区分别编制。年度终了前，统筹地区经办机构应按照规定表式、时间和编制要求，综合考虑本年度预算执行情况、下年度经济社会发展水平以及社会保险工作计划等因素，编制下年度基金预算草案，报本级社会保险行政部门审核汇总。由税务机关负责征收的险种，社会保险费收入预算草案由经办机构会同税务机关编制。

（2）预算审批。财政部门负责审核并汇总编制社会保险年度基金预算草案，会同社会保险行政部门上报同级人民政府，经同级人大批准后，批复经办机构具体执行，并报上级财政部门和社会保险行政部门备案。由税务机关负责征收的险种，社会保险费收入预算批复税务机关和经办机构。

（3）预算执行。经办机构严格按照批复预算执行，定期向同级财政部门和社会保险行政部门报告预算执行情况。财政部门和社会保险行政部门应逐级汇总上报预算执行情况，并加强基金运行监控，发现问题及时处置。由税务机关负责征收的险种，税务机关应严格按照批准的预算和规定的程序执行，定期向同级财政部门和社会保险行政部门报告。

（4）预算调整。基金预算不得随意调整。执行中因特殊原因需要调整时，统筹地区经办机构应当编制预算调整方案，报同级社会保险行政部门审核汇总。统筹地区财政部门审核并汇总编制预算调整方案，会同社会保险行政部门上报同级人民政府，按要求经同级人大常务委员会批准后，批复经办机构执行，并报上级财政部门和社会保险行政部门备案。由税务机关负责征收的险种，社会保险费收入预算调整方案由经办机构会同税务机关提出，并批复税务机关和经办机构。税务机关应严格按照批准的预算和规定程序执行，定期向同级财政部门和社会保险行政部门报告。

（5）决算编制。年度终了，统筹地区经办机构应按照规定编制年度社会保险基金决算草案，报同级社会保险行政部门审核汇总。经统筹地区财政部门审核并汇总编制，会同社会保险行政部门报本级人民政府审定后，提交同级人大常务委员会审查和批准。

（6）决算审批。统筹地区社会保险基金决算草案经本级人大常委会审批后，由同级财政部门、社会保险行政部门分别报送上级财政部门和社会保险行政部门。省级社会保险基金决算草案经省级人大常委会审批后，由省级财政部门、社会保险行政部门分别上报财政部、人力资源社会保障部和国家卫生计生委。中央社会保险基金决算草案由人力资源社会保障部社会保险事业管理中心编制，报人力资源社会保障部审核汇总。经财政部审核并汇总编制，会同人力资源社会保障部报国务院审定后，提交全国人大常委会审查和批准。

2. 请简述社会保险费收入类指标的组成。

【参考答案及解析】

（1）分险种。包括：基本养老保险（企业职工基本养老保险、城乡居民基本养老保险、机关事业单位基本养老保险）；基本医疗保险（职工基本医疗保险、城乡居民基本医疗保险）；失业保险；工伤保险；生育保险（2019 年年末与职工基本医疗保险合并实施）。

（2）分缴费主体。包括：企业；机关事业单位；职工（包括企业职工、个体工商户的雇员、机关事业单位工作人员）；灵活就业人员；城乡居民。

（3）分地区。按照行政区划，一是各省、自治区、直辖市和计划单列市共 36 个地区，二是各省、自治区、直辖市以及新疆生产建设兵团共 32 个地区（均不含港澳台）。也可根据行政区划分为东部、中部、西部或者东部、中部、西部、东北地区。

（4）分行业。分行业是指按照《国民经济行业分类（GBT 4754—2017）》划分的行业类型。

（5）分登记注册类型。分登记注册类型是指按照《关于划分企业登记注册类型的规定》（国统字〔2011〕86 号）划分的类型。

3. 2022 年，实施阶段性缓缴社会保险费政策，请简答如何开展缓缴企业社保费情况统计核算。

【参考答案及解析】

对企业缓缴情况，可根据企业申报的缓缴情况，按月分险种统计期内分别申请（或免审即享）缓缴的户数及金额（分单位部分和个人部分），统计指标有：缓缴户数、缓缴金额（单位部分）、缓缴金额（个人部分）。

第九章　社会保险费涉税专题

第一部分　知识架构

《社会保险法》第五条规定，国家通过税收优惠政策支持社会保险事业。

一、社会保险费与企业所得税

《中华人民共和国企业所得税法实施条例》第三十五条规定，企业依照国务院有关主管部门或者省级人民政府规定的范围和标准为职工缴纳的基本养老保险费、基本医疗保险费、失业保险费、工伤保险费、生育保险费等基本社会保险费和住房公积金，准予扣除。企业为投资者或者职工支付的补充养老保险费、补充医疗保险费，在国务院财政、税务主管部门规定的范围和标准内，准予扣除。

《财政部 国家税务总局关于补充养老保险费补充医疗保险费有关企业所得税政策问题的通知》（财税〔2009〕27号）规定，自2008年1月1日起，企业根据国家有关政策规定，为在本企业任职或者受雇的全体员工支付的补充养老保险费、补充医疗保险费，分别在不超过职工工资总额5%标准内的部分，在计算应纳税所得额时准予扣除；超过的部分，不予扣除。

二、社会保险费与个人所得税

《中华人民共和国个人所得税法》第六条规定，居民个人的综合所得，以每一纳税年度的收入额减除费用六万元以及专项扣除、专项附加扣除和依法确定的其他扣除后的余额，为应纳税所得额。本条第一款第一项规定的专项扣除，包括居民个人按照国家规定的范围和标准缴纳的基本养老保险、基本医疗保险、失业保险等社会保险费和住房公积金等；专项附加扣除，包括子女教育、继续教育、大病医疗、住房贷款利息或者住房租金、赡养老人等支出，具体范围、标准和实施步骤由国务院确定，并报全国人民代表大会常务委员会备案。

《中华人民共和国个人所得税法实施条例》第十三条规定，个人所得税法第六条第一款第一项所称依法确定的其他扣除，包括个人缴付符合国家规定的企业年金、职业年金，个人购买符合国家规定的商业健康保险、税收递延型商业养老保险的支出，以及国务院规定可以扣除的其他项目。

《财政部 国家税务总局关于基本养老保险费基本医疗保险费失业保险费住房公积金有关个人所得税政策的通知》（财税〔2006〕10号）规定，一是企事业单位按照国家或省（自治区、直辖市）人民政府规定的缴费比例或办法实际缴付的基本养老保险费、基本医疗保险费和失业保险费，免征个人所得税；个人按照国家或省（自治区、直辖市）人民政府规定的缴费比例或办法实际缴付的基本养老保险费、基本医疗保险费和失业保险费，允许在个人应纳税所得额中扣除。企事业单位和个人超过规定的比例和标准缴付的基本养老保险费、基本医疗保险费和失业保险费，应将超过部分并入个人当期的工资、薪金收入，计征个人所得税。二是个人实际领（支）取原提存的基本养老保险金、基本医疗保险金、失业保险金和住房公积金时，免征个人所得税。

《财政部 国家税务总局关于生育津贴和生育医疗费有关个人所得税政策的通知》（财税〔2008〕8号）规定，生育妇女按照县级以上人民政府根据国家有关规定制定的生育保险办法，取得的生育津贴、生育医疗费或其他属于生育保险性质的津贴、补贴，免征个人所得税。

《财政部 国家税务总局关于工伤职工取得的工伤保险待遇有关个人所得税政策的通知》（财税〔2012〕40号）规定，对工伤职工及其近亲属按照《工伤保险条例》（国务院令第586号）规定取得的工伤保险待遇，免征个人所得税。

《财政部 人力资源社会保障部 国家税务总局关于企业年金职业年金个人所得税有关问题的通知》（财税〔2013〕103号）规定：

一是企业年金和职业年金缴费的个人所得税处理。

1. 企业和事业单位（以下统称“单位”）根据国家有关政策规定的办法

和标准，为在本单位任职或者受雇的全体职工缴付的企业年金或职业年金（以下统称“年金”）单位缴费部分，在计入个人账户时，个人暂不缴纳个人所得税。

2. 个人根据国家有关政策规定缴付的年金个人缴费部分，在不超过本人缴费工资计税基数的4%标准内的部分，暂从个人当期的应纳税所得额中扣除。

3. 超过本通知第一条第1项和第2项规定的标准缴付的年金单位缴费和个人缴费部分，应并入个人当期的工资、薪金所得，依法计征个人所得税。税款由建立年金的单位代扣代缴，并向主管税务机关申报解缴。

4. 企业年金个人缴费工资计税基数为本人上一年度月平均工资。月平均工资按国家统计局规定列入工资总额统计的项目计算。月平均工资超过职工工作地所在设区城市上一年度职工月平均工资300%的部分，不计入个人缴费工资计税基数。职业年金个人缴费工资计税基数为职工岗位工资和薪级工资之和。职工岗位工资和薪级工资之和超过职工工作地所在设区城市上一年度职工月平均工资300%的部分，不计入个人缴费工资计税基数。

二是年金基金投资运营收益的个人所得税处理。年金基金投资运营收益分配计入个人账户时，个人暂不缴纳个人所得税。

三是领取年金的个人所得税处理。

1. 个人达到国家规定的退休年龄，在本通知实施之后按月领取的年金，全额按照“工资、薪金所得”项目适用的税率，计征个人所得税；在本通知实施之后按年或按季领取的年金，平均分摊计入各月，每月领取额全额按照“工资、薪金所得”项目适用的税率，计征个人所得税。

2. 对单位和个人在本通知实施之前开始缴付年金缴费，个人在本通知实施之后领取年金的，允许其从领取的年金中减除在本通知实施之前缴付的年金单位缴费和个人缴费且已经缴纳个人所得税的部分，就其余额按照本通知第三条第1项的规定征税。在个人分期领取年金的情况下，可按本通知实施之前缴付的年金缴费金额占全部缴费金额的百分比减计当期的应纳税所得额，减计后的余额，按照本通知第三条第1项的规定，计算缴纳个人所得税。

3. 对个人因出境定居而一次性领取的年金个人账户资金，或个人死亡后，其指定的受益人或法定继承人一次性领取的年金个人账户余额，允许领取人将一次性领取的年金个人账户资金或余额按12个月分摊到各月，就其每月分摊额，按照本通知第三条第1项和第2项的规定计算缴纳个人所得税。对个人除上述特殊原因外一次性领取年金个人账户资金或余额的，则不允许采取分摊的方法，而是就其一次性领取的总额，单独作为一个月的工资薪金所得，按照本通知第三条第1项和第2项的规定，计算缴纳个人所得税。

2022年11月3日，《财政部 税务总局关于个人养老金有关个人所得税政策的公告》（财政部 税务总局公告2022年第34号）规定，一是自2022年1月1日起，对个人养老金实施递延纳税优惠政策。在缴费环节，个人向个人养老金资金账户的缴费，按照12 000元/年的限额标准，在综合所得或经营所得中据实扣除；在投资环节，计入个人养老金资金账户的投资收益暂不征收个人所得税；在领取环节，个人领取的个人养老金，不并入综合所得，单独按照3%的税率计算缴纳个人所得税，其缴纳的税款计入“工资、薪金所得”项目。二是个人缴费享受税前扣除优惠时，以个人养老金信息管理服务平台出具的扣除凭证为扣税凭据。取得工资薪金所得、按累计预扣法预扣预缴个人所得税劳务报酬所得的，其缴费可以选择在当年预扣预缴或次年汇算清缴时在限额标准内据实扣除。选择在当年预扣预缴的，应及时将相关凭证提供给扣缴单位。扣缴单位应按照本公告有关要求，为纳税人办理税前扣除有关事项。取得其他劳务报酬、稿酬、特许权使用费等所得或经营所得的，其缴费在次年汇算清缴时在限额标准内据实扣除。个人按规定领取个人养老金时，由开立个人养老金资金账户所在市的商业银行机构代扣代缴其应缴的个人所得税。

三、社会保险费会计处理

（一）企业负担部分：

借：生产成本、管理费用等

　　贷：应付职工薪酬——社会保险费

（二）代扣个人缴纳部分：

借：应付职工薪酬

　　贷：库存现金

　　　　其他应付款——代扣个人保险费

第二部分　自测练习题

一、单选题

1. 不允许在个人应纳税所得额中扣除的社会保险是（　　）。

A. 基本养老保险　　B. 基本医疗保险

C. 失业保险　　D. 工伤保险

【参考答案】D

【解析】企事业单位按照国家或省（自治区、直辖市）人民政府规定的缴费比例或办法实际缴付的基本养老保险费、基本医疗保险费和失业保险费，免征个人所得税；个人按照国家或省（自治区、直辖市）人民政府规定的缴费比例或办法实际缴付的基本养老保险费、基本医疗保险费和失业保险费，允许在个人应纳税所得额中扣除。

2. 企业年金个人缴费工资计税基数为本人上一年度月平均工资。月平均工资超过职工工作地所在设区城市上一年度职工月平均工资（　　）以上的部分，不计入个人缴费工资计税基数。

A. 100%　　B. 200%　　C. 300%　　D. 400%

【参考答案】C

【解析】企业年金个人缴费工资计税基数为本人上一年度月平均工资。月平均工资按国家统计局规定列入工资总额统计的项目计算。月平均工资超过职工工作地所在设区城市上一年度职工月平均工资300%以上的部分，不计入个人缴费工资计税基数。

3. 职业年金个人缴费工资计税基数为职工岗位工资和薪级工资之和。职工岗位工资和薪级工资之和超过职工工作地所在设区城市上一年度职工月平均工资（　　）以上的部分，不计入个人缴费工资计税基数。

A. 100%　　B. 200%　　C. 300%　　D. 400%

【参考答案】C

【解析】职业年金个人缴费工资计税基数为职工岗位工资和薪级工资之和。职工岗位工资和薪级工资之和超过职工工作地所在设区城市上一年度职工月平均工资300%以上的部分，不计入个人缴费工资计税基数。

4. 下列不免征个人所得税的是（　　）。

A. 企业支付的社会保险罚款　　B. 职工的安家费

C. 职工的退职费　　D. 失业保险金

【参考答案】A

【解析】企业支付的社会保险罚款，属于行政性罚款。

二、多选题

1. 下列工伤保险待遇免征个人所得税的项目有（　　）。

A. 一次性伤残补助金　　B. 伤残津贴

C. 一次性工伤医疗补助金　　D. 一次性伤残就业补助金

【参考答案】ABCD

【解析】工伤保险待遇免征个人所得税的项目有：一次性伤残补助金、伤残津贴、一次性工伤医疗补助金、一次性伤残就业补助金、住院伙食补助费。

2. 生育妇女按照县级以上人民政府根据国家有关规定制定的生育保险办法，取得下列项目，免征个人所得税的有（　　）。

A. 生育津贴

B. 生育医疗费

C. 胎儿早教费

D. 其他属于生育保险性质的津贴、补贴

【参考答案】ABD

【解析】生育妇女按照县级以上人民政府根据国家有关规定制定的生育保险办法，取得下列项目，免征个人所得税：生育津贴、生育医疗费、其他属于生育保险性质的津贴、补贴。

3. 用人单位可以税前扣除的费种包括（　　）。

A. 基本养老保险费　　B. 基本医疗保险费

C. 失业保险费　　D. 工伤保险费

【参考答案】ABCD

【解析】企业依照国务院有关主管部门或者省级人民政府规定的范围和标准为职工缴纳的基本养老保险费、基本医疗保险费、失业保险费、工伤保险费、生育保险费等基本社会保险费和住房公积金，准予扣除。

4. 用人单位为职工支付的补充养老保险、补充医疗保险可以扣除的有（　　）。

A. 企业为投资者或者职工支付的补充养老保险费不超过职工工资总额5%标准内的部分

B. 企业为投资者或者职工支付的补充医疗保险费不超过职工工资总额5%标准内的部分

C. 企业为投资者或者职工支付的补充养老保险费不超过职工工资总额4%标准内的部分

D. 企业为投资者或者职工支付的补充医疗保险费不超过职工工资总额4%标准内的部分

【参考答案】AB

【解析】企业为投资者或者职工支付的补充养老保险费、补充医疗保险费，在国务院财政、税务主管部门规定的范围和标准内，准予扣除。具体的范围和标准参照《财政部国家税务总局关于补充养老保险费补充医疗保险费有关企业所得税政策问题的通知》（财税〔2009〕27号）的规定。自2008年1月1日起，企业根据国家有关政策规定，为在本企业任职或者受雇的全体员工支付的补充养老保险费、补充医疗保险费，分别在不超过职工工资总额5%标准内的部分，在计算应纳税所得额时准予扣除；超过的部分，不予扣除。

三、判断题

1. 个人向个人养老金资金账户的缴费，按照10 000元/年的限额标准，在综合所得或经营所得中据实扣除。（　　）

【参考答案】×

【解析】个人向个人养老金资金账户的缴费，按照12 000元/年的限额标准，在综合所得或经营所得中据实扣除。

2. 在投资环节，计入个人养老金资金账户的投资收益暂不征收个人所得税。（　　）

【参考答案】√

【解析】在投资环节，计入个人养老金资金账户的投资收益暂不征收个人所得税。

3. 在领取环节，个人领取的个人养老金，并入综合所得，按照3%的税率计算缴纳个人所得税，其缴纳的税款计入“工资、薪金所得”项目。（　　）

【参考答案】×

【解析】在领取环节，个人领取的个人养老金，不并入综合所得，单独按照3%的税率计算缴纳个人所得税，其缴纳的税款计入“工资、薪金所得”项目。

四、简答题

1. 简述单位和个人超过规定比例和标准缴付的“三险”如何计征个人所得税。

【参考答案与解析】

企事业单位和个人超过规定的比例和标准缴付的基本养老保险、基本医疗保险和失业保险费，应将超过部分并入个人当期的工资、薪金收入，计征个人所得税。单位和个人超过上述规定比例和标准缴付的住房公积金，应将超过部分并入个人当期的工资、薪金收入，计征个人所得税。

2. 简述用人单位为职工缴纳的“五险”是否可以税前扣除。

【参考答案与解析】

企业依照国务院有关主管部门或者省级人民政府规定的范围和标准为职工缴纳的基本养老保险费、基本医疗保险费、失业保险费、工伤保险费、生育保险费等基本社会保险费和住房公积金，准予扣除。企业为职工缴纳的“五险”，各地规定的标准不尽相同。在实际执行中，应参照当地规定的范围和标准执行，在当地规定的范围和标准以内的，据实扣除；超过标准的部分，不得在税前扣除。

社会保险费业务全真模拟测试

☆特别提醒☆

1. 请务必将答案一律填写在答题纸上，在试卷上作答一律视为无效。

2. 请将姓名、单位、考号填写在答题纸密封线外，密封线内不得做任何标记。

3. 请根据试卷要求，将客观题答案填入对应答题框中，其他题在相应位置作答。

4. 考试结束，试卷和答题纸均须交给监考老师。

5. 考试时间为 150 分钟，满分 150 分，请合理安排时间。

6. 答题纸背面亦可作答。

一、单项选择题（下列各题所给选项中只有一个符合题意的正确答案，请将答案填写在答题框中。共 25 题，每题 1 分，共 25 分。）

1. 党最早的有关生育保险的思想和主张是在（　　）。

A. 1922 年，党的二大宣言

B. 1922 年，党领导的劳动组合书记部颁布的《劳动法案大纲》

C. 1923 年，党的三大通过的党纲

D. 1925 年，党领导召开的第二次全国劳动大会通过的《经济斗争的决议案》

2. 2022 年 5 月，人社部、财政部发文明确，从 2022 年 1 月 1 日起调整企业和机关事业单位退休人员基本养老金水平，全国总体调整比例按照 2021 年退休人员月人均基本养老金的 4% 确定。这是 2005 年以来（　　）年连涨。

A. 十五　　B. 十六　　C. 十七　　D. 十八

3. 企业在（　　）应当办理社会保险登记。

A. 办理登记注册时　　B. 成立之日起 30 日内

C. 登记注册之日起 30 日内　　D. 自用工之日起 30 日内

4. 小王是甲省某企业参保职工，2020 年月平均工资为 3 200 元。甲省 2019 年全口径社会平均工资 5 500 元，2020 年全口径社会平均工资 6 000 元。甲省个人缴费基数下限增长过快，决定 2021 年个人缴费基数下限分两年过渡。小王 2021 年企业职工基本养老保险费个人部分月缴费金额为（　　）。

A. 256 元　　B. 264 元　　C. 276 元　　D. 288 元

5. 对灵活就业人员 2022 年自愿暂缓缴费月度可于（　　）前进行补缴。缴费基数在（　　）当地个人缴费基数上下限范围内自主选择。

A. 2022 年年底；2022 年　　B. 2023 年年底；2023 年

C. 2023 年 4 月 30 日；2023 年　　D. 2023 年年底；2022 年

6. 各省 2021 年社会保险（　　）原则上根据 2020 本省全口径城镇单位就业人员平均工资确定。

A. 个人缴费基数下限　　B. 个人缴费基数上限

C. 个人缴费基数上下限　　D. 个人缴费基数

7. 乙省某企业 2023 年为职工发放计时工资 10 万元，卫生防疫津贴 1 万元，医疗卫生费 1 万元，住房补贴 1 万元，防暑降温费 0. 5 万元，出差补助 0. 5 万元。该企业应列入社保费缴费基数的的金额有（　　）。

A. 14 万元　　B. 13. 5 万元

C. 12 万元　　D. 11. 5 万元

8. 以下关于职工个人缴费基数的说法错误的是（　　）。

A. 甲为某企业新招职工，按甲起薪当月工资收入作为缴费工资基数

B. 乙为某企业长期脱产学习人员，按乙脱产学习当月工资收入作为缴费工资基数

C. 丙被单位派到国外工作，按丙出国上年在本单位领取的月平均工资作为缴费工资基数

D. 丁为失业后再就业的职工，按丁再就业起薪当月的工资收入作为缴费工资基数

9. 参加机关事业单位养老保险制度的人员达到退休年龄的，其（　　）为待遇领取地。

A. 户籍所在地

B. 退休后的常住地

C. 退休时缴费时间最长的参保地

D. 退休时的基本养老保险关系所在地

10. 假设甲省2022年企业职工基本养老保险费收入1 000亿元，2021年企业职工基本养老保险费收入990亿元，2020年企业职工基本养老保险费收入800亿元，下列说法正确的是（　　）。

A. 2020—2022年，该省企业职工基本养老保险费收入平均增长率为25%

B. 2022年，该省企业职工基本养老保险费收入同比增长0.2%

C. 2021年，该省企业职工基本养老保险费收入增幅较高的原因最可能的是该省出台补缴政策

D. 2021年，该省企业职工基本养老保险费收入同比增长23.75%

11. 社会保险费征收机构擅自更改社会保险费（　　），导致少收或者多收社会保险费的，由有关行政部门责令其追缴应当缴纳的社会保险费或者退还不应当缴纳的社会保险费；对直接负责的主管人员和其他直接责任人员依法给予处分。

A. 缴费基数、费率　　B. 缴费基数、费款所属期

C. 缴费金额　　D. 缴费基数、缴费金额

12. 假设小张于2015年1月—2020年3月在甲省A市朝阳公司上班（依法缴纳社会保险费），2020年4月小张办理了失业登记并领取失业保险金，2020年7月小张重新在甲省B市旭日公司就业（依法缴纳社会保险费），2021年8月小张再次失业，B市规定每月领取失业保险金标准为1 000元，则再次失业后小张最多可领取（　　）失业保险金。

A. 24 000元　　B. 18 000元

C. 12 000元　　D. 0元

13. 2021年政府工作报告指出，2020年实施阶段性大规模减税降费，与制度性安排相结合，全年为市场主体减负超过2.6万亿元，其中减免社保费（　　）万亿元。

A. 2　　B. 1.8　　C. 1.7　　D. 1.6

14. 测算调整就业人员平均工资计算口径的减费额的公式为（　　）。

A. 调整社会平均工资口径减费额 = [缴费基数减少额（下限）+ 缴费基数减少额（上限）] × 费率

B. 调整社会平均工资口径减费额 = [调整前缴费基数标准 + 调整后缴费基数标准] × 费率

C. 调整社会平均工资口径减费额 =［调整前缴费基数标准 + 调整后缴费基数标准］× 缴费总人数 × 费率

D. 调整社会平均工资口径减费额 =［调整前缴费基数标准 + 调整后缴费基数标准］× 缴费总人数

15. 个体灵活就业人员缴纳的社会保险费通过自行缴纳的方式缴入指定的“待报解社会保险费”专户，税务机关（　　）汇总，开具税收缴款书通过横向联网系统缴入国库。

A. 按日　　B. 在次日　　C. 实时　　D. 定期

16. 社会保险基金的会计要素不包括（　　）。

A. 资产　　B. 负债　　C. 净资产　　D. 费用

17. 预算编制原则是（　　）。

A. 收支平衡，适当留有结余　　B. 以支定收，略有结余

C. 以收定支，略有结余　　D. 收支相当，精算平衡

18. 假设甲省某大型企业 2020 年月单位缴费基数为 100 万元，当地职工医疗保险单位费率 6%，失业保险单位费率 0.5%，工伤保险费率 0.9%。则下列说法正确的是（　　）。

A. 2020 年 5 月该企业工伤保险费单位缴费额为 9 000 元

B. 2020 年 6 月该企业医疗保险费单位缴费额为 6 000 元

C. 2020 年 7 月该企业失业保险费单位缴费额为 5 000 元

D. 2020 年 8 月该企业职工养老保险费单位缴费金额为 80 000 元

19. 关于“智慧税务”建设，下列说法错误的是（　　）。

A. 以服务纳税人缴费人为中心

B. 以发票电子化改革为突破口

C. 以“互联网 + 监管”为驱动力

D. 具有高集成功能、高安全性能、高应用效能

20. 金税三期社保费征管信息系统（标准版）组成部分不包括（　　）。

A. 风险子系统　　B. 管理子系统

C. 征收子系统　　D. 税银子系统

21. 退役士兵参加基本养老保险和基本医疗保险所需缴费，原单位已不存在或缴纳确有困难的，由（　　）负责补缴。

A. 本人　　B. 现单位

C. 原单位上级主管部门　　　　D. 安置地退役军人事务部门

22. 假设某企业报告期内单位和个人缴纳社保费的工资总额为 500 万元，报告期内单位和个人实缴费款合计为 100 万元，报告期内单位和个人应缴费款合计为 200 万元，上年度末欠缴费款 50 万元，请问报告期内该企业实缴率为（　　）。

A. 50%　　B. 40%　　C. 25%　　D. 20%

23. 假设某中小微企业 2020 年每月的职工个人缴费基数之和为 10 万元，受疫情影响经营出现严重困难，申请缓缴 2020 年 1—10 月的企业职工基本养老保险费。该企业 2020 年 1—10 月可以享受缓缴的企业职工基本养老保险费金额最多为（　　）。

A. 8 万元　　B. 12 万元　　C. 7. 2 万元　　D. 9. 6 万元

24. 自 2023 年 5 月 1 日起，继续实施阶段性降低失业保险费率至 1% 的政策，实施期限延长至（　　）。

A. 2023 年 12 月底　　B. 2024 年 4 月底

C. 2024 年 12 月底　　D. 2025 年 4 月底

25. 党的二十大报告指出，（　　）是最基本的民生。

A. 社会保障　　B. 养老　　C. 就业　　D. 工资

二、多项选择题（下列各题所给选项中有两个或两个以上正确答案，请将答案填写在答题框中，答错、不答、少答或多答均不得分。共 15 题，每题 2 分，共 30 分。）

1. 伟大的建党精神是中国共产党的精神之源。下列属于建党精神内涵的是（　　）。

A. 坚持真理、坚守理想　　B. 践行初心、担当使命

C. 不怕牺牲、英勇斗争　　D. 对党忠诚、不负人民

2. 党的二十大报告指出，要健全（　　）、可持续的多层次社会保障体系。

A. 覆盖全民　　B. 统筹城乡

C. 公平统一　　D. 安全规范

3. 党的十九届五中全会提出“实施渐进式的退休年龄”。根据国家“十四五”规划纲要的要求，按照（　　）等原则，逐步延迟法定退休年龄。

A. 小步调整、弹性实施　　B. 分类施策、分步调整

C. 分类推进、统筹兼顾　　D. 适度调整、平衡发展

4. 新中国社会保障发展史上一座具有标志性意义的界碑，对于保障广大干部离退休、退职后的基本生活，解除其后顾之忧，维护社会安定，起到了积极作用的文件是（　　）。

A.《劳动保险条例》

B.《关于安置老弱病残干部的暂行办法》

C.《关于工人退休、退职的暂行办法》

D.《关于工人、职员退休处理的暂行办法》

5.《关于巩固拓展社会保险扶贫成果助力全面实施乡村振兴战略的通知》要求对参加城乡居民养老保险的低保对象、（　　）等缴费困难群体，地方人民政府为其代缴部分或全部最低缴费档次养老保险费。

A. 特困人员　　B. 返贫致贫人口

C. 低保对象　　D. 老年农民工

6. 到 2030 年，全面建成以基本医疗保险为主体，医疗救助为托底，（　　）共同发展的医疗保障制度体系。

A. 补充医疗保险　　B. 商业健康保险

C. 慈善捐赠　　D. 医疗互助

7. 各地区要根据（　　）等指标科学合理确定年度医保参保扩面目标。

A. 本地区常住人口　　B. 本地区户籍人口

C. 本地区就业人口　　D. 城镇化率

8.《中华人民共和国政府和塞尔维亚共和国政府社会保障协定》于 2021 年 2 月 1 日生效。根据协定，中国将免除塞尔维亚相关在华人员缴纳（　　）的义务。

A. 职工养老保险　　B. 职工医疗保险

C. 失业保险　　D. 工伤保险

9. 以下属于“预算四本账”的有（　　）。

A. 一般公共预算　　B. 政府性基金预算

C. 国有资本收支预算　　D. 社会保险基金预算

10. 以下关于社会保险常用术语说法正确的有（　　）。

A. 抚养比越低，表明劳动力的抚养负担越重

B. 赡养系数越低，表明劳动力人均承担的抚养人数越多

C. 养老金替代率越高，表明劳动者退休后生活保障水平越高

D. 社会保险的覆盖范围越广，表明政府管理和控制社会成员生存风险的能力越强

11. 某企业单位工资总额100万元，按现行全国政策其2023年3月失业保险费单位部分应缴费额不可能为（　　）。

A. 0.4万元　　B. 0.5万元　　C. 0.6万元　　D. 1.5万元

12. 2021年7月《国家税务总局关于修订部分税务执法文书的公告》中涉及社会保险费的内容主要有（　　）。

A. 将《社会保险费行政处罚事项告知书》中听证提出时间改为“行政机关告知后五日内提出”

B. 调整《社会保险费行政处罚决定书（简易）》简易处罚标准，将标准分别提高到公民200元，法人或者其他组织3 000元

C. 将《社会保险费行政处罚决定书》中“违法事实”修改为“违法事实及法律依据”

D. 在《社会保险费行政处罚决定书》中增加地址要素、证据要素、纳税人识别号

13. 编制收入预算草案应综合考虑统筹地区的因素有（　　）。

A. 本年度基金预算执行情况

B. 本年度国民经济和社会发展计划

C. 本年度社会保险事业发展计划

D. 人均缴费水平

14. 下列费款可在个人所得税税前扣除的是（　　）。

A. 基本养老保险费　　B. 基本医疗保险费

C. 失业保险费　　D. 工伤保险费

15. 属于社会保险类分析评估类指标的有（　　）。

A. 征收质效　　B. 缴费负担

C. 分省比较　　D. 国家比较

三、判断题（判断每题的正误，正确的打“√”，错误的打“×”，请将答案填入答题框中。共15题，每题1分，共15分。）

1. 线下办税缴费服务场所（含办税服务厅、代办机构等）应设置人工现金收

付通道，提供收取现金、找零服务。（　　）

2. 用人单位和个人以货币形式不足以全额缴纳社会保险费，经有关行政部门批准，可以以物抵费，抵顶所欠缴社会保险费。（　　）

3. 养老金替代率是指劳动者退休时的养老金领取水平与退休前收入水平之间的比率，它是衡量劳动者退休前后生活保障水平差异的基本指标之一。（　　）

4. 在职职工累计缴纳养老保险费满 15 年的，可以经过本人同意，不再缴费。（　　）

5. 老张年满 60 周岁退休，每月领取的个人账户养老金为 2 000 元，那么他退休时基本养老保险个人账户累计储存额为 28 万元。（　　）

6. 在人社、医保、财政等相关部门的支持配合下，截至 2021 年 6 月底，税务部门已实现企业所有缴费业务全部能“网上办”，个人缴费业务基本能“掌上办”，提前完成国务院常务会议提出的目标任务。（　　）

7. 按照《社会保险法》规定，用人单位未按规定申报应当缴纳的社会保险费数额的，按照该单位上月缴费额的百分之一百一十确定应当缴纳数额；缴费单位补办申报手续后，由社会保险经办机构按照规定结算。（　　）

8. 大中专学生原则上应在学籍地参加居民医保。若大中专学生为建档立卡贫困人口，可以选择在建档立卡贫困人口身份认定地参保。（　　）

9. 开展“一厅联办”提升缴费人办事体验指“一个大厅既可办理税收业务也可办理社保费业务”。（　　）

10. 社会保险基金会计核算一般采用权责发生制。（　　）

11. 凡是国家统计局有关文件没有明确规定不作为工资收入统计的项目，均应作为社会保险费缴费基数。（　　）

12. 市场主体在申请简易注销登记时，不应存在未结清清偿费用、职工工资、社会保险费用、法定补偿金、应缴纳税款（滞纳金、罚款）等债权债务。（　　）

13. 企业破产后，应优先清偿社保费，后清偿税款。（　　）

14. 失业人员应当缴纳的基本医疗保险费从医疗保险基金中支付，个人不缴纳基本医疗保险费。（　　）

15. 2023 年“我为纳税人缴费人办实事暨便民办税春风行动”主题是“办好惠民事·服务现代化”。（　　）

四、简答题（本类题共 2 题。每题 5 分，合计 10 分。）

1. 2021 年 3 月，中共中央办公厅、国务院办公厅印发了《关于进一步深化税收征管改革的意见》，立足于解决当前税收征管中存在的突出问题和深层次矛盾，围绕把握新发展阶段、贯彻新发展理念、构建新发展格局，对进一步深化税收征管改革作出全面部署，具有多方面重大意义。请简述《关于进一步深化税收征管改革的意见》中到 2023 年要达到的主要目标。
2. 习近平总书记指出，我们党历来高度重视民生改善和社会保障。党的十八大以来，党中央把社会保障体系建设摆上更加突出的位置，对我国社会保障体系建设作出顶层设计，推动我国社会保障体系建设进入快车道。请简述其中涉及社会保险的顶层设计内容有哪些以及建成世界上规模最大的社会保障体系的重大意义是什么。

五、综合题（本类题共 3 题。每题 10 分，合计 30 分。）

1. 计算题（10 分）

假设甲省某企业为餐饮企业，自 2018 年成立以来从业人员一直为 6 人，均参保（具体月工资见附表）；另返聘退休人员 5 人，每月劳务报酬 3 000 元；经常和某职业烹饪学院合作，有在校实习生 10 人，每人每月应发实习补贴 1 000元；2019 年营业收入 500 万元、2020 年营业收入 300 万元、2021 年营业收入 500 万元、2022 年营业收入 300 万元。

2018 年度甲省（全口径）社会年平均工资为 54 000 元；2019 年度甲省（全口径）社会年平均工资为 60 000 元；2020 年度甲省（全口径）社会年平均工资为 66 000 元；2021 年度甲省（全口径）社会年平均工资为 68 000 元。

单位缴费基数执行个人缴费基数之和口径，个人缴费基数上下限为上年社会月平均工资的 60%—300%，2018 年该省企业职工养老保险单位缴费比例为 20%、医疗保险单位缴费比例为 6%、失业保险单位缴费比例为 0.5%、工伤保险缴费比例为 0.4%。

该企业 2018—2022 年职工工资未发生调整。

注：其他政策如无特别说明，按一般政策口径执行。

表 1 **2018—2022 年月均工资及补助表** 单位：元

岗位	基本工资	奖金	医疗卫生费	防暑降温费	上下班交通补贴
店长	12 000	2 000	300	300	200
经理	6 000	500	300	300	300
厨师 1	8 000	1 000	500	300	200
厨师 2	8 000	1 000	500	300	200
服务员	2 500	300	300	300	100
助理	2 000	300	300	300	100

根据以上条件，回答以下问题：

（1）请计算该企业 2019 年养老保险单位缴费部分应缴费额。（3 分）

（2）请计算该企业 2020 年养老保险单位缴费部分应缴费额。（3 分）

（3）请计算该企业 2021 年 9 月养老保险单位缴费部分和代扣代缴职工缴费部分应缴费额。（4 分）

2. 案例题（10 分）

假设甲省某企业 2023 年 3 月企业职工养老单位部分应缴费额 100 万元，个人部分 50 万元。该企业未在 2023 年 3 月 15 日限缴日期前（假设当地申报缴费期限为每月 15 日前）进行申报缴费。该企业对相关部门认定的缴费基数、应缴费额有异议，拒绝缴纳。该企业的主管税务机关拟依法采取相关处理措施。请根据上述案例，回答以下问题：

（1）请依据《社会保险法》有关规定提出税务机关可以依法采取的处理措施。（5 分）

（2）假设 2023 年 6 月，该企业的职工甲某与该企业发生参保缴费方面的社会保险争议，甲某可以依法采取哪些救济途径？（2 分）

（3）对在社会保险领域严重失信的企业及其有关人员实施联合惩戒是加快推进社会诚信建设的重要举措。请结合工作实际和有关政策，谈谈社会保险领域严重失信、失范行为中主要包括哪些社保费征管情形？（3 分）

3. 案例题（10 分）

某省会城市职工小张的表舅患了大病没钱看病，小张无奈之下，拿出医保卡告诉表舅，他看病可以走医保，单位也可以帮他承担一部分，那既然都是看病，谁的病不是病呢，于是想办法让亲戚冒用自己的医保去看病，结果，

续表

被识破真相。之后，小张带表舅回老家村里养病，才发现表舅妈已经帮表舅在村委会办了医保，原来，医保在农村已经普及，只可惜小张和表舅都还不知道。

请根据上述情节，分别回答以下问题：

（1）小张和其表舅参加的医保在参保筹资方面有哪些区别？（3 分）

（2）假设今年小张的同事告诉他，2021 年 4 月国务院办公厅印发了《关于建立健全职工基本医疗保险门诊共济保障机制的指导意见》，提出医保可以给亲戚使用了。对此请你根据上述政策，正确为小张同事解读医保个人账户的使用规定。（3 分）

（3）2022 年 9 月，小张表舅所参加的医保开始征缴工作，税务部门可以告知缴费人哪些当年缴费标准政策事项？为缴费人提供哪些缴费服务举措？（4 分）

六、论述题（40 分）

党的二十大报告指出，社会保障体系是人民生活的安全网和社会运行的稳定器。健全覆盖全民、统筹城乡、公平统一、安全规范、可持续的多层次社会保障体系。完善基本养老保险全国统筹制度，发展多层次、多支柱养老保险体系。实施渐进式延迟法定退休年龄。扩大社会保险覆盖面，健全基本养老、基本医疗保险筹资和待遇调整机制，推动基本医疗保险、失业保险、工伤保险省级统筹。促进多层次医疗保障有序衔接，完善大病保险和医疗救助制度，落实异地就医结算，建立长期护理保险制度，积极发展商业医疗保险。加快完善全国统一的社会保险公共服务平台。健全社保基金保值增值和安全监管体系。

2023 年全国税务工作会议提出，要稳步提高社保费和非税收入征管服务水平，积极配合有关部门做好养老保险全国统筹、新就业形态就业人员职业伤害保障试点等工作。

请结合工作实际，论述如何结合学习贯彻落实党的二十大精神，做好 2023 年社会保险费征管服务工作，题目自拟，字数 2 000 字左右。

社会保险费业务全真模拟测试参考答案

一、单项选择题

1.【参考答案】B

【解析】2022年8月，中国劳动组合书记部拟定《劳动法案大纲》，其中规定“一切保险事业，须由工人参加规定之，以保障所有在政府的、公共的、私人的企业和机关内的工人之损失或危险。保险费完全由雇主或国家出之，受保险者决不分担”，提出了关于劳动工伤保险制度建立程序和筹资原则的初步设想；还规定“从事体力工作的女工产前产后各八星期休工；其他工作之女工，产前产后各六星期休工，均照常领取工资”。这是党最早关于生育保险的相关思想和主张。

2.【参考答案】D

【解析】2022年5月，人社部、财政部发文明确，从2022年1月1日起调整企业和机关事业单位退休人员基本养老金水平，全国总体调整比例按照2021年退休人员月人均基本养老金的4%确定。这是2005年以来十八年连涨。

3.【参考答案】A

【解析】《社会保险费征缴暂行条例》第八条规定，企业在办理登记注册时，同步办理社会保险登记。

4.【参考答案】C

【解析】2021年1月8日，《人力资源社会保障部办公厅 财政部办公厅 国家税务总局办公厅关于2021年社会保险缴费有关问题的通知》（人社厅发〔2021〕2号）规定，各省2021年社会保险个人缴费基数上下限原则上根据2020年本省全口径城镇单位就业人员平均工资（以下简称“全口径平均工资”）确定。个人缴费基数下限增长过快、2021年当年调整到位确有困难的省份，个人缴费基数下限可分两年过渡，2021年个人缴费基数下限可根据2019年全口径平均工资和2020年全口径平均工资的算术平均值确定，2022年个人缴费基数下限按2021年全口径平均工资确定，过渡方案报人力资源社会保障部、财政部、国家税务总局同意后公布执行；个人缴费基数上限按规定正常调整。2021 年该省月个人缴费基数下限 =（5 500 + 6 000）÷ 2 × 60% = 3 450 元。个人部分月应缴费额为 3 450 × 8% = 276 元。

5.【参考答案】B

【解析】2022 年 4 月 25 日，《人力资源社会保障部办公厅 国家税务总局办公厅关于特困行业阶段性实施缓缴企业社会保险费政策的通知》（人社厅发〔2022〕16 号）规定，以个人身份参加企业职工基本养老保险的个体工商户和各类灵活就业人员，2022 年缴纳费款有困难的，可自愿暂缓缴费，2022 年未缴费月度可于 2023 年底前进行补缴，缴费基数在 2023 年当地个人缴费基数上下限范围内自主选择，缴费年限累计计算。

6.【参考答案】C

【解析】2021 年 1 月 8 日，《人力资源社会保障部办公厅 财政部办公厅 国家税务总局办公厅关于 2021 年社会保险缴费有关问题的通知》（人社厅发〔2021〕2 号）规定，各省 2021 年社会保险个人缴费基数上下限原则上根据 2020 年本省全口径城镇单位就业人员平均工资确定。

7.【参考答案】C

【解析】卫生防疫津贴、医疗卫生津贴、住房补贴等纳入缴费基数；医疗卫生费、冬季取暖补贴、防暑降温费、出差补助等不纳入缴费基数。

8.【参考答案】B

【解析】单位派出的长期脱产学习人员、经批准请长假的职工，保留工资关系的，以脱产或请假的上年月平均工资作为缴费工资基数。

9.【参考答案】D

【解析】参加机关事业单位养老保险制度的人员达到退休年龄的，其退休时的基本养老保险关系所在地为待遇领取地。

10.【参考答案】D

【解析】选项 C，2021 年，该省企业职工基本养老保险费收入增幅较高的原因最可能的是阶段性减免政策到期。A、B 选项为计算错误。

11.【参考答案】A

【解析】《社会保险法》第九十条规定，社会保险费征收机构擅自更改社会保险费缴费基数、费率，导致少收或者多收社会保险费的，由有关行政部门责令其追缴应当缴纳的社会保险费或者退还不应当缴纳的社会保险费；对直接负责的主管人员和其他直接责任人员依法给予处分。

12.【参考答案】A

【解析】失业保险金领取期限：失业人员失业前所在单位和本人按照规定累计缴费时间满 1 年不足 5 年的，领取失业保险金的期限最长为 12 个月；累计缴费时间满 5 年不足 10 年的，领取失业保险金的期限最长为 18 个月；累计缴费时间 10 年以上的，领取失业保险金的期限最长为 24 个月。重新就业后，再次失业的，缴费时间重新计算，领取失业保险金的期限可以与前次失业应领取而尚未领取的失业保险金的期限合并计算，但是最长不得超过 24 个月。

13.【参考答案】C

【解析】参见《2021 年政府工作报告》。

14.【参考答案】A

【解析】调整社会平均工资口径减费额 =［缴费基数减少额（下限）+ 缴费基数减少额（上限）］× 费率

15.【参考答案】A

【解析】税务机关按日汇总，缴入国库。

16.【参考答案】D

【解析】社会保险基金的会计要素包括资产、负债、净资产、收入和支出。

17.【参考答案】A

【解析】预算编制原则是收支平衡，适当留有结余。

18.【参考答案】C

【解析】2020 年 2—6 月大型企业养老保险、失业保险、工伤保险单位缴费部分减半征收。

19.【参考答案】C

【解析】《关于进一步深化税收征管改革的意见》规定，着力建设以服务纳税人缴费人为中心、以发票电子化改革为突破口、以税收大数据为驱动力的具有高集成功能、高安全性能、高应用效能的智慧税务。

20.【参考答案】A

【解析】金税三期社保费征管信息系统（标准版）主要由管理子系统、征收子系统、税银子系统等组成。

21.【参考答案】C

【解析】《关于解决部分退役士兵社会保险问题中央财政补助资金有关事

项的通知》（财社〔2019〕81 号）规定，退役士兵参加基本养老保险和基本医疗保险所需缴费，原则上单位缴费部分由所在单位负担，个人缴费部分由个人负担。原单位已不存在或缴纳确有困难的，由原单位上级主管部门负责补缴。

22.【参考答案】A

【解析】实缴率 = 报告期内单位个人实缴费款合计 ÷ 报告期内单位个人应缴费款合计 ×100%

23.【参考答案】A

【解析】略。

24.【参考答案】C

【解析】2023 年 3 月 29 日，《人力资源社会保障部 财政部 国家税务总局关于阶段性降低失业保险、工伤保险费率有关问题的通知》（人社部发〔2023〕19 号）规定，自 2023 年 5 月 1 日起，继续实施阶段性降低失业保险费率至 1% 的政策，实施期限延长至 2024 年底。在省（区、市）行政区域内，单位及个人的费率应当统一，个人费率不得超过单位费率。

25.【参考答案】C

【解析】党的二十大报告指出，就业是最基本的民生。

二、多项选择题

1.【参考答案】ABCD

【解析】伟大的建党精神是：坚持真理、坚守理想，践行初心、担当使命，不怕牺牲、英勇斗争，对党忠诚、不负人民。

2.【参考答案】ABCD

【解析】党的二十大报告指出，要健全覆盖全民、统筹城乡、公平统一、安全规范、可持续的多层次社会保障体系。

3.【参考答案】AC

【解析】“十四五”规划和 2035 年远景目标纲要提出，我国将在未来五年之内，按照“小步调整、弹性实施、分类推进、统筹兼顾”等原则，逐步延迟法定退休年龄。

4.【参考答案】BC

【解析】略。

5.【参考答案】ABC

【解析】《关于巩固拓展社会保险扶贫成果助力全面实施乡村振兴战略的通知》（人社部发〔2021〕64号）规定，对参加城乡居民养老保险的低保对象、特困人员、返贫致贫人口、重度残疾人等缴费困难群体，地方人民政府为其代缴部分或全部最低缴费档次养老保险费。

6.【参考答案】ABCD

【解析】《中共中央 国务院关于深化医疗保障制度改革的意见》规定，到2025年，医疗保障制度更加成熟定型，基本完成待遇保障、筹资运行、医保支付、基金监管等重要机制和医药服务供给、医保管理服务等关键领域的改革任务。到2030年，全面建成以基本医疗保险为主体，医疗救助为托底，补充医疗保险、商业健康保险、慈善捐赠、医疗互助共同发展的医疗保障制度体系，待遇保障公平适度，基金运行稳健持续，管理服务优化便捷，医保治理现代化水平显著提升，实现更好保障病有所医的目标。

7.【参考答案】ABCD

【解析】《国家医保局 财政部 税务总局关于加强和改进基本医疗保险参保工作的指导意见》规定，各地要根据本地区常住人口、户籍人口、就业人口、城镇化率等指标，科学合理确定年度参保扩面目标。

8.【参考答案】AC

【解析】根据协定，中国将免除塞尔维亚相关在华人员缴纳职工基本养老保险和失业保险的义务。

9.【参考答案】ABD

【解析】政府预算“四本账”由一般公共预算、政府性基金预算、国有资本经营预算、社会保险基金预算四本预算构成。

10.【参考答案】CD

【解析】抚养比又称抚养系数，是指在人口当中，非劳动年龄人口对劳动年龄人口数之比。抚养比越大，表明劳动力人均承担的抚养人数就越多，即意味着劳动力的抚养负担就越严重。

赡养系数是指一定范围内的家庭总人口与就业人数之比，是反映就业人口直接承担的家庭人口负担状况的统计指标。赡养系数与就业人员的家庭生活水平成反比，赡养系数高说明每个就业者负担的人口数多，其生活水平低。

11.【参考答案】CD

【解析】在省（区、市）行政区域内，失业保险单位及个人的费率应当统一，个人费率不得超过单位费率。个人费率一般不超过0.5%。

12.【参考答案】ABD

【解析】将《社会保险费行政处罚决定书》中“违法事实”修改为“违法事实及证据”。

13.【参考答案】BC

【解析】社会保险基金收入预算的编制应综合考虑统筹地区上年度基金预算执行情况、本年度经济社会发展水平预测以及社会保险工作计划等因素，包括社会保险参保人数、缴费人数、缴费工资基数等。

14.【参考答案】ABC

【解析】个人缴纳的基本养老保险费、基本医疗保险费、失业保险费可在个人所得税税前扣除。

15.【参考答案】ABD

【解析】分析评估类指标包括：征收质效、缴费负担、国家比较。

三、判断题

1.【参考答案】√

【解析】《国家税务总局办公厅关于税费征收过程中人民币现金收付有关事项的通知》（税总办函〔2021〕7号）规定，线下办税缴费服务场所（含办税服务厅、代办机构等）应设置人工现金收付通道，提供收取现金、找零服务。

2.【参考答案】×

【解析】《社会保险费征缴暂行条例》第十二条规定，缴费单位和缴费个人应当以货币形式全额缴纳社会保险费。

3.【参考答案】√

【解析】养老金替代率是指劳动者退休时的养老金领取水平与退休前工资收入水平之间的比率，它是衡量劳动者退休前后生活保障水平差异的基本指标之一。

4.【参考答案】×

【解析】对职工来说，缴费是法律规定的强制义务，只要仍在就业，就应当按照国家规定缴费。

5.【参考答案】×

【解析】60 周岁退休的，个人账户养老金 = 个人账户储存额 ÷139。

6.【参考答案】√

【解析】2021 年 6 月底，税务部门已实现企业所有缴费业务全部能“网上办”，个人缴费业务基本能“掌上办”。

7.【参考答案】×

【解析】《社会保险法》第六十二条规定，用人单位未按规定申报应当缴纳的社会保险费数额的，按照该单位上月缴费额的百分之一百一十确定应当缴纳数额；缴费单位补办申报手续后，由社会保险费征收机构按照规定结算。

8.【参考答案】√

【解析】大中专学生原则上应在学籍地参加居民医保。若大中专学生为建档立卡贫困人口，可以选择在建档立卡贫困人口身份认定地参保。

9.【参考答案】×

【解析】税务部门社保“一厅联办”是指，社保缴费和经办业务“一厅联办”。

10.【参考答案】×

【解析】社会保险基金财务管理和会计核算一般采用收付实现制，基本养老保险基金委托投资等部分经济业务或事项采用权责发生制。

11.【参考答案】√

【解析】《关于规范社会保险缴费基数有关问题的通知》规定，凡是国家统计局有关文件没有明确规定不作为工资收入统计的项目，均应作为社会保险缴费基数。

12.【参考答案】√

【解析】《国家市场监督管理总局 国家税务总局关于进一步完善简易注销登记便捷中小微企业市场退出的通知》（国市监注发〔2021〕45 号）规定，市场主体在申请简易注销登记时，不应存在未结清清偿费用、职工工资、社会保险费用、法定补偿金、应缴纳税款（滞纳金、罚款）等债权债务。

13.【参考答案】×

【解析】《企业破产法》第一百一十三条规定，破产财产在优先清偿破产费用和共益债务后，依照下列顺序清偿：（1）破产人所欠职工的工资和医疗、伤残补助、抚恤费用，所欠的应当划入职工个人账户的基本养老保险、基本医疗保险费用，以及法律、行政法规规定应当支付给职工的补偿金；（2）破产人欠缴的除前项规定以外的社会保险费用和破产人所欠税款；（3）普通破产债权。破产财产不足以清偿同一顺序的清偿要求的，按照比例分配。

14.【参考答案】×

【解析】《社会保险法》第四十八条规定，失业人员在领取失业保险金期间，参加职工基本医疗保险，享受基本医疗保险待遇。失业人员应当缴纳的基本医疗保险费从失业保险基金中支付，个人不缴纳基本医疗保险费。

15.【参考答案】√

【解析】2023年“我为纳税人缴费人办实事暨便民办税春风行动”主题是“办好惠民事·服务现代化”。

四、简答题

1.【参考答案及解析】

到2023年，基本建成“无风险不打扰、有违法要追究、全过程强智控”的税务执法新体系，实现从经验式执法向科学精确执法转变。(1.5分)

基本建成“线下服务无死角、线上服务不打烊、定制服务广覆盖”的税费服务新体系，实现从无差别服务向精细化、智能化、个性化服务转变。(1.5分)

基本建成以“双随机、一公开”监管和“互联网+监管”为基本手段、以重点监管为补充、以“信用+风险”监管为基础的税务监管新体系，实现从“以票管税”向“以数治税”分类精准监管转变。(2分)

2.【参考答案及解析】

顶层设计内容包括：统一城乡居民基本养老保险制度，（0.5分）实现机关事业单位和企业养老保险制度并轨，（0.5分）建立企业职工基本养老保险基金中央调剂制度，（0.5分）整合城乡居民基本医疗保险制度，（0.5分）全面实施城乡居民大病保险，（0.5分）推进全民参保计划，（0.5分）降低社会保险费率。(0.5分)

目前，我国以社会保险为主体，包括社会救助、社会福利、社会优抚等制度在内，功能完备的社会保障体系基本建成，基本医疗保险覆盖13.6亿人，基本养老保险覆盖近10亿人，是世界上规模最大的社会保障体系。这为人民创造美好生活奠定了坚实基础，为打赢脱贫攻坚战提供了坚强支

撑，为如期全面建成小康社会、实现第一个百年奋斗目标提供了有利条件。(1.5分)

五、综合题

1. 计算题

（1）【参考答案及解析】

先明确缴费基数构成：医疗卫生费、防暑降温费不列入缴费基数项目。

2019年个人缴费基数月上限为13 500元，月下限为2 700元，

职工缴费基数之和 = 13 500 + 6 800 + 9 200 + 9 200 + 2 900 + 2 700 = 44 300（元）

1—4月单位缴费部分 = 44 300 × 20% × 4 = 35 440（元）

5—12月单位缴费部分 = 44 300 × 16% × 8 = 56 704（元）

2019年单位缴费部分应缴费额 = 92 144（元）（3分）

（2）【参考答案及解析】

2020年个人缴费基数月上限为15 000元，月下限为2 700元（2019年下限标准）。

职工缴费基数之和 = 14 200 + 6 800 + 9 200 + 9 200 + 2 900 + 2 700 = 45 000（元）

1月单位缴费部分 = 45 000 × 16% = 7 200（元）

该企业从业人数、营业收入符合中小微型企业划型标准，

2—12月企业职工基本养老保险单位缴费部分免征；

2020年单位缴费部分应缴费额 = 7 200（元）（3分）

（3）【参考答案及解析】

2021年个人缴费基数月上限为16 500元，月下限为3 300元。

职工缴费基数之和 = 14 200 + 6 800 + 9 200 + 9 200 + 3 300 + 3 300 = 46 000（元）

2021年9月单位缴费部分 = 46 000 × 16% = 7 360（元）

2021年9月代扣代缴职工缴费部分 = 46 000 × 8% = 3 680（元）（4分）

2. 案例题

（1）【参考答案及解析】

根据《社会保险法》第六十三条和八十六条有关规定。

其中，《社会保险法》第六十三条规定：

用人单位未按时足额缴纳社会保险费的，由社会保险费征收机构责令其限期缴纳或者补足。(1分)

用人单位逾期仍未缴纳或者补足社会保险费的，社会保险费征收机构可以向银行和其他金融机构查询其存款账户；（0.5 分）并可以申请县级以上有关行政部门作出划拨社会保险费的决定，书面通知其开户银行或者其他金融机构划拨社会保险费。（0.5 分）

用人单位账户余额少于应当缴纳的社会保险费的，社会保险费征收机构可以要求该用人单位提供担保，签订延期缴费协议。（0.5 分）

用人单位未足额缴纳社会保险费且未提供担保的，社会保险费征收机构可以申请人民法院扣押、查封、拍卖其价值相当于应当缴纳社会保险费的财产，以拍卖所得抵缴社会保险费。（1 分）

《社会保险法》第八十六规定，用人单位未按时足额缴纳社会保险费的，由社会保险费征收机构责令限期缴纳或补足，并自欠缴之日起，按日加收万分之五的滞纳金，逾期仍不缴纳的，由有关行政部门处欠缴数额 1 倍以上 3 倍以下的罚款。（1.5 分）

（2）【参考答案及解析】

个人与所在用人单位发生社会保险争议的，可以依法申请调解（0.5 分）、仲裁（0.5 分）、提起诉讼（0.5 分）。用人单位侵害个人社会保险权益的，个人也可以要求社会保险行政部门或社会保险费征收机构依法处理。（0.5 分）

（3）【参考答案及解析】

用人单位未如实申报社会保险缴费基数且拒不整改的；（1 分）应缴纳社会保险费却拒不缴纳的；（1 分）拒绝接受或协助税务部门对社会保险实施监督检查，不如实提供与社会保险相关各项资料的。（1 分）

如答：用人单位未按相关规定参加社会保险且拒不整改的；隐匿、转移、侵占、挪用社会保险费款、基金或者违规投资运营的；以欺诈、伪造证明材料或者其他手段参加、申报社会保险和骗取社会保险基金支出或社会保险待遇的；非法获取、出售或变相交易社会保险个人权益数据的；社会保险服务机构违反服务协议或相关规定的；拒绝协助社会保险行政部门、经办机构对事故和问题进行调查核实的；其他违反法律法规规定的。可酌情给 0.5 分。

3. 案例题

（1）【参考答案及解析】

职工医保覆盖所有用人单位职工，无雇工的个体工商户、未在用人单位参加职工医保的非全日制从业人员以及其他灵活就业人员可以参加职工医保。居民医保覆盖除职工医保应参保人员或按规定享有其他保障的人员以外的全体城乡居民。(1分)

筹资渠道：职工由用人单位和职工按照国家规定共同缴纳基本医疗保险费。无雇工的个体工商户、未在用人单位参加职工医保的非全日制从业人员以及其他灵活就业人员由个人按照国家规定缴纳基本医疗保险费。居民医保由个人缴费和政府补助相结合。(1分)

基数比例：职工医保用人单位缴费基数为职工工资总额，单位缴费率为职工工资总额的6%左右；个人缴费基数为本人工资收入，缴费率为本人工资收入的2%；居民医保筹资标准由国家制定最低标准，各省按照不低于国家标准的要求确定本省标准。(1分)

(2)【参考答案及解析】

规范个人账户使用范围。个人账户主要用于支付参保人员在医保政策范围内自付费用。(1分) 可以用于支付参保人员本人及其配偶、父母、子女在定点医疗机构就医发生的由个人负担的医疗费用，以及在定点零售药店购买药品、医疗器械、医用耗材发生的由个人负担的费用。(1分) 探索个人账户用于配偶、父母、子女参加城乡居民医保等的个人缴费。(0.5分) 依法规范不属于医保保障范围的支出。(0.5分)

(3)【参考答案及解析】

政策事项：《关于做好2022年城乡居民基本医疗保障工作的通知》规定，2022年，提高个人缴费标准为30元，达到每人每年350元。(1分)

优化缴费服务：在缴费渠道上，积极推进个性化、多样化服务。与人社、医保、财政等相关部门的相互配合，实现个人缴费业务基本能“掌上办”。个人可通过税务APP、手机银行或者第三方支付等掌上渠道办理社保缴费业务。(1分)

同时，税务部门还与有关部门一起，持续优化线下渠道，坚持线上线下“两条腿”走路，切实做好特殊群体缴费服务，进一步提升缴费人获得感。

一是推进社保缴费“一厅联办”“一网通办”。会同人社、医保等部门，统筹调配服务资源，通过人员共驻、人员互派等方式，推进社保缴费和经办业务“一厅联办”。推进社保缴费和经办业务“一网通办”，将线下“一厅联办”转向线上。(1分)

二是对特殊群体进行重点保障、兜底服务。为满足不使用智能设备的特殊群体缴费需求，进一步明确社保费征收过程中人民币现金收付的有关事项，在办税服务厅设置绿色通道、缴费专窗，并积极提供预约服务、上门服务。(1分)

六、论述题

【参考答案及解析】

开放性试题，请结合工作实际作答，参考答案略。